대륙의 기회
차이나 디지털 마케팅 트렌드

대륙의 기회

차이나 디지털 마케팅 트렌드

스마트스토어 운영자에서 대기업까지 중국마케팅 교과서

안희곤 · 朴文洙(피아오원주, 박문수) 지음

RITEC CONTENTS

CONTENTS

Part 3 중국 SNS 채널 운영방법

Part 5 콘텐츠 상위 노출 마케팅 실전 운영방법

Part 6 중국판 아마존 알리바바 유통 플랫폼 활용방법

추천사

"뭐 샀어요?"

글로벌 쇼핑축제로 자리매김한 11월 11일 중국 광군제(光棍节) 행사 이후 중국인들이 처음 만나면 인사하는 대화이다. 2019년 11주년을 맞은 광군제에서 알리바바는 하루 동안 무려 2,684억 위안(약 44조 원)의 매출을 올렸다. 국내 e커머스 업체 쿠팡의 2019년 예상 매출액 규모가 6조 원 정도인 걸 생각해 보면, 중국의 전자상거래 시장의 규모가 얼마나 큰지 짐작할 수 있다.

이제 중국 온라인/모바일 마켓구조 이해와 마케팅 전략은 중국 내수시장 진출에 가장 중요한 접근방식으로 자리매김하였다. 최근 중국에서 성공한 국내 브랜드의 경우 모두 온라인과 SNS 플랫폼을 적극적으로 활용하고 있다는 공통점이 있다. 온라인 마케팅을 통해 빠링허우(80后), 지우링허우(90后)로 대변되는 중국 소비자들의 마음을 사로잡아야만 거대한 중국 내수시장 선점의 초석을 다질 수 있다.

저자는 내가 알고 있는 중국 온라인 마케팅 전문가 중 한 분으로, 중소벤처기업부 산하 사단법인 중국경영연구소 마케팅 분야 이사를 겸하고 계신 분이다. 그만큼 중국 온라인 마케팅 분야 이론과 현장 실무경험이 풍부한 보기 드문 전문가라고 생각한다.

그의 도서는 국내 중소기업에게는 다소 생소할 수 있는 중국의 온라인 마케팅 유통채널들에 대해 잘 알려주고 있으며, 위챗, 웨이보와 같은 기본적인 SNS부터 최신 유행하는 동영상 플랫폼 채널까지 총망라하고 있다. 무엇보다 채널별로 핵심 기능 및 활용 노하우를 쉽게 설명하고 있어 이미 중국시장에 진출한 기업 및 준비 중인 많은 중소기업들에게 가이드북 역할을 할 수 있을 것으로 기대된다.

중국 비즈니스는 아는 만큼 성공한다. 특히 급변하고 있는 중국 온라인 및 모바일 유통채널을 이해하는 데 본 도서가 매우 유용하리라 확신한다.

이제 다시 중국시장이다!

박승찬

(사) 중국경영연구소 소장/용인대 중국학과 교수

프롤로그

동대문 의류 도매상가에서는 저녁이 되면 진풍경이 벌어진다. 중국인들이 타오바오 생방송을 하며 각 매장을 방문하여 실시간으로 매장의 옷을 판매하는데, 저녁부터 새벽까지 이어지는 6~8시간의 생방송을 마치면 그 매출이 수천만 원에 달한다. 한국에서 가장 빠른 패션 디자인을 선보이는 곳 중 하나인 동대문 도매상가의 소위 '신상' 의류를, 생방송을 통해 중국 현지에서 실시간으로 손쉽게 구매하고, 배송도 2~3일 이내로 모두 받아볼 수 있다. 제조-도매-소매-소비자의 단계 중 도매와 소매의 단계를 아무 자본도 투입하지 않은 젊은 20대 한 명이 통째로 대체하고 있다. 안타깝게도 이 과정에서 한국의 의류 유통업자가 끼어들 수 있는 곳은 찾기 어려워 보인다.

중국의 온라인과 모바일의 발달은 전통적인 수입/수출/도소매의 개념을 완전히 무너뜨렸고, 그 속도는 걷잡을 수 없이 빨라지고 있다. 중국은 결제 수단 역시 일반적인 국가의 현금 → 신용카드 → 모바일 결제 단계가 아닌, 현금에서 모바일 결제 단계로 바로 넘어가며 전 세계에서 가장 선진화된 모바일 결제 환경을 갖추었다. 중국에서는 길거리 노점상에서 한화 100원을 결제해도 모바일 결제가 가능할 정도로 인프라가 잘 갖추어져 있으며, 현금 결제가 불가능한 곳도 많다. 필자 역시 예전에는 소액이라도 은행에 직접 찾아가 국제송금을 하였다면, 지금은 위챗페이/알리페이를 통해 편하게 실시간 거래를 하고 있다. 중국은 하루가 다르게 변해가고 있으며, O2O(Offline to Online) 비즈니스를 필두로 모든 업종이 온라인과 연결되고 있다고 해도 과언이 아니다.

이제 중국에 진출하려면 반드시 온라인을 활용해야 한다. 하지만 중국에서는 우리에게 익숙한 페이스북, 유튜브, 구글 등을 모두 사용할 수 없기 때문에 현지에서 사용하는 온라인 마케팅 채널에 대한 공부가 반드시 필요하다. 이 책에는 중국의 홈페이지 제작과 포털 사이트 및 SNS 채널 활용까지 전반적인 부분을 다루었으며, 필자가 마케팅 대행사를 운영하며 겪은 실제 사례 그리고 또 한 분의 저자인 현직 중국인 마케터 朴文洙(피아오원주, 박문수) 님의 풍부한 지식과 경험을 담았다. 단순한 채널 소개나 수박 겉핥기식이 아닌, 각 온라인 마케팅 채널별로 실질적인 예시와 도움이 되는 구체적인 방법을 최대한 소개하려고 노력하였다. 중국어 가능자는 캡처화면을 보며 그대로 따라 해 볼 수 있을 것이고, 중국어를 하지 못하는 사람은 한국어 번역을 함께 보며 각 마케팅 채널의 활용방법과 방향을 잡아보는 것을 추천한다.

이 책을 읽고 있는 독자는 중국 시장 진출을 고민하고 있거나 이미 계획하고 있는 사람일 것이다. 중국은 소위 '카더라 통신'이 많다. 워낙 많은 사람들이 중국 비즈니스에 종사하다보니, '중국은 되는 것도 없고, 안 되는 것도 없다'라는 식의 자조적인 표현을 하는 사람도 많고, 스스로를 '중국 전문가'라 칭하는 사람들도 많다. 필자는 중국에서 대학을 졸업하였고, 마케팅 대행사를 운영하며 한국/중국 마케팅 컨설팅과 대행의 경험이 많아 '중국 마케팅 전문가'로 불리는 경우가 많은데, 감히 스스로를 '중국통(中国通)'이라고 생각하지 않는다.

그럼에도 불구하고 이렇게 중국 마케팅 책을 펴내게 되었지만, 이 한 권의 책을 통해 중국의 문화나 중국인은 이렇다는 식의 이야기를 하려는 것이 아니다. 중국은 알면 알수록 더 어려운 나라이며, 외국인으로서 이해할 수 있는 것도 분명히 한계가 있다. 다만 국내 마케팅과 중국 마케팅에 대한 이해도가 높고, 동시에 중국어가 자유자재로 능통한 사람은 분명 많지 않을 것이다. 이런 강점을 바탕으로 중국인 친구들과 지인들, 그리고 현지 마케팅 회사의 중국인 마케터들과 지속적으로 교류하며 정보를 공유하고 있으며, 실시간으로 변화하는 사실(Fact)과 경험을 기반으로 마케팅을 진행하고 있다. 중국인 마케터인 朴文洙(피아오원주, 박문수) 님과 공동 집필을 하게 된 계기도 한국인과 중국인의 경험과 사례를 함께 전달하고 싶어서이다.

중국은 우리가 원하든 원하지 않든 세계 최대 규모의 시장이며, 동시에 우리의 가장 가까운 판매처이다. 국내 업체들이 중국 진출을 함에 있어서 온라인 마케팅을 통해 '수업료'를 최대한 줄일 수 있기를 소망한다. 특히 이 책에는 무료나 소액으로도 시작할 수 있는 마케팅 방법에 관한 내용을 많이 담으려 노력하였다. 중국 마케팅을 시작하는 많은 분들에게 이 책이 도움이 되길 바란다.

안희곤

Part

1

중국 진출을 위한 온라인 마케팅 운영방법

1-1

중국 진출, 온라인이 해답이다

중국은 자타공인 세계에서 가장 큰 시장이자, 지정학적 위치로 인해 우리나라의 가장 중요한 무역국가 중 하나이다. 2018년 중국의 수입국가 중 한국이 204,362백만 달러로 1위를 차지하였으며, 중국의 수출국가 순위도 미국, 홍콩, 일본에 이어 108,767백만 달러로 4위를 차지하고 있다(출처: 한국무역협회).

1992년 수교 이후 2000년대 중반에 이르기까지 중국 정부의 각종 세제 혜택과 저임금을 장점으로 앞다퉈 중국에 진출한 한국기업이 많다. 하지만 지금은 경기불황, 중국 내 인건비의 가파른 상승, 그리고 사드 보복 등 사회적인 이슈도 겹치면서 중견/중소기업은 물론, 대기업들도 중국에서 잇따라 철수한다는 소식이 들리고 있다. 이제는 '기회의 땅'이 아닌 '한국기업의 무덤'이라는 표현을 쓰는 상황까지 왔으며, 더 이상 아무런 준비 없이 14억 명의 인구수만 바라보고 대박을 노리며 중국에 진출하던 시대는 이제 끝났다고 할 수 있다.

그렇다면 우리는 어떻게 중국에 진출해야 하는가?

필자는 '온라인'에 답이 있다고 생각한다. 각종 혜택과 지원을 받는다고 해도, 중국에 직접 사무실을 얻고 공장을 건설하는 등의 오프라인 진출은 위험성이 너무나 크다. 해외사업에 있어 가장 중요한 것은 리스크 관리라고 할 수 있겠다. 직접 모든 것을 처리할 수 있는 한국에서와는 달리, 생소한 기업 환경과 통역에 의존해야 하는 해외사업의 경우 위험요소가 많을 수밖에 없다. 따라서 큰 투자비용과 시간이 소요되는 오프라인보다는 한국에서도 손쉽게 시작할 수 있는 온라인 진출을 먼저 시도하는 것을 추천한다. 온라인을 통해 중국 시장의 가능성을 타진해 보고, 실제 매출이 발생하거나 반응이 좋아 확신이 생기면 그때 현지 사무실을 내는 등 오프라인 진출을 생각해도 늦지 않다.

중국은 전 세계에서 가장 빠른 온라인 시장 발전 속도를 자랑하는 국가 중 하나이다. 전자상거래 시장의 규모는 이미 미국을 제치고 세계 최대 시장으로 부상하였으며, 중국의 젊은 층을 위주로 해외직구 등 온라인, SNS를 통한 시장도 끊임없이 커지고 있다.

지금은 누구나 중국의 인터넷 쇼핑몰 타오바오에 상품을 등록하고, 한국에서 해외배송을 통해 상품을 판매하는 행위가 가능하다(심지어 사업자등록증도 필요 없이 개인판매자로 등록이 가능하다). 중국에 법인을 등록하고 공장을 세우는 거창한 일을 벌이지 않더라도, 쇼핑몰에 가입 후 해외 직배송 상품을 등록하면 그 자체로 이미 중국 진출을 시작했다고 할 수 있는 것이다.

물론 아무리 온라인이라고 해도, 언어도 익숙하지 않은 중국에서 인터넷을 통해 나의 상품을 홍보하고 판매하는 것은 쉽지 않다. 중국에서는 구글, 유튜브, 페이스북/인스타그램 등이 정책상의 문제로 인해 사용이 불가능하기 때문에 중국 내 자체 채널을 활용한 마케팅을 해야 한다. 온라인 마케팅이라는 것은 활용하는 언어와 채널이 다를 뿐, 소비자에게 나의 상품 및 서비스를 널리 알린다는 측면에서는 본질적으로 다르지 않다. 우리에게 생소한 중국 온라인 마케팅을 어떻게 하면 효율적으로 할 수 있는지 이 책에서 정리해 보려 한다.

중국 진출을 위한 준비사항

중국 진출을 위해 준비해야 할 것이 많지만, 가장 기본적으로 필요한 것은 바로 중국 휴대폰 번호와 중국 통장이다. 이 두 가지가 있어야 본격적으로 중국에서 나의 명의로 무언가를 하는 것이 가능하기 때문이다.

어떤 사이트나 SNS에 가입할 때 반드시 필요한 것 중 하나가 바로 휴대폰 인증이며, 중국 역시 SNS 등을 사용할 때 휴대폰 인증이 필요하다. 페이스북 등 일반적인 SNS의 경우에는 해외 휴대폰 번호로 인증할 수 있는데, 중국의 경우 위챗이나 웨이보 등 대표적인 서비스 외에는 중국 현지의 휴대폰 번호가 있어야만 이용할 수 있는 경우가 많다.

가장 대표적인 것이 타오바오이다. 구매를 위한 타오바오 가입은 한국 휴대폰 번호로도 가능하지만, 판매하기 위해서는 알리페이(알리바바그룹의 간편 결제 서비스. 중국어로는 즈푸바오 支付宝라고 한다)를 연동해야 한다. 그리고 알리페이를 연동하기 위해서는 현지 휴대폰 번호와 중국 통장 개설이 필수이다. 중국에서는 알리페이와 위챗페이(텐센트가 만든 위챗과 연결되어 있는 간편 결제 서비스. 알리페이와 함께 중국의 간편 결제 서비스의 양대 산맥이다)가 매우 보편화되어 있어 통장을 만들어 각 서비스와 연결하여 사용하는 것이다.

정리하자면, 중국 휴대폰 번호와 통장 없이 할 수 있는 것은 위챗, 웨이보 개인계정과 구매만 가능한 타오바오 가입뿐이다. 마케팅을 하기 위한 각종 사이트 가입과 광고가 가능한 기업계정 개설 등이 모두 불가능하기 때문에 본격적인 중국 진출을 생각하는 사람은 휴대폰 개통과 통장 개설을 선행해야 한다.

그러면 휴대폰 번호와 통장을 어떻게 만들 수 있을까? 휴대폰 번호와 통장은 반드시 중국에 방문해야만 만들 수 있다.

먼저 휴대폰을 개설하는 방법부터 알아보도록 하자. 한국인이 주로 가입하는 중국의 통신사는 China mobile(中国移动)과 China unicom(中国联通)이다. 두 통신사의 차이는 크게 없으며, 한국과 같이 길거리에 있는 휴대폰 판매점에 방문하여 손쉽게 가입할 수 있다. 휴대폰 번호를 고르고 가입하는 것 자체는 어렵지 않으나, 한국에서도 사용할 수 있게 국제로밍을 신청하고, 요금제 설명을 들어야 하므로 중국어 가능자와 함께 방문하는 것이 필요하다. 중국 휴대폰을 만드는 이유는 실제로 통화하기 위한 용도보다는 사이트 등에 가입 시 문자를 받아 실명인증하기 위한 용도이다. 그러니 요금제는 가장 저렴한 요금제로 하는 것이 좋다. 중국의 휴대폰 요금은 금액을 미리 충전해 놓으면 매월 일정 요금이 차감되는 방식으로 운영되는데, 보통 가입 시 1~2년 정도 사용할 수 있는 금액을 미리 충전해 놓는 경우가 많다(한 달 요금은 보통 10~30RMB(한화 약 2~5천 원)이며, 미리 충전을 1,000~2,000RMB(한화 약 20~30만 원)를 하는 경우가 많다).

다만 한 가지 주의해야 할 점은 중국 휴대폰 번호는 3개월 이상 사용료를 지불하지 않으면 번호 자체가 사라진다. 번호가 사라지면 그 번호로 연결한 통장이나 사이트 등 모든 정보를 수정해야 하는데, 특히 통장에 연결된 휴대폰 번호가 사라지면 해당 은행을 반드시 방문해서 수정해야 한다는 점이 가장 큰 문제이다. 주변에서 1~2년 상당의 금액을 충전해 놓고, 금액이 모두 소진되는 기간이 도래하였을 때 잊어버리고 충전하지 못해 번호가 없어지는 경우를 많이 보았는데, 이 점을 반드시 유의해야 한다. 참고로 필자의 경우는 잊어버리지 않기 위해 큰 금액을 충전해 놓지 않고 일부러 매월 소액으로 위챗페이를 통해 휴대폰 금액을 충전하고 있다.

휴대폰 번호를 개설하였다면, 이제 통장 개설하는 방법을 알아보자.

먼저 은행의 종류를 살펴보면, 중국은행(中国银行), 공상은행(工商银行), 건설은행(建设银行) 등 중국계 은행이 있고, 중국에 있는 우리은행(有利银行)과 같은 한국계 은행이 있다. 현재 중국에서 외국인이 통장을 개설하는 것은 점점 어려워지고 있는데, 여행비자인 경우 통장 개설이 거절되는 경우가 많고, 중국 내 거류증을 요구하는 경우도 많다. 그리고 통장 개설은 은행 지점마다 다른 경우도 많아, 같은 상황이라고 해도 담당자에 따라 개설이 가능하기도 하고 불가능하기도 하다. 공상은행과 같은 중국계 은행에서 개설하려면 관광비자가 아닌 상용비자를 발급받아 방문하는 것이 좋지만, 중국 내 우리은행의 경우 관광비자로도 개설 가능한 곳도 많다.

2019년 11월 현재, 관광비자로 방문하는 경우 중국의 우리은행에서는 어렵지 않게 개설할 수 있으며, 공상은행 등 중국계 은행에서는 개설이 어려운 편이다(물론 북경, 상해 등 지역에 따른 편차가 있으며, 은행 담당자와 잘 이야기하면 개설이 되는 경우가 있으니 한인 지역의 은행을 방문하는 것도 좋은 방법이다). 통장 개설은 기재해야 할 사항이 많아 반드시 중국어를 잘하는 사람과 동행하는 것이 필요하다. 영문 이름을 여권상의 이름과 띄어쓰기까지 동일하게 작성해야 하는 등 꼼꼼히 살펴야 할 것도 많다. 최근에는 중국에서 휴대폰과 통장 개설을 도와주는 서비스를 제공하는 업체도 생겨나고 있어, 중국어를 구사하지 못하는 사람들은 중국 관련 커뮤니티 등을 검색하여 이런 서비스를 이용하는 것도 좋다.

많은 사람들이 중국에 휴대폰과 통장을 개설하기 위해 보통 1박 2일이나 2박 3일로 중국을 다녀오곤 한다. 간혹 당일치기로 다녀오려는 사람들이 있는데, 중국의 은행 업무는 오래 기다리는 경우가 많아 추천하지 않는다. 또한 언제 중국 당국의 정책이 변할지 모르니, 가능하면 미리 여러 개의 중국 통장을 만들어 놓는 것이 좋다. 중국에 휴대폰과 통장을 개설하러 간다면, 한번 방문했을 때 최대한 많은 통장을 개설하고 오는 것을 추천한다.

이제 휴대폰과 통장 개설을 완료했다면 타오바오 가입, 알리페이, 위챗페이 연동은 중국에서 하고 오는 것이 좋다. 한국에서 최초 연동 시 오류가 나는 경우가 간혹 있으니 현지에서 통장 개설을 마친 후 바로 연동하여 사용 가능 여부를 확인하고 오도록 한다.

한국 브랜드의 중국 진출 프로세스

해외에 진출하는 것, 특히 중국에 진출하는 것은 정말 쉽지 않은 일이다. 어떻게 중국 온라인 진출을 시작할 수 있을까? 운동할 때 기초 체력이 필요한 것처럼, 온라인 마케팅도 기본적인 것들을 하나씩 차근차근 준비하는 것이 중요하다. 아직도 아무런 준비 없이 중국 시장을 통해 일확천금을 꿈꾸는 사람들이 많이 있는데, 현실적인 부분을 짚어 보려한다.

필자에게 들어오는 중국 마케팅에 대한 가장 많은 문의는 최근 유행하는 왕홍(왕뤄홍런(网络红人)의 줄임말로 온라인/SNS상의 인플루언서를 말한다) 마케팅에 관한 것이다. 좋은 상품이 있으니 왕홍 한 명만 소개해 달라는 식이다. 실제로 왕홍이 인터넷 생방송을 한번 하면 몇 시간 만에 수천, 수억 원의 매출이 발생하기도 하니 어떻게든 방송 한 번만 잘하면 대박이 날 수 있을 것 같다.

그러나 준비되지 않은 상태에서의 왕홍 마케팅은 실패할 가능성이 매우 높다. 중국 내에 아무런 기반이 다져지지 않은 상태에서 누군가 SNS 방송에서 한번 소개하더라도, 중국의 바이두(바이두 百度는 중국의 가장 큰 포털사이트이며, 중국의 네이버라고 생각하면 된다. 자세한 내용은 Part 2에 설명되어 있다)에 아무런 정보도 없고, 기타 SNS 등에서도 어떤 콘텐츠도 검색되지 않는 상품이 소비자들의 많은 구매로 연결될 리가 없는 것이다.

그리고 가장 중요한 것은, 왕홍 역시 타오바오나 샤오홍슈(샤오홍슈 小红书는 중국판 인스타그램이라고 할 수 있으며, 자세한 내용은 Part 3에 설명되어 있다) 등 오픈마켓이나 커뮤니티에서 이미 많이 검색되고 유명한 제품을 홍보하려고 하지, 아무도 모르는 중소기업 신생 브랜드 제품을 홍보하려고 하지 않는다(물론 돈만 주면 홍보해 주는 왕홍도 있겠지만, 역설적으로 이런 왕홍들은 소비자들에게 신뢰를 얻지 못하기 때문에 왕홍 마케팅의 효과를 크게 볼 수 없는 경우가 많다).

요즘에는 중국 소비자와 중국 상품의 수준이 높아지면서, 한국 상품이란 이유만으로 무조건 환영받는 시대는 지났다. 중국에 진출하려면 체계적으로 준비하여 마케팅하는 것이 필요하다. 중국에서 한국 브랜드를 론칭하기 위한 프로세스는 [그림 1-1]과 같다.

[그림 1-1]은 중국에 진출하기 위해 해야 할 온라인 마케팅을 순차적으로 나열한 것이다. 브랜드 론칭을 위해 준비해야 할 것을 정리한 것이니 전체적인 방향을 체크하는 느낌으로 간단히 알아보자.

첫째, 먼저 나의 브랜드와 상품을 알릴 수 있는 홈페이지를 제작한다. 홈페이지는 한국의 홈페이지를 단순히 중국어로 번역하고 그치는 것이 아니라, 현지 사용자들이 편하게 이용할 수 있는 익숙한 형태로 제작되는 것이 중요하다.

둘째, 중국에서 처음 접하는 브랜드인 만큼 신뢰도를 높이기 위해 중국

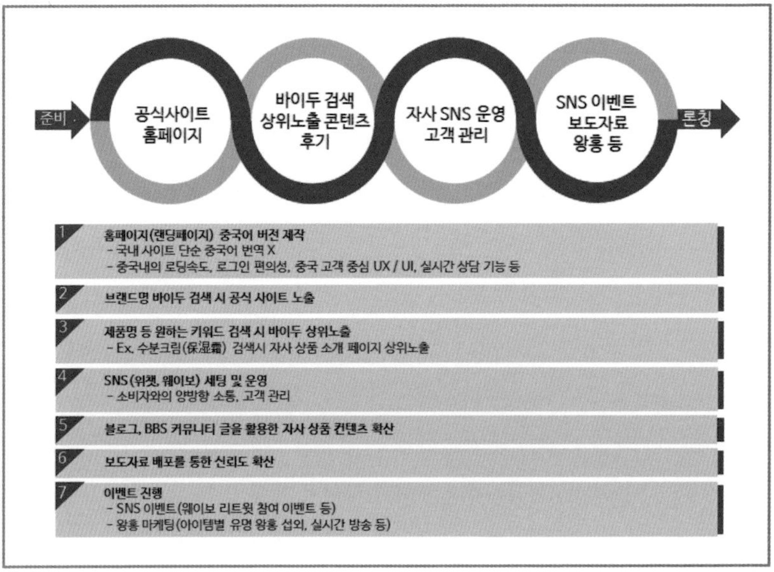

그림 1-1

의 포털사이트인 바이두 등에서 나의 브랜드를 알리는 것이 필요하다. 바이두에서 나의 회사명이나 브랜드명, 상품명을 검색했을 때 홈페이지가 노출될 수 있도록 한다.

셋째, 나의 상품과 관련된 키워드를 검색했을 때 관련 콘텐츠가 상위 노출되어 홍보될 수 있도록 한다.

넷째, 포털사이트(바이두) 외에도 SNS를 운영하며 소비자와 소통하고 고객관리를 한다.

다섯째, 블로그, 커뮤니티 등 다수의 채널을 통해 자사 브랜드 및 상품의 콘텐츠를 바이럴 확산시킨다.

여섯째, 보도자료 배포를 통해 브랜드의 신뢰도를 높인다.

일곱째, 앞서 언급한 기본적인 마케팅 외에도 추가 홍보를 위해 SNS 이벤트, 왕홍 마케팅 등 적극적인 마케팅을 진행한다.

이상의 내용은 필자가 생각하는 중국 진출을 위한 마케팅 과정을 나열한 것이다. 어떤 브랜드를 론칭하기 위해 이러한 마케팅의 기초 없이 중국에서 대박을 낼 수 있는 시대는 이미 지나갔다. 앞서 언급한 것처럼 왕홍 방송과 같은 즉시 매출을 얻을 수 있는 마케팅을 하고 싶어 하는 업체들이 많은데, 필자의 경험상 상기와 같은 마케팅 준비를 미리 해 놓은 업체는 극히 드물었다.

중국에서 판매되는 한국 상품 중 가장 많은 비중을 차지하는 화장품 등 뷰티상품의 경우, 해당 브랜드 상품이 아무리 좋아도 최소한의 마케팅 준비 없이 상품소개서 하나만 씩씩하게 들이미는 경우는 진행이 매우 어렵다. 소비자와 마찬가지로 왕홍 역시 본인이 홍보할 상품이 온라인 공간에 얼마나 노출되어 있는지를 판단하고 잘 될 수 있을 것 같은 상품을 선택하기 때문이다.

왕홍 방송과 같은 본격적인 이벤트 시작 전에, 브랜드 홈페이지부터 위챗, 웨이보 계정과 함께 샤오홍슈와 같은 전문 SNS 계정 등에 기업계정을 개설한다. 이렇게 마케팅 준비를 해 놓는다면, 이벤트 진행도 수월하게 진행할 수 있으며, 그 결과도 훨씬 더 효과적일 것이다.

사실 상기의 중국 진출 프로세스는 해외뿐만 아니라 국내에서 브랜드를 론칭할 때도 기본적으로 해야 하는 마케팅 과정이다. 국내에서 브랜드를 론칭할 때도 홈페이지와 블로그, 페이스북 등 SNS 계정을 만들고, 몇 건의 블로그 체험단과 보도자료를 배포하는 등의 마케팅을 하는데, 이런 일련의 행위를 중국에서도 똑같이 적용한다고 생각하면 된다.

중국어라는 언어의 장벽은 분명히 있지만, 홈페이지나 위챗, 웨이보 등 마케팅 채널을 개설하는 것은 무료 혹은 아주 적은 비용으로도 진행할 수 있다. 그러면 이제 본격적으로 중국 진출을 위해 필요한 온라인 마케팅 방법을 알아보자.

1-2

업종별 온라인 마케팅 진행 사례

중국은 페이스북, 인스타그램 등 우리에게 익숙한 SNS 대신 중국에서 만든 자체 채널을 통해 마케팅을 해야 하기 때문에 이를 어렵게 느끼는 경우가 많다. 먼저 업종별로 온라인 마케팅을 어떤 방식으로 진행하는지 실제 사례를 간략하게 알아보자.

온라인 상품 판매(화장품, 뷰티용품 등)

중국 시장에 진출하려는 사람 중 대부분은 상품을 판매하는 제조사나 유통업체일 것이다. 먼저 온라인을 통해 중국에 상품 판매를 시작하는 가장 현실적인 방법은 다음과 같다.

1. 타오바오 등 오픈마켓 상점 개설(해외 직배송)
2. 해외배송 시스템 갖추기
   1) 개인의 경우 가성비가 좋은 해외배송이 가능한 물류업체와 계약
   2) 티몰 국제 등 해외직구몰에 입점한 경우 跨境(중국식 발음 콰징, 국경 간 전자상거래 Cross-border trading) 물류를 계약하여 해외배송 시스템 갖추기
3. 샤오홍슈 등 전문 커뮤니티 앱/SNS 등에 체험단을 통한 바이럴 마케팅

중국 현지 오프라인에서 상품을 판매하려면, 해당 상품의 인증이나 위생허가가 반드시 필요하다. 이런 인증은 비용도 고가일 뿐만 아니라 기간도 1~2년씩 소요되는 경우가 많다. 때문에 예전부터 소위 '따이공(代工)'이라고 불리는 업체/개인들이 양국을 오가며 상품을 개인 수화물처럼 운반하거나 일반 택배를 보내듯이 발송하는 형태로 음성적으로 운영되는 방식이 많다. 이런 비공식적인 방식은 세금 탈루 등 여러 문제가 발생하는데, 跨境(콰징)은 이런 음성적인 거래를 막기 위해 중국 정부에서 인정한 국경 간의 정식 전자상거래를 말한다. 콰징 시스템은 양국의 지정된 보세창고에 상품을 입고해 놓고, 소비자가 제품을 구매 시 상품+세금+물류비용을 투명하게 결제할 수 있는 시스템이며, 위생허가 등 인증서류가 없는 경우에도 직구&역직구 판매와 구매를 합법적으로 할 수 있도록 마련해 놓은 정책이다.

티몰 국제 등 해외직구몰에 입점한 경우라면 콰징 시스템을 활용하여 상품을 손쉽게 배송할 수 있다. 다만 일반 개인의 경우는 사업자가 아니라, 콰징 시스템을 활용할 수 없어 물류업체를 통해 해외배송을 해야 한다. 따라서 판매가 될 때마다 건별로 배송하는 경우, 판매 수량이 많지 않은 초기에는 배송비 부담이 될 수 있기 때문에 배송비를 고려하여 판매가격을 적절하게 설정하는 것이 필요하다.

해외배송비가 부담될 수 있지만, 처음부터 오프라인 판매를 위한 모든 인증을 취득하는 리스크에 비할 순 없을 것이다. 초기에는 온라인을 통해 중국 현지에서 구매 가능한 경로를 만들어 놓고, 샤오홍슈 등을 통해 체험단 방식으로 온라인 마케팅을 하여 판매가 이루어지도록 하는 방식이라고 이해하면 된다.

가장 많은 판매가 이루어지는 화장품이나 뷰티관련 상품은 샤오홍슈에 다량의 체험단을 운영하여 검색 노출되는 게시물을 많이 만들고, 그것을 토대로 중국 내 타오바오 도매 셀러나 딜러들에게 연락하여 해당 상품을

그림 1-2

제안하는 경우가 많다.

[그림 1-2]는 국내 모 브랜드를 검색했을 때 나오는 샤오홍슈의 화면이다. 브랜드 채널이 개설되어 있고, 브랜드명으로 검색되는 콘텐츠도 수천 건에 달하는 것을 볼 수 있다. 특정 브랜드명을 검색했을 때 이렇게 타오바오와 샤오홍슈 등에 상품에 대한 후기와 콘텐츠를 지속적으로 쌓아가면서 온라인상에서 판매가 이루어질 수 있도록 하는 것이다.

이렇게 온라인상에 어느 정도 콘텐츠가 쌓이면 자연스럽게 타오바오 라이브방송이나 왕홍 방송 등으로 이어져 단기간에 많은 상품이 판매되는 경우도 있다. 샤오홍슈는 중국의 젊은 층에게 가장 사랑받고 있는 채널 중 하나이므로 일반인을 대상으로 판매하는 상품이라면 특히 샤오홍슈 채널에 상품 콘텐츠가 많이 올라올 수 있도록 하는 것이 좋다.

패션, 의류

패션 및 의류 업종은 업종 특성상 디자인이 중요하기 때문에 이미지와 동영상 콘텐츠를 활용하는 경우가 많다. 샤오홍슈와 함께 중국인이 가장 많이 사용하는 더우인(抖音)이라는 앱의 사례를 살펴보자(더우인은 전 세계적으로 유명한 TikTok의 중국 버전이며, 자세한 내용은 Part 3에 설명되어 있다).

[그림 1-3]은 현재 더우인에서 가장 유명한 한국인 왕홍 중 한 명인 반서진의 계정이다. 팔로워 수 750만 명 이상을 자랑하는데, 예쁜 얼굴과 날씬한 몸매, 게다가 중국 인기 연예인 안젤라 베이비와 많이 닮았다는 평을 받으며 더우인에 계정을 오픈하자마자 많은 사람들의 관심을 받았다. 해당 계정의 콘텐츠는 대부분 각종 스타일리시한 옷을 입고 중독성이 강한 유행곡에 맞춰서 춤을 추는 영상인데, 유머러스한 콘텐츠를 선호하는 더우인 플랫폼 특성에 잘 어울리는 경향이 있다.

그림 1-3

그림 1-4

게시물을 살펴보면, [그림 1-4]에서 볼 수 있듯이 더우인의 쇼핑몰 연동 기능을 활용하여 영상 속에서 입고 있는 옷을 구매할 수 있도록 타오바오를 연동해 놓았다.

그리고 자신의 계정뿐만 아니라 더우인의 다른 파워계정을 섭외하여 [그림 1-5]와 같이 다양한 콘텐츠의 바이럴 확산을 통해 타오바오 쇼핑몰에

그림 1-5

트래픽을 끊임없이 유입시키고 있다. 중국 진출을 고려하는 한국의 패션, 의류 업체의 경우 대부분 예쁜 이미지나 모델사진을 많이 보유하고 있을 텐데, 그것을 활용해 해당 브랜드 및 모델의 SNS 계정을 만들어 적극적으로 많은 콘텐츠를 올리는 것이 좋다. 키워드 광고 등을 통해 쇼핑몰을 직접 광고해서 유입을 늘릴 수도 있지만, SNS 개인계정을 활용하면 광고비를 최소화하면서도 바이럴 확산을 할 수 있을 것이다.

병원(성형외과 등)

한국의 성형외과를 비롯한 병원들도 중국에 적지 않은 마케팅을 진행하고 있는데, 대부분 홈페이지를 만들어 바이두 키워드 광고를 하며 고액의 예산을 집행하는 경우가 많다. 한국에서도 병원 마케팅은 광고 예산이 가장 높은 편에 속하는 업종인데, 중국의 경우 검색량과 클릭량이 매우 많아 그 비용이 천문학적인 규모로 커지는 경우가 있다. 여기에 비용을 들이지 않고 병원 마케팅을 온라인으로 할 수 있는 경로를 하나 소개하려고 한다.

병원 서비스는 객단가가 높고, 많은 정보를 사전에 검색하는 고관여 상품이기 때문에 정보성 콘텐츠가 매우 중요하다. 따라서 일방적인 전달 방식의 광고보다 병원의 의사나 원장의 개인계정 운영을 통해 소비자의 질문에 답하고, 정보성 콘텐츠를 제공하는 것으로 자연스러운 마케팅을 하는 것이 좋은 효과를 얻는 경우가 많다. 한국에서처럼 블로그를 운영하거나 지식인에 전문가 답변을 다는 등의 활동을 할 수 있는 중국 앱 쯔후(知乎)가 있다. 쯔후는 지식인 서비스를 전문화한 커뮤니티라고 할 수 있는데 함께 살펴보자.

쯔후는 누구나 검색하고 답변할 수 있는 플랫폼이다. [그림 1-6]은 쯔후 앱에서 如何去韩国整形(어떻게 한국에 가서 성형을 하나요?)라는 질문을

有问题
上知乎
궁금한 것이
있다면 쯔후에
들어오세요
知
쯔후 메인화면
一个演员的演技能烂到什么程度？
赵丽颖与金瀚，像是一个救人一个看戏。我都笑了。
9,947 赞同 · 1,218 评论
接触人性阴暗面较多的是哪些职业？
匿名用户
25,713 赞同 · 1,671 评论
怎么养成一张干净的脸？
如何去韩国整形
어떻게 한국에 가서
성형을 하나요?
去韩国整形去哪里？
怎么去韩国整容不被坑？
如何去韩国整形?
韩国整形攻略
韩国整形
如何去韩国整容？
去韩国整形去哪里？
27 人关注 · 0 条评论 · 8.2K 次浏览
我想找一家资质齐全，水平高的韩国知名整形医院~~~~~~
邀请回答
写回答
关注问题
回答 7
답변 7
沉默的大多数
稻米er
Togocareer
对于留学生来说，回国求职，如何进入心仪的公...

그림 1-6

검색한 화면이다. 가장 우측에 보면 7명이 답변한 것을 볼 수 있는데, 이런 질문에 답변하며 자신을 알리는 것이다. 예를 들면 먼저 '한국 △△ 성형외과 ○○○ 원장'이라는 아이디로 가입하고 나서, 성형에 관한 질문이 올라오면 성실하게 답변하는 방식이다. 물론 나의 병원을 홍보하려는 목적이 주가 되면 안 되며, 부작용이나 성형 시 고려해야 하는 것들을 정보성 콘텐츠로 성실하게 답변을 남기는 방식으로 운영하는 것이다. 전문가의 답변이기 때문에 신뢰도가 높아지고 궁극적으로는 해당 병원과 원장 본인의 신뢰도도 높아질 것이다. 중국의 네이버라고 할 수 있는 바이두 사이트에도 지식인 채널(百度知道)이 있는데, 여기에는 네이버와 마찬가지로 광고가 너무 많이 올라와 있어 소비자들의 신뢰도가 높지 않은 편이다. 그래서 쯔후와 같은 전문 커뮤니티를 통해 꾸준히 활동하는 것이 중요하다.

중국 소비자들도 커뮤니티 활동을 많이 하는 편이기 때문에 이런 플랫폼에서 꾸준히 활동하며 자리를 잡는다면 수천만 원 이상의 광고효과를 볼 수 있을 것으로 생각한다. 특히 이 방식은 마케팅 비용이 들지 않기 때문에 병원 내에 있는 중국어 가능자의 도움을 받아 질문을 확인하고 답변을 다는 방식으로 꾸준히 마케팅을 할 수 있다. 쯔후로 예시를 들었지만, 웨이보 같은 SNS 채널을 병원이름이 아닌 원장의 개인 명의로 운영하며 소비자와 소통하는 등의 방법도 비슷한 맥락이다.

다음의 3개의 사이트는 중국의 성형 전문 커뮤니티이다. 관련 업계에 있는 사람은 참고하면 좋을 것이다.

新氧 https://www.soyoung.com
更美 https://www.igengmei.com
悦美 https://www.yuemei.com

서비스업(교육, 여행 등)

서비스업은 실물 유통을 하는 상품이 아니라 무형의 콘텐츠를 홍보하는 업종이기 때문에 일반적으로 키워드 검색에 노출되는 검색광고를 진행하는 경우가 많다. 주로 바이두에서 '제주도 여행' 등의 키워드 광고로 홈페이지 광고를 하는 방식인데, 이 경우 역시 검색량이 워낙 많다보니 광고 비용이 높은 편이다. 하지만 서비스업도 소비자들이 검색을 통해 정보를 습득하는 분야이기 때문에, 경험에 관련된 콘텐츠를 꾸준히 발행하면서 홍보하는 것도 좋은 방법이다. 우리나라처럼 여행 블로그를 운영할 수도 있지만, 바이두에는 블로그 외에도 검색에 노출되는 채널이 굉장히

그림 1-7

많다. 가장 대표적인 것은 바이두 경험(百度经验)인데, 말 그대로 나의 경험을 작성하여 업로드하는 채널이다.

[그림 1-7]은 韩国济州岛游玩攻略(한국 제주도 여행 전략)을 검색한 화면인데, 바이두 경험(百度经验)이라는 채널에서 상위 노출되고 있다. 이렇게 실제 후기를 활용한 정보성 콘텐츠로 나의 콘텐츠를 홍보하는 것이 광고비도 들지 않고, 소비자들에게 훨씬 더 쉽게 다가갈 수 있는 방법이다. 그리고 이런 실제 후기는 소비자들로 하여금 자연스러운 공유나 참여를 불러일으키기 때문에 홍보성 콘텐츠보다 좋은 효과를 볼 수 있다. 바이두 경험을 비롯한 바이두의 각종 채널에 관한 것은 다음 장에서 자세히 설명하도록 하겠다.

이 장에서는 중국 온라인 마케팅에 대해 각 업종별 진행 사례를 간단히 알아보았는데, 이제 본격적으로 각 마케팅 채널별 개념과 활용방법에 대해 알아보려고 한다. 모두 중국에서만 사용되는 현지 채널이라 생소할 수 있지만, 우리가 평소에 사용하는 채널들과 유사한 점도 많으니 차근차근 알아보자.

차이나 마케팅 트렌드 1.

중국에서 많이 쓰이는 H5 홈페이지의 개념

일반적으로 콘텐츠나 광고 등에 연결된 페이지를 랜딩페이지라고 하는데, 중국에서는 랜딩페이지라는 표현 대신 **H5**라는 표현을 많이 사용한다.

H5는 '**HTML5**'의 약칭으로, 웹문서를 제작하는 데 쓰이는 기본 프로그래밍 언어 **HTML**의 **5**번째 버전이라는 뜻이다. **HTML**은 웹페이지를 디자인하는 데 쓰이는 파일이며, 이 파일의 편집을 통하여 각종 사이트를 디자인하는 것이다. 이런 방식을 **H5** 홈페이지라고 부른다. 마케팅을 진행할 때 랜딩페이지를 별도로 만드는 개념으로 생각하면 된다.

초기의 **H5** 홈페이지는 홈페이지보다는 '고급스러운 프레젠테이션' 정도의 느낌을 벗어나지 못했었는데, 점점 기술력이 발전하면서 사용자들이 참여할 수 있는 반응형 페이지 등 여러 기능이 추가되며 최근에는 대기업 등 유명 브랜드들도 **H5** 페이지를 통해 바이럴 마케팅을 진행한다.

그림 1-8

H5 홈페이지는 모바일에서 최적화된 웹페이지를 디자인하는 데 많이 활용되는데, 특히 위챗에서 많이 사용된다. [그림 1-8]은 테슬라 자동차의 H5 페이지 예시인데, 디자인도 감각적이고, 위챗에서 사용자가 참여할 수 있도록 설계되어 있어 바이럴 마케팅에 아주 효과적으로 활용되었다. H5 홈페이지를 통한 마케팅은 더욱 활발하게 이루어지고 있으며, 템플릿을 제공하는 사이트를 활용하면 손쉽게 제작할 수 있다. 관련 사이트를 몇 가지 소개하니 참고하길 바란다.

H5 제작사이트

易企秀 http://www.eqxiu.com

兔展 https://www.rabbitpre.com

MAKA http://maka.im

H5秀米 https://xiumi.us/#/

H5 사례검색

H5案例分享 https://www.h5anli.com

H5DOO http://www.h5doo.com

H6APP https://www.h6app.com

Part

2

중국 대표 포털 사이트 및 홈페이지 운영방법

2-1

중국의 네이버, 바이두 검색엔진 소개

바이두(Baidu, 百度)는 2000년 설립되어 약 4만 명의 직원을 보유하고 있는(2017년 기준) 중국의 최대 검색엔진 기업으로, 알리바바/텐센트와 함께 BAT(Baidu, Alibaba, Tencent)라고 불리며 중국의 3대 IT기업으로 꼽히고 있다.

2000년대부터 줄곧 중국에서 가장 인기 있는 검색엔진으로 자리 잡고 있으며, 시장점유율은 평균 70%, 매출액은 약 130억3000만 달러(한화 14조 6천억 원, 2017년 기준)에 달한다. [그림 2-1]은 2019년 1~8월 중국 검색엔진 시장점유율인데, 바이두가 무려 71.78%를 차지하고 있다. 과거 구글의 '짝퉁' 정도로 여겨졌던 바이두는 압도적인 중국 내수시장의 규모를 바탕으로 이제 구글을 위협하는 존재로까지 성장하였으며, 끊임없는 발전을 통해 최근에는 인공지능 학습, 빅데이터 분석, 무인자율주행차 생산 등 지속적으로 폭 넓은 정보 서비스를 개발하고 있다.

우리나라의 포털 사이트 네이버와 여러 가지 면에서 유사한 점이 많은데, 중국 온라인 마케팅 시작을 위해 필수적으로 알아야 할 바이두에 대해서 자세히 알아보자.

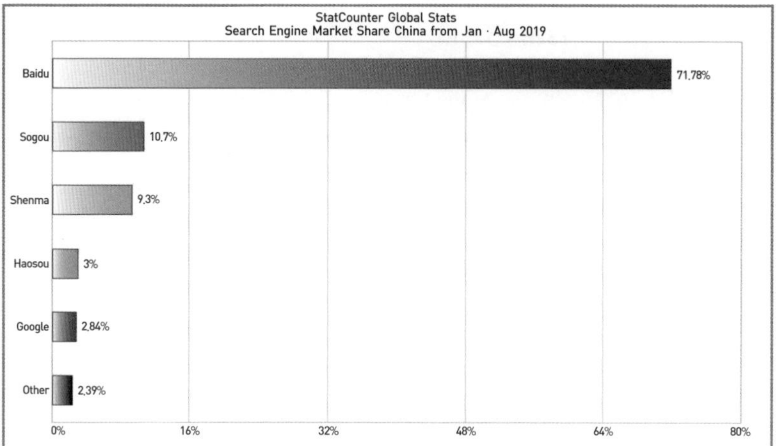

출처: statcounter (2019년 1~8월 중국 검색엔진 시장점유율)

그림 2-1

바이두 가입 방법

바이두 사이트를 이용하려면 먼저 회원가입을 해야 한다. 하지만 공식 사이트인 www.baidu.com으로 접속하여 가입을 시도하면 중국 휴대폰 번호를 통해 인증해야만 가입이 가능하도록 되어 있다. 대부분의 독자들은 중국 휴대폰 번호가 없을 텐데, 안타깝게도 아직까지는 바이두 사이트에서 외국인 가입에 대한 공식적인 안내는 찾을 수 없다. 한국을 포함한 외국 휴대폰 번호로 바이두에 가입하려면 외국인 전용 회원가입 URL을 통해 접속해야 한다. 필자가 따로 아래에 만들어 둔 단축 URL에 접속해 가입하도록 하자.

바이두 외국인 회원가입: bit.ly/baidujoin

해당 URL은 필자가 따로 단축 URL을 만들어 놓은 것이라 계속 활용 가능하나, 혹시 접속이 되지 않는다면 '외국인 바이두 가입' 등 검색어로

그림 2-2

포털사이트에서 검색하면 쉽게 링크를 찾을 수 있을 것이다. 해당 URL을 통해 접속하면 [그림 2-2]와 같은 화면이 나오는데, 手机号(휴대폰 번호)란에 대한민국 국가번호인 +82를 선택하고 우측의 빈 칸에 휴대폰 번호 앞의 0 을 제외한 10-1234-5678 의 방식으로 작성하면 된다.

바이두 상위 노출, 반드시 필요한가? (부제: 상위 노출에 집착하지 말자)

바이두 회원가입을 완료했다면, 본격적으로 활용방법에 대해 알아보자.

[그림 2-3]은 구글의 검색화면이고, [그림 2-4]는 바이두의 검색화면이다. 그림에서 알 수 있듯이 바이두는 기본적으로 구글과 비슷한 구성이며, 광고가 노출되는 방식이나 검색어에 따른 검색 결과 모두 구글과 매우 유사하다. 우리나라의 네이버와는 다소 차이점이 있는데, 우리에게는 네이버가 가장 친숙한 만큼 바이두와 네이버의 같은 점과 다른 점을 명확하게 인지하고 있어야 올바른 바이두 마케팅을 할 수 있다. 그러면 두 사이트를 비교 분석해 보자.

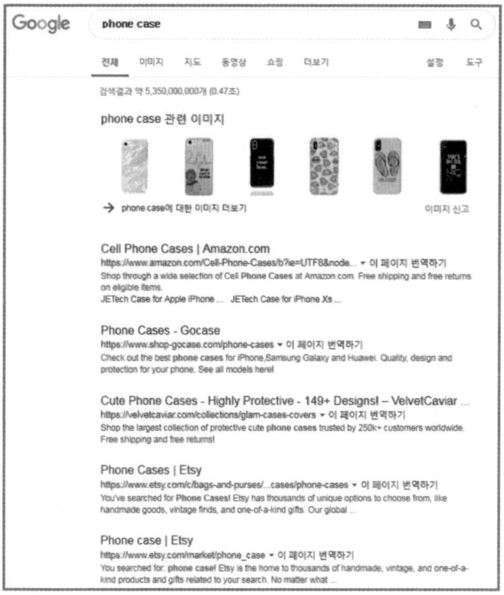
Google
phone case
전체 이미지 지도 동영상 쇼핑 더보기 설정 도구
검색결과 약 5,350,000,000개 (0.47초)
phone case 관련 이미지
phone case에 대한 이미지 더보기
이미지 신고
Cell Phone Cases | Amazon.com
https://www.amazon.com/Cell-Phone-Cases/b?ie=UTF8&node... ▾ 이 페이지 번역하기
Shop through a wide selection of Cell Phone Cases at Amazon.com. Free shipping and free returns on eligible items.
JETech Case for Apple iPhone ... JETech Case for iPhone Xs ...
Phone Cases - Gocase
https://www.shop-gocase.com/phone-cases ▾ 이 페이지 번역하기
Check out the best phone cases for iPhone,Samsung Galaxy and Huawei. Quality, design and protection for your phone. See all models here!
Cute Phone Cases - Highly Protective - 149+ Designs! – VelvetCaviar ...
https://velvetcaviar.com/collections/glam-cases-covers ▾ 이 페이지 번역하기
Shop the largest collection of protective cute phone cases trusted by 250k+ customers worldwide. Free shipping and free returns!
Phone Cases | Etsy
https://www.etsy.com/c/bags-and-purses/...cases/phone-cases ▾ 이 페이지 번역하기
You've searched for Phone Cases! Etsy has thousands of unique options to choose from, like handmade goods, vintage finds, and one-of-a-kind gifts. Our global ...
Phone case | Etsy
https://www.etsy.com/market/phone_case ▾ 이 페이지 번역하기
You searched for: phone case! Etsy is the home to thousands of handmade, vintage, and one-of-a-kind products and gifts related to your search. No matter what ...

그림 2-3

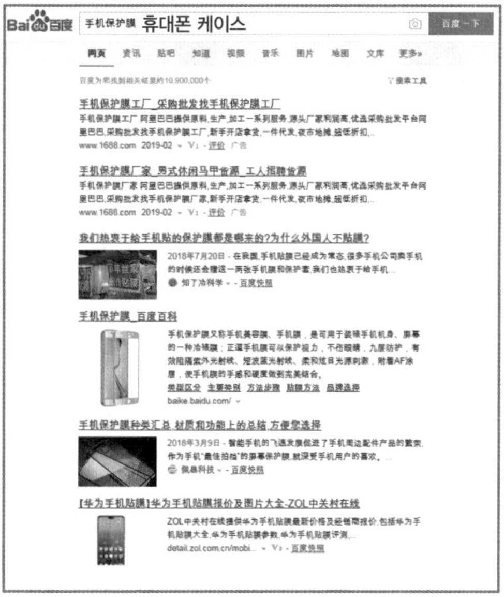
Bai百度
手机保护膜 휴대폰 케이스
百度一下
网页 资讯 贴吧 知道 视频 音乐 图片 地图 文库 更多»
搜索工具
手机保护膜工厂_采购批发找手机保护膜工厂
www.1688.com 2019-02
手机保护膜厂家_男式休闲马甲货源_工人招聘货源
www.1688.com 2019-02
我们热衷于给手机贴的保护膜都是哪来的?为什么外国人不贴膜?
手机保护膜_百度百科
baike.baidu.com/
手机保护膜种类汇总 材质和功能上的总结 方便您选择
【华为手机贴膜】华为手机贴膜报价及图片大全-ZOL中关村在线
detail.zol.com.cn/mobi...

그림 2-4

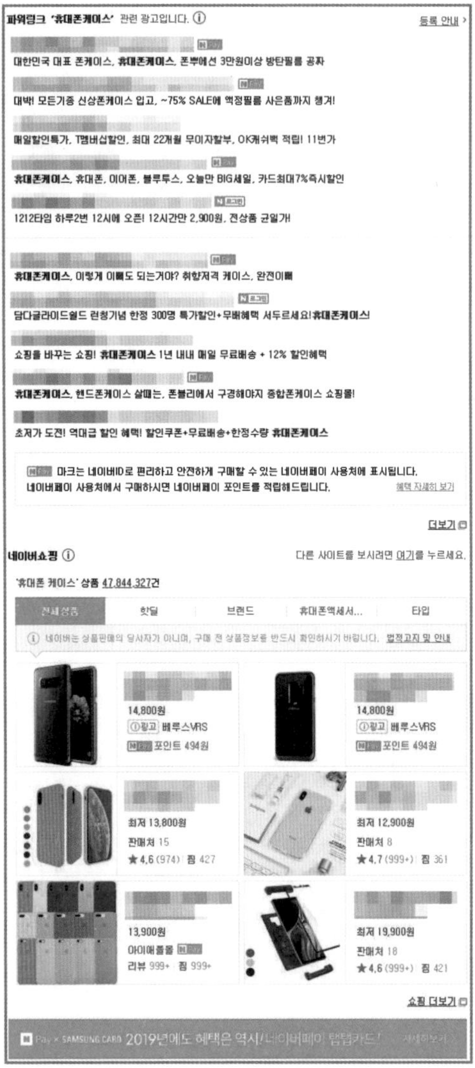

그림 2-5

[그림 2-5]는 네이버에서 '휴대폰 케이스'를 검색한 결과이다. 키워드 광고(파워링크)영역과 네이버 쇼핑영역이 가장 상단에 나오게 된다. 네이버는 바이두나 구글보다 검색 결과와 광고영역이 명확하게 구분되어 있

어서, 광고비를 지출하면 네이버 검색 결과 첫 페이지에 손쉽게 노출시킬 수 있다. 물론 바이두 역시 광고를 집행하면 상위 노출은 쉽게 할 수 있으나, 검색 결과와 섞여서 보이기 때문에 한 눈에 띈다기보다는 하나의 검색 결과처럼 보이는 경우가 많다(물론 광고표시는 되어 있다).

두 사이트의 가장 큰 차이점은 쇼핑영역의 노출 유무인데, 네이버에서는 [그림 2-5]에서처럼 네이버 쇼핑영역이 잘 정리되어 보이기 때문에 우리나라 사람들은 검색하거나 쇼핑할 때 대부분 네이버를 많이 활용한다. 네이버에서 검색어에 자동으로 쇼핑이 연동되어 최저가나 많은 후기가 있는 쇼핑몰을 찾아갈 수 있기 때문이다. 하지만 한국을 제외한 다른 국가는 대부분 정보 목적의 검색과 구매 목적의 검색이 다른 곳에서 이루어지는 경우가 많다.

[그림 2-6]과 같이, 국내와 다르게 중국은 상품을 구매하는 사람들은 대부분 바이두가 아닌 타오바오에서 검색하는 경향이 있다. 바이두에서는 네이버처럼 최저가 비교 등 쇼핑영역을 별도로 체계적으로 관리하지 않기 때문에, 사람들은 타오바오 등 쇼핑몰로 직접 접속하여 상품을 검색하는 경우가 대부분이다. 미국에서 상품을 구매할 때 구글보다 아마존을 주로 사용하는 것과 비슷한 맥락이다.

따라서 어떤 상품(키워드)을 바이두에서 검색할 때, 구매하려는 목적보다는 정보를 탐색하려는 목적이 많다는 것을 알고 있어야 한다. 물론 정

국가	정보 찾기	구매 검색	비고
한국	네이버	네이버	지식쇼핑 비교검색
미국	구글	아마존	Google it
중국	바이두	타오바오	百度一下(바이두이샤) 淘宝一下(타오바오이샤)

그림 2-6

보성 콘텐츠 배포를 통해 구매를 유도하는 바이럴 마케팅을 할 수는 있겠지만, 기본적으로 바이두에서는 검색의 목적 자체가 구매가 아닌 사람들이 많다는 것을 이해해야 한다.

정리하자면, 바이두도 네이버처럼 중국의 검색시장에서 약 70% 이상의 점유율을 차지하는 거대 검색엔진이지만, 상위 노출의 전략은 다르게 가져가야 한다. 한국에서는 네이버 상위 노출을 통해 정보부터 판매 쇼핑몰까지 모두 한 번에 노출시킬 수 있지만, 바이두는 그렇지 않다. 따라서 상품 판매가 목적인 경우, 무조건적인 바이두 상위 노출을 하기보다는 타오바오에서 키워드 광고를 통해 상위 노출을 하고, 그 상품이 궁금한 사용자가 바이두에서 검색했을 때 정보를 확인할 수 있도록 콘텐츠를 노출하는 등의 전략 수립이 필요하다고 할 수 있다.

바이두 검색 채널

중국에 조금이라도 관심이 있는 사람은 대부분 바이두 사이트에 접속해 본 경험이 있을 것이다. 하지만 바이두에 정확히 어떤 검색 채널이 있

바이두 검색 채널

1. 百家号 (바이두 블로그)
2. 百度百科(바이두 백과)
3. 百度知道(바이두 지식인)
4. 百度地图(바이두 지도)

5. 百度贴吧(바이두티에바)
6. 百度经验(바이두경험)
7. 百度口碑 (바이두 커우베이)
8. 百度旅游 (바이두 여행)
9. 百度文库(바이두 문고)

(5–9: 네이버에 없는 채널)

그림 2-7

는지는 유학생이나 현지에서 오래 생활을 한 사람도 잘 모르는 경우가 많다. 바이두에는 네이버에 없는 특이한 서비스가 많은데, 우리에게 익숙한 네이버와 비교하면서 바이두의 검색 채널을 살펴보도록 하자.

[그림 2-7]는 바이두의 주요 검색 채널을 나열한 것이다. 네이버에도 있는 블로그, 지도 등 기본적인 채널이 있는 반면, 네이버에 없는 개념의 채널도 많다. 각 채널에 대해서 알아보자.

바이두 블로그(百家号)

- 바이두 블로그(百家号, 바이자하오) 특징

주소: https://baijiahao.baidu.com

1. 바이두 공식(기업)계정 블로그
2. 개설 가능자: 유명인, 매체 언론사, 기업 정부기관, 기타
3. 블로그 内 이미지 등 콘텐츠 사용 가능
4. 블로그 등급에 따라 1일 1~10개 배포 가능
5. 바이두에서 키워드 검색 상위 노출용으로 많이 사용되며, 배포 후 검색 결과 노출 빠름

바이자하오는 바이두의 공식(기업)계정 블로그로, 일반적으로 기업이

그림 2-8

개설할 수 있는 블로그이다. 평범한 개인으로는 가입이 불가능하며, 개인으로 가입하려면 연예인, 유명인 등 특별한 경우에만 가입이 가능하다. 네이버처럼 누구나 개설하고 무료로 운영하는 방식이 아니라 가입이 까다롭고, 블로그의 등급에 따라 하루에 포스팅할 수 있는 개수도 다르게 정해진다(등급이 낮을 경우 1일 1개의 포스팅만 가능하며, 점차 개수가 늘어나는 구조이다).

바이두에서 직접 운영하는 기업계정 블로그이니만큼, 바이두에서 검색 시 바이자하오의 콘텐츠가 상위 노출이 잘 되는 경향이 있어 기업에서 검색 상위 노출을 위한 마케팅 채널로 많이 활용한다.

바이두 백과(百度百科)

- 바이두 백과(百度百科) 특징

주소: http://baike.baidu.com

1. 네이버 지식백과와 유사한 상품
2. 등록한 키워드 바이두 첫 페이지 상위 노출이 가능하며, 신뢰도 상승 효과
3. 중국 법인 등록 시 회사 상호 등록 가능
4. 중국 상표등록증 소지 시 정보 등록 가능
5. 텍스트, 이미지 콘텐츠 사용 가능

그림 2-9

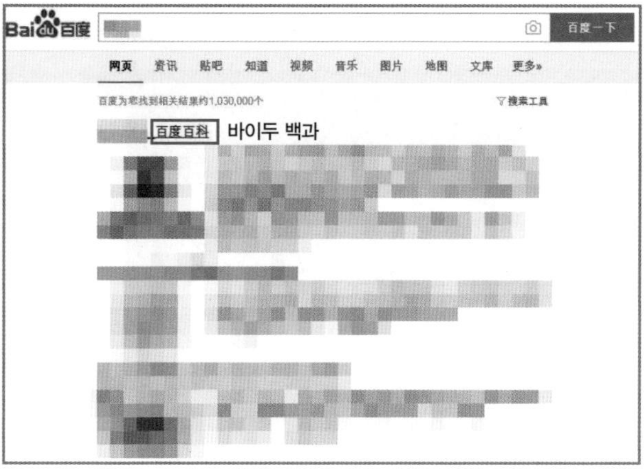

그림 2-10

바이두 백과는 네이버의 지식백과와 유사한 개념이며, 바이두 백과에 등록되면 키워드 검색 시 일반적으로 첫 페이지 최상단에 위치하는 경우가 많다. 바이두 백과에 등록하려면 중국 법인이나 중국 상표등록증이 필요하며, 바이두 백과에서 요구하는 가이드라인이 엄격하므로 반드시 준수하여 등록하는 것이 필요하다.

보통 바이두 백과를 마케팅 채널로 활용한다는 생각을 못하는 경우가 많은데, [그림 2-10]와 같이 바이두 백과에 등록되면 검색어의 첫 페이지 최상단의 위치는 물론, 신뢰도 측면에서도 다른 채널보다 높은 효과를 얻을 수 있으니 적극 활용하는 것을 추천한다.

바이두 지식인(百度知道)

- 바이두 지식인(百度知道) 특징

주소: https://zhidao.baidu.com

1. 네이버 지식인과 유사한 Q&A 상품
2. 문제와 답변 내 텍스트, 이미지 등 콘텐츠 사용 가능
3. 연락처(전화, 링크, 아이디 등) 삽입 불가

그림 2-11

4. 브랜드 기초 정보 배포, 키워드 상위 노출용 플랫폼
5. 자문자답을 통한 문답 콘텐츠 상위 노출로 활용

바이두 지식인은 네이버 지식인과 유사한 개념이며, 활용되는 방식도 거의 동일하다. 다만 네이버 지식인은 답변자의 개인정보를 담아서 네임카드를 만들어 본인 소개를 할 수 있는데, 바이두 지식인은 네임카드의 개념이 없다. 연락처 삽입은 불가하며, 키워드 상위 노출용으로 많이 활용되는 편이다.

그림 2-12

[그림 2-12]는 "한국의 3대 화장품 브랜드는 무엇인가요?(韩国三大化妆品牌是什么)"라는 질문인데, 답변으로 화장품 브랜드명을 1번부터 10번까지 나열하여 소개한 것을 볼 수 있다. 자연스럽게 작성된 답변일 수도 있지만, 이런 방식의 지식인 문답을 의도적으로 만들어 마케팅 차원으로 활용하는 경우가 많다. 물론 중국도 한국과 마찬가지로 지식인 서비스 자체에 대한 인기는 예전보다 많이 시들해졌지만, 아직 바이두 검색 시 상위 노출이 가능한 채널이기 때문에 활용방법을 고려해 보는 것이 좋다.

바이두 지도(百度地图)

- 바이두 지도(百度地图) 특징

주소: https://map.baidu.com
1. 네이버 지도와 유사한 상품
2. 기업 정보 바이두 지도 등록 가능
3. 사진, 연락처, 주소, 피드백 등 노출 가능
4. 지도 등록 후 노출 시 신뢰도 상승
5. 한국주소도 등록 가능하나 시간이 오래 소요될 수 있음

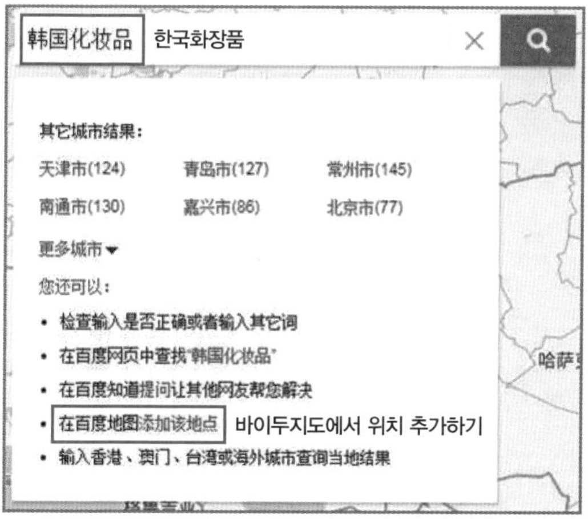

그림 2-13

바이두 지도는 네이버 지도와 유사한 개념이며, 네이버에서처럼 바이두에서도 주소 정보를 등록할 수 있다. 생각보다 어렵지 않게 등록할 수 있는데, [그림 2-13]의 添加该地点(위치 추가하기)를 누르고 지역을 추가할 수 있다. 연락처, 사진 등도 함께 올릴 수 있어 활용도가 높으며, 한국지역도 등록이 가능하나 신청 후 시간이 오래 소요될 수 있으니 참고하도록 하자. 키워드 검색 시 지도가 노출되면 신뢰도 측면에서 좋은 효과가 있으니 활용하는 것을 추천한다.

바이두 티에바(百度贴吧)

- 바이두 티에바(百度贴吧) 특징

주소: https://tieba.baidu.com

1. 한국에 없는 채널(카페의 게시판과 유사한 개념)
2. 특정 카테고리 아래의 게시판형 플랫폼
3. 특정 키워드의 티에바 개설 가능
4. 티에바 관리자 신청 후 티에바 내 콘텐츠 관리(편집, 삭제) 가능
5. 키워드 상위 노출용 플랫폼으로, 배포 후 검색 결과 노출이 빠름

그림 2-14

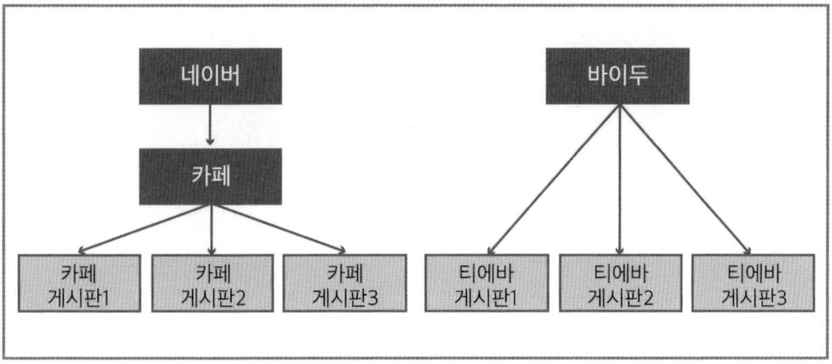

그림 2-15

'바이두 티에바'는 한국에는 없는 채널로서, 먼저 이름을 설명하자면 贴(티에)는 '붙이다'라는 뜻이고, 吧(바)는 '~하다'라는 뜻이다. 어떤 키워드에 '~하다'라는 贴(티에)를 붙여서 게시판 형식으로 만들어 그 키워드에 대한 이야기하는 공간으로 이해하면 된다. 우리나라의 플랫폼과 비교하자면 카페의 게시판과 유사한 개념이라고 할 수 있다. 카페는 개설 후 그 안에 여러 개의 게시판들이 있어 활동할 수 있도록 되어 있는 데 비해, 티에바는 카페라는 개념이 없이 [그림 2-15]와 같이 바이두에서 검색되는 각각의 게시판들에 직접 접속해서 활동한다고 이해하면 된다.

한국에 없는 채널인 만큼, 이해를 돕기 위해 실제로 티에바가 검색되고 활용되는 예시를 살펴보자.

[그림 2-16]은 한국화장품(韩国化妆品)이라는 키워드로 검색 후 들어온 티에바이다. 화면에서 볼 수 있듯이 '구독하기(关注)' 버튼도 있고, 구독자 수, 게시물 수도 모두 확인할 수 있다. 한국화장품이라는 키워드에 대해 이야기를 나누는 게시판이라고 보면 된다. 우측에 보면 이 티에바(게시판)에서 활동하는 나의 아이디가 있고, 이 게시판의 주인도 따로 있다. 게시판의 주인은 말 그대로 게시판을 관리하며 글을 삭제할 수 있는 권한도 가지고 있다. 한국화장품이라는 좋은 키워드의 티에바를 가지고 있다면,

그림 2-16

여러 화장품의 리뷰를 올리는 등 마케팅적으로도 활용할 수 있는 것이 많을 것이다. 그리고 티에바 주인은 최초 개설한 사람으로 정해져 있는 것이 아니라 누구나 신청할 수 있는데, 티에바에서 일정 이상의 활동을 해야만 신청할 수 있는 자격이 주어진다. 申请本吧吧主(티에바 주인 신청)을 누르면 자세한 내용을 확인할 수 있다.

그리고 모든 키워드에 티에바 게시판이 있는 것은 아니며, 일정 이상의 검색량을 가진 키워드에만 티에바 게시판이 존재한다. [그림 2-17]은 필

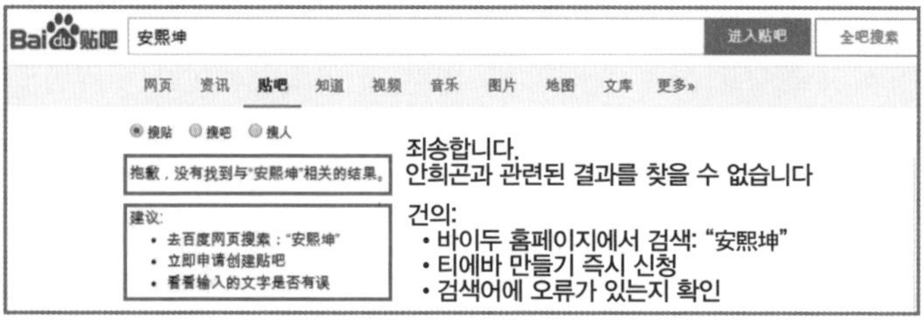

그림 2-17

자의 이름인 안희곤(安熙坤)을 검색한 결과인데, '죄송합니다. 안희곤과 관련된 결과를 찾을 수 없습니다'라고 나오는 것을 알 수 있다. 이렇게 티에바가 개설되어 있지 않은 경우에는 개설요청을 할 수 있다.

[그림 2-17]의 创建贴吧(티에바 만들기)를 누르면 해당 키워드에 대해 티에바 게시판 개설을 신청할 수 있다. 14개의 한자를 초과하지 못하고, 3개월 내 30개 이상의 글을 남겨야 하는 등 정해진 기준이 있으므로 티에바를 개설하려면 기준을 확인한 후 신청해야 한다. 예전에는 마케팅 대행사를 통해 새로운 키워드의 티에바를 개설하는 경우도 많았는데, 바이두의 정책이 점차 엄격해 지면서 신규 개설 자체가 매우 어려워졌으니 참고하도록 하자.

바이두 경험(百度经验)

• 바이두 경험(百度经验) 특징

주소: https://jingyan.baidu.com

1. 바이두 지식인에서 파생된 검색 상품
2. 네티즌들이 우수한 Q&A를 경험으로 정리해서 노출
3. 텍스트, 이미지, 동영상 등 콘텐츠 사용 가능
4. 키워드 상위 노출용 플랫폼으로, 배포 후 검색 결과 노출 빠름
5. 연락처(전화, 링크, 아이디 등) 삽입 불가

그림 2-18

그림 2-19

'바이두 경험' 역시 한국에는 없는 채널인데, 경험이라는 이름처럼 말 그대로 자신의 경험을 공유하는 곳이다. 지식인과는 조금 다른 채널로서, 단순한 질의응답이 아닌, 'ㅇㅇ 하는 법'을 잘 정리하여 포스팅하는 곳이라고 생각하면 된다. 그리고 마음대로 경험을 적는 것이 아니라, 명확하게 순서에 따라서 따라 할 수 있도록 포스팅 양식이 정해져 있다.

[그림 2-19]는 '如何安装PS(어떻게 PS를 설치하나요?)'라는 질문을 바이두에 검색한 결과이다. 바이두 경험 채널의 포스팅이 최상단에 위치한 것을 볼 수 있는데, 화면에 보이는 것처럼 순서대로 따라 할 수 있게 잘 정리되어 있다. 이처럼 바이두 경험은 키워드에 따라 상위 노출이 잘 되는 편이기 때문에 잘 활용하는 것이 좋은데, 실제로 바이두 경험 채널에서 글을 올리는 과정을 살펴보자.

바이두 경험에서 작성하기를 누르면 [그림 2-20]과 같은 화면을 볼 수 있는데, 화면과 같이 1번, 2번 이렇게 순서대로 기재하는 양식이 있어 해당 양식에 따라 빈칸에 내용을 상세히 적으면 된다. 예를 들어 한국화장품 업체라면, '마스크팩을 올바르게 사용하는 방법' 같은 바이두 경험을 작성하면서 본인 회사의 마스크팩을 사용하는 사진을 넣어 바이럴 마케팅으로 활용하면 좋을 것이다.

그림 2-20

바이두 커우베이(百度口碑)

- 바이두 커우베이(百度口碑) 특징

주소: https://koubei.baidu.com

1. 한국에 없는 채널(홈페이지 평가 기능)
2. 홈페이지 피드백 관리(评价 평가) 시스템
3. 최초 등록 시 별도 신청해야 피드백 노출 가능
4. 좋은 평가 다수 있을 시 신뢰도 상승

바이두 커우베이 역시 한국에는 없는 채널인데, 다른 채널들에 비하여 조금 생소한 채널이다. 口碑(커우베이)는 입소문이란 뜻인데, 바이두에서 검색된 홈페이지를 평가하는 기능으로 이해하면 된다. 검색된 홈페이지 상에서 누구나 평가하고 확인할 수 있기 때문에 어떤 개념인지 알고 있는 것이 좋다.

[그림 2-22]에서 검색된 홈페이지의 하단에 보면 评价(평가)라는 글자를 볼 수 있는데, 이 부분을 누르면 [그림 2-23]과 같은 화면을 볼 수 있다.

[그림 2-23]은 홈페이지에 대해 평가를 남긴 것들인데, 이곳에 좋지 않

그림 2-21

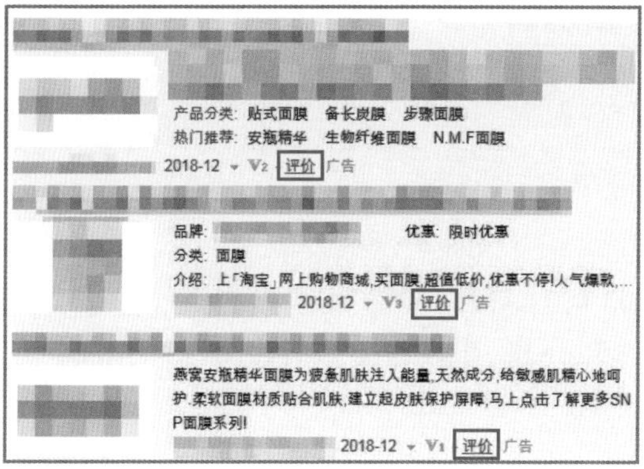

그림 2-22

은 평가의 댓글이 남아 있는 경우 신뢰도 측면에서 나쁜 영향을 끼칠 수 있기 때문에 수시로 살펴보는 것이 좋다. 모든 홈페이지에 자동으로 평가 기능이 생기는 것은 아니며, 홈페이지에 이 기능을 추가하려면 별도로 신청해야 한다. 정식으로 중문 홈페이지를 운영하는 경우 해당 기능을 활용하는 것을 검토해 보는 것도 좋을 것이다.

그림 2-23

바이두 여행(百度旅游)

- 바이두 여행(百度旅游) 특징

주소: http://lvyou.baidu.com
1. 여행기 등 후기성 콘텐츠 전문 블로그
2. 여행지, 쇼핑몰, 음식점 등 홍보 콘텐츠 배포 가능
3. 전문 바이두 여행 어플리케이션 내 모바일 트래픽 높음
4. 2019년 6월 서비스 중단되었으며, 기존 콘텐츠만 확인 가능

바이두 여행은 2019년 6월에 서비스가 중단되었는데, 기존 콘텐츠는 확인 가능하며, 여행과 관련된 콘텐츠는 언제든지 새로운 플랫폼으로 나올 수 있으니 참고용으로 간단히 알아보자.

여행기가 전문적으로 올라오는 채널이며, 여행기만 모아놓은 블로그라고 이해하면 편하다. 여행에 관련된 이야기만 있는 곳이기 때문에 여행 후기를 올리면서 여행지, 쇼핑몰 등 해당 지역에 대한 홍보를 함께 하는 네이티브 광고 콘텐츠가 많이 섞여 있는 편이다. 특히 바이두 앱 내에서 트래픽이 높았던 채널 중 하나이다.

그림 2-24

바이두 문고(百度文库)

- 바이두 문고(百度文库) 특징

  주소: https://wenku.baidu.com
  1. 각종 서류양식을 업로드/다운로드 할 수 있는 검색 채널
  2. 파일 제목에 키워드 노출 시 상위 검색 노출 가능성 높음
  3. 업로드 되는 파일 심사가 엄격함(사이트 주소, SNS 계정 등 연락처 삽입 불가)

바이두 문고는 문서를 모아놓은 채널이다. 바이두 백과가 지식백과의 느낌으로 검색 키워드에 대한 자료를 보여주는 개념이라면, 바이두 문고는 검색 키워드로 구성된 문서를 직접 노출시켜주는 방식이다. 문고 역시 누구나 문서 등록을 신청할 수는 있지만, 심사가 엄격하기 때문에 홍보성 내용이 있으면 반려되는 경우가 많다.

바이럴 마케팅의 하나로 나의 판매상품에 대한 문서나 증명서 등의 자료를 업로드하여 키워드에 노출될 수 있도록 마케팅을 하는 것도 좋은 방법이다.

그림 2-25

이상 바이두의 여러 채널들에 대해 알아보았는데, 한국의 포털 사이트와 비슷한 개념도 많지만, 바이두 티에바 등 한국에 없는 채널들도 많은 것을 알 수 있다. 한국에서처럼 키워드 광고를 하며 블로그 정도만 간단히 운영할 것이 아니라, 바이두의 각 채널들에 대해 개념을 정리하고, 활용할 수 있는 부분은 최대한 활용하도록 하자.

예를 들어 화장품 업체라면 바이자하오(바이두 블로그)를 통해 공식 블로그를 운영하면서, 화장품과 관련된 키워드 몇 개를 선정하여 티에바 활동을 하고, 나의 상품과 관련된 바이두 경험을 작성하는 등 여러 채널을 활용하는 것이다. 바이두라는 거대한 채널에서 나의 상품에 대한 콘텐츠를 끊임없이 뿌린다고 생각하고 최대한 많은 채널을 사용하는 것을 추천한다.

2-2

바이두에 내 홈페이지 노출하기 (상위 노출 최적화 전략)

중국 시장 진출을 계획할 때, 마케팅 쪽으로 가장 처음 떠오르는 것은 아마도 중문 홈페이지를 하나 만들어야겠다는 생각일 것이다. 그리고 중문 홈페이지를 만들 때 기존 한국 홈페이지를 중국어로 번역하는 경우가 많다.

그런데 번역비를 들여 홈페이지 내용을 중국어로 번역하고, 열심히 홈페이지를 수정해서 완성하였는데, 막상 바이두에서 검색해 보니 첫 페이지는커녕 10페이지 이후에도 내 홈페이지를 찾을 수 없는 경우가 대부분이다. 이런 '헛수고'를 하지 않기 위해서는 한국과는 다른 중국에서의 홈페이지 노출방법에 대해 이해해야 한다.

도메인 선택부터 사이트 등록까지 어떻게 바이두 검색엔진에 최적화된 홈페이지를 제작하고 상위 노출시킬 수 있는지 알아보도록 하자.

검색엔진 노출 최적화 전략

건물을 지을 때도 기반이 튼튼해야 흔들림에도 무너지지 않는 것처럼, 홈페이지를 제작할 때도 도메인, 서버호스팅 등 가장 기본적인 것부터 바이두 검색 로직에 맞게 설정해 놓아야 상위 노출 확률을 높일 수가 있다. 그러면 먼저 도메인 선택부터 알아보자.

적절한 도메인 선택

필자는 중국 마케팅 대행 사업을 진행하면서 수많은 한국 기업들이 만든 중문 홈페이지를 접했는데, 홈페이지들의 도메인 유형을 정리해 보면 다음과 같이 2가지로 나눌 수 있다.

1) domain.com/cn
2) domain.cn
(※ 도메인 마지막 부분의 cn은 china의 줄임말이다)

1)번의 "domain.com/cn"과 같이 기존에 사용하고 있는 도메인 뒤에 "/cn" 또는 "/chn" 등을 붙여서 중문 홈페이지 주소로 하는 경우, 바이두 검색엔진 규칙에 어긋날 뿐만 아니라 사이트를 상위 노출하는 데도 많은 어려움이 있다. 그 원인은 첫째, "domain.com/cn"은 구조상 독립적인 도메인이 아니고 "domain.com"의 일부분이기 때문에 바이두 사이트에 등록할 때 중문 홈페이지 단독으로는 등록이 불가능하며, 국문 홈페이지

그림 2-26

"domain.com"을 먼저 등록해야 한다. 이렇게 되면 [그림 2-26]과 같이 "ㅇㅇ제약"은 중문 홈페이지를 운영하고 있는데도 불구하고, 바이두에서는 국문 홈페이지만 검색 노출이 되고 있다.

둘째, "domain.kr/cn"은 독립 도메인이 아니기 때문에 서버도 "domain.kr"과 같이 한국에 설치해야 한다는 문제가 있다. 이렇게 되면 중국 현지에서 방문하는 속도가 느릴 뿐만 아니라, 해외 IP 차단 등의 원인으로 접속이 되지 않는 경우도 종종 있을 것이다. 따라서 중문 홈페이지 도메인을 선택할 때는 2)번의 "domain.cn"의 형식으로 새로운 도메인을 만드는 것이 가장 좋다.

중국 현지에 서버 설치하기(방문 속도가 빠른 서버 호스팅)

중국에서 홈페이지가 검색 노출 여부나 홈페이지 방문 속도 등 여러 요소를 고려하면, 서버를 중국 현지에 설치하는 것이 좋다. 하지만 중국 내 서버를 설치하려면 중국 인터넷 관리규정상 ICP 비안을 취득해야만 가능한 일이어서, 우회적인 방법으로 중국 홍콩에 서버를 두는 방법이 현실적인 해결책이다. 홍콩은 1997년 중국에 반환 이후 중국 영토의 일부분이지만 많은 영역에서 자치권을 가지고 있고, 그 중 하나가 ICP 비안 없이 자유롭게 서버를 설치할 수 있다는 것이다. 홍콩은 중국 대륙과 가까워서 서버 방문 속도도 빠를 뿐만 아니라, 인터넷 보급률이 높아 비용도 많이 들지 않는다.

앞서 이야기한 ICP 비안은 중국에서 홈페이지를 운영한다면 반드시 알고 있어야 하는 개념인데, ICP 비안에서의 ICP는 'Internet Content Provider'의 약자로서 직역하면 "인터넷 서비스 제공자"라는 뜻이다. ICP 비안은 중국정부에서 인터넷 서비스를 제공하는 모든 개인 또는 사업자들을 관리하기 위하여 사전에 서비스 제공자가 서버, 도메인, 운영자 등 당국에 신고하여 허가받아야 하는 중국 인터넷 관리 규제 중의 하나라고 볼 수 있다.

ICP 비안을 관리하고 있는 기관은 '중국 공업 및 정보화부(中国工业和信息化部, http://www.beian.miit.gov.cn)'이고, 비안 신청은 중국인 또는 중국 기업만 가능하다. 다음은 중국 법인으로 비안 신청 시 준비해야 하는 서류 목록이다.

1. 중국사업자등록증
2. 법인 대표자 중국신분증(외국인인 경우 여권 제출)
3. 사이트 운영자 중국신분증(외국인인 경우 여권 제출)
4. 사이트 운영자 본인 증명사진
5. 비안 신청서 등 기타 필요 서류

중국 각 지역에 따라 ICP 비안 신청 시 필요한 서류에 차이가 있는 경우가 많아 상세한 내용은 다음 알리바바 클라우드(阿里云, https://help.aliyun.com/knowledge_detail/36962.html)에서 정리한 비안 관련 상세 Q&A를 참고하도록 하자.

중문 홈페이지를 만든 목적이 간단한 회사 소개 정도라면 굳이 ICP 비안을 받을 필요는 없지만, 구매 기능을 추가하거나 동영상 등 대용량 파일을 저장할 수 있는 클라우드 서버를 연동해야 할 경우에는 ICP 비안을 반드시 받아야 한다. 비안 신청을 하려면 우선 중국 법인이 있어야 하고, 또한 도메인도 중국 등록기관에 등록되어 있어야 한다. 도메인 등록은 보통 30일 정도 소요되며, ICP 비안을 등록하는 상세한 방법은 '알리바바 클라우드 ICP 비안 센터(https://beian.aliyun.com)'에 자세히 나와 있으니 참고하자.

나만의 홈페이지 만들기(홈페이지 제작 플랫폼 치페이예 QIFEIYE)

홈페이지가 검색 노출되는 방식에 대해 이해하였다면, 본격적으로 나만의 홈페이지를 만들어 보도록 하자. 앞서 이야기한 것처럼 중문 홈페이지는 기존 한글 홈페이지를 번역하는 것보다 직접 제작하는 것이 좋은데, 간단하게 중문 홈페이지를 만들 수 있는 방법을 소개하려고 한다.

홈페이지를 직접 개발하는 것은 시간과 노력이 너무 많이 소요되기 때문에 워드프레스(wordpress)나 윅스(wix) 같은 기본 템플릿을 제공하는 사이트를 이용하는 것이 좋다. 중국에서도 이와 유사한 서비스를 제공하는 곳이 많은데, 그 중 중국에서 로컬 홈페이지 제작 시 많이 사용되는 사이트를 소개한다. 이름은 치페이예(起飞页 qifeiye.com)이며, 사용법도 비교적 간단한 편이다.

치페이예(起飞页) 홈페이지 특징

① 홈페이지 제작 용이(여러 가지 템플릿 제공)

일반적으로 홈페이지를 제작한다고 하면 어렵다고 느끼는 경우가 많은데, 치페이예는 업종별로 여러 가지 기본 템플릿을 제공하고 있어 템플릿을 선택하고 간단하게 사진이나 텍스트를 추가하면 완성되는 방식이다.

② 서버 위치 자유 설정 가능

치페이예는 복잡한 세팅과정 없이 클릭만으로 손쉽게 서버를 중국 대륙, 중국 홍콩, 한국, 일본, 미국 등의 지역에 설치 가능하고, 각 지역 간에 자유롭게 전환할 수도 있다.

③ 검색 노출 최적화(SEO) 용이

치페이예는 중문 홈페이지 제작 전문 사이트로서 바이두 검색엔진에 최적화된 기본 설정이 다 되어 있을 뿐만 아니라, SEO 전문 툴까지 내장

되어 있어서 검색 노출에 매우 유리하다.

④ 모바일/PC 호환성이 높음

치페이예에서 제작한 홈페이지는 모두 반응형 웹사이트이므로 모바일/PC 버전을 따로 제작하지 않아도 완벽하게 콘텐츠를 구현할 수 있다.

⑤ 높은 가성비

치페이예의 사용료는 1GB 서버 저장공간에 월 5GB 트래픽인 기본형 가격이 500위안/년(한화 약 7~8만 원)이다. 연간 10만 원 미만의 가격으로 모든 템플릿을 사용할 수 있고, 도메인도 자유롭게 연동 가능하다. 이 정도의 비용으로 검색엔진에 최적화된 중문 홈페이지를 가질 수 있다는 점에서 가성비가 매우 높다고 볼 수 있다.

이제, 본격적으로 치페이예를 통하여 홈페이지를 만드는 방법을 알아보도록 하자.

치페이예(起飞页) 홈페이지 제작 및 최적화 방법

먼저 홈페이지 https://www.qifeiye.com으로 들어가 회원가입을 한다. 회원가입은 이메일만 있으면 누구나 가능하다.

회원가입을 완료하면 [그림 2-27]과 같은 템플릿 선택화면을 볼 수 있다. 먼저 위쪽에 보면 모든/인기/최신 템플릿 3개 선택항이 있고, 왼쪽에는 업종별로 원하는 템플릿을 검색할 수 있다. 그리고 템플릿 프로필 사진 하단에 2개 버튼이 있는데, 오른쪽의 '미리 보기(预览)' 버튼을 통해 확인한 후 마음에 들면 왼쪽 '선택(选用)' 버튼을 눌러 템플릿을 선택하면 된다.

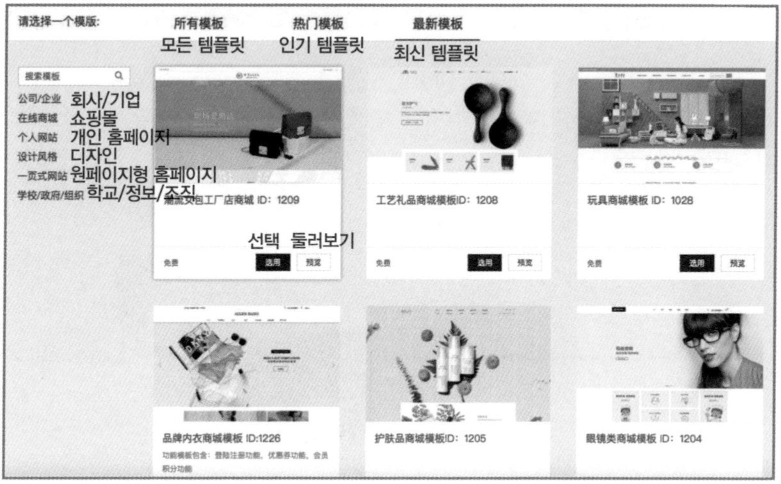

그림 2-27

그림 2-28

템플릿 선택을 완료하였다면 [그림 2-28]처럼 서버를 설치할 위치를 설정해야 한다. 앞서 언급하듯이 중국 대륙은 반드시 ICP 비안을 받아야 설치가 가능하기 때문에 일반적으로 중국 홍콩 지역을 선택하고 다음 단계로 넘어간다.

그림 2-29

다음 단계는 [그림 2-29]와 같이 홈페이지 디자인 화면이다. 상단에 있는 메뉴바를 통하여 홈페이지의 전반적인 디자인, 구조, 기능 등을 관리할 수 있고, 마우스를 각 블록 위에 이동하면 구체적인 레이아웃, 노출 방식, 콘텐츠 등 설정이 가능하다. 설정하는 메뉴는 물론 중국어로 되어 있는데, 이 부분은 크롬(Chrome) 브라우저상에서 마우스 오른쪽 클릭을 통해 '한국어로 번역' 기능을 사용하면 [그림 2-30]과 같이 한국어로 번역된 것을 볼 수 있다. 번역의 완성도가 상당히 높아서 꼭 중국어 가능자의 도움을 받지 않아도 간단하게 홈페이지를 구성할 수 있다.

그리고 홈페이지를 꾸밀 때는 적용되어 있는 템플릿의 구조를 최대한 변형하지 않고 유지하면서 그 안의 이미지와 텍스트만 수정하는 방식으로 완성하는 것을 추천한다.

한국에서의 홈페이지라면 마음껏 디자인하고 구조도 바꿔가면서 잘 만들 수 있겠지만, 중국어로 홈페이지를 꾸미는 것은 생각보다 어려운 점이 많아 간단하게 회사나 브랜드 소개를 한다고 생각하고 기존 템플릿을 그

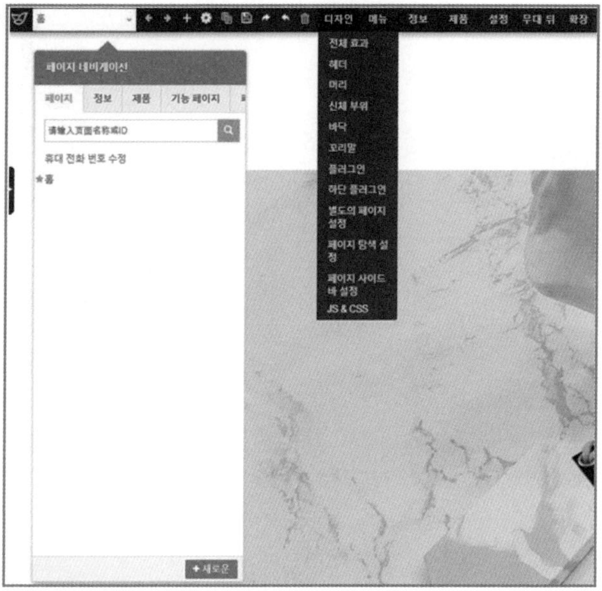

그림 2-30

대로 활용하는 것이 좋다. 일단 간단하게라도 홈페이지를 완성하고, 익숙해진 후 새롭게 수정하는 것을 추천한다.

그러면 본격적으로 홈페이지를 꾸밀 때 꼭 알아두어야 하는 것들을 몇 가지 살펴보자.

홈페이지를 꾸미기 전, 가장 먼저 해야 할 일은 검색 노출을 위한 SEO 최적화 작업이다. [그림 2-31]과 같이 'SEO设置(SEO 설정)'을 클릭하면 [그림 2-32]처럼 SEO 전용 툴이 나온다. 구글 번역을 통하면 'SEO 설정'이라고 한글로 나오게 되는데, 책에서는 홈페이지에 보이는 대로 중국어 화면을 사용하도록 하겠다. 웹페이지상에서 한글로 번역한 후 순서에 맞춰 비교해 가면서 보도록 하자.

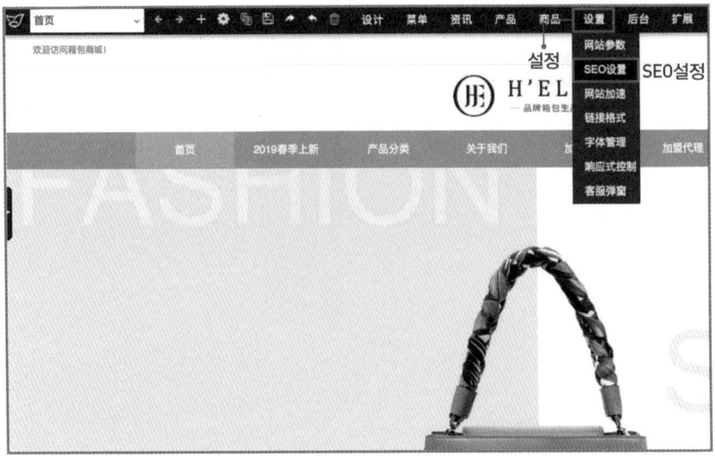

그림 2-31 치페이예(qifeiye) 홈페이지 SEO 설정

SEO는 홈페이지 상위 노출을 위해서 반드시 설정해야 하는데, 클릭하면 다음과 같이 구체적으로 키워드를 기재할 수 있는 화면이 나타난다.

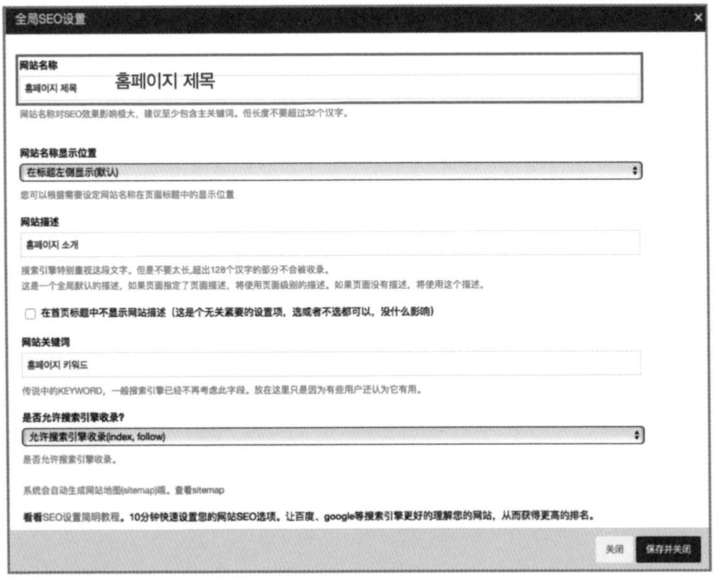

그림 2-32

[그림 2-32]에서 먼저 제일 중요한 홈페이지 제목부터 작성해 보자. 검색 결과에 노출되는 글자 수는 한자 25자 내외로 제한되어 있고, 중국어 특성상 띄어쓰기가 없는 관계로 아래 양식대로 제목을 작성하기를 추천한다.

"키워드1_키워드2_키워드3_브랜드/회사명"

홈페이지 소개글도 70자 내외로 작성해야 하고, 노출하고 싶은 핵심 키워드를 3~5번 반복해서 작성해야 한다. 한 가지 팁을 추가하자면, 소개글 내용에 [그림 2-33]과 같이 위챗 아이디 등 연락처를 노출하는 것도 잠재 고객을 유치하는 좋은 방법 중 하나이다.

그다음 홈페이지 키워드를 입력해야 하는데, 이 부분의 내용은 검색 결과에는 노출되지 않으나, 검색엔진에게 이 홈페이지가 어떤 영역에서 활동하는 것인지를 알려주는 작용을 한다. 키워드는 10~15개까지 입력 가능하며, 홈페이지와 관련된 키워드 위주로 작성하는 것이 좋다.

SEO 기본 최적화 작업이 완료되면 이어서 위젯 설정을 통해 연락처를 노출시키는 작업을 시작해 보자. 중국의 홈페이지들은 대부분 1 : 1 문의하거나 실시간 채팅을 할 수 있는 기능을 제공하고 있으며, 사용자들도 이렇게 실시간으로 문의하는 것에 굉장히 익숙해져 있다. 메인 홈페이지에 위젯을 설정해 위챗이나 QQ 등 연락처를 노출하는 이 과정은 치페이

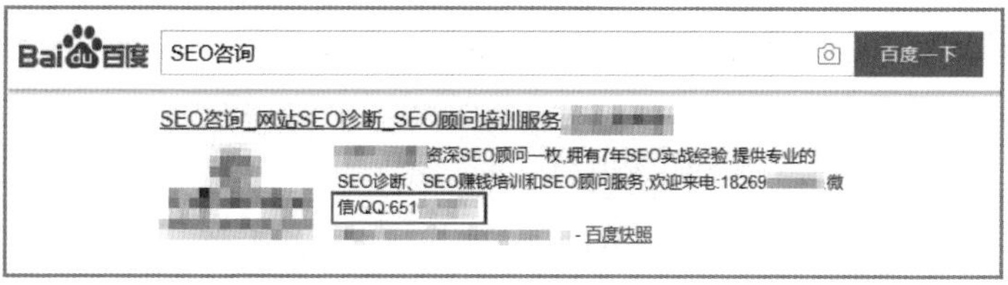

그림 2-33 바이두 검색 결과 위챗 ID 노출

그림 2-34

예를 통해 중문 홈페이지를 만들 때 가장 중요한 부분이라고 해도 과언이 아니다. 연락처를 설정하는 방법에 대해 알아보자.

우선 [그림 2-34]과 같이 '页面侧栏设置(사이드바 설정)'을 클릭한 다음, [그림 2-35]처럼 '切换到全局设置(전체 설정으로 변경)'을 클릭한다.

그다음 화면 하단에 보면 [그림 2-36]처럼 전화번호, QQ 번호, 파일다운 이렇게 3개 연락처가 기본값으로 설정되어 있는데, 예를 들어 전화번호를 변경하려면 '编辑(편집)' 버튼 클릭 후 두 개의 빈칸에 번호를 입력하면 된다.

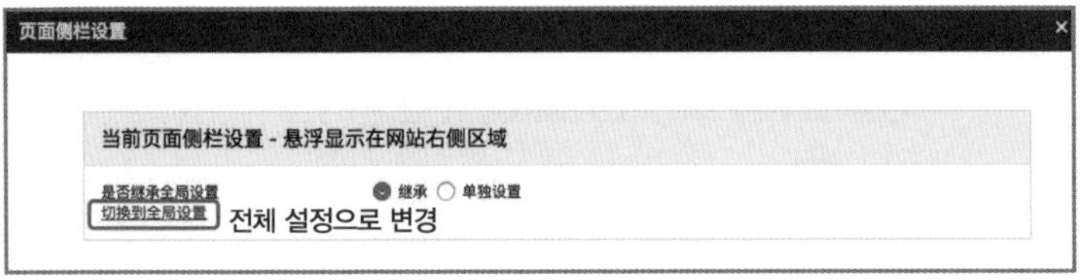

그림 2-35

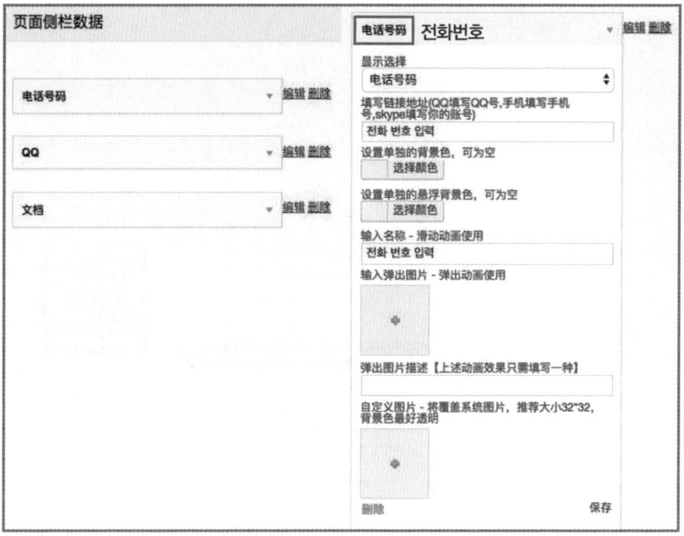

그림 2-36

그림 2-37

만약 위챗, 웨이보 등 기타 연락처를 추가하려면 [그림 2-37]처럼 위챗

그림 2-38

을 선택한 다음 QR코드를 업로드한 후 추가 버튼을 클릭하면 된다.

연락처 설정을 모두 완료하면, 홈페이지로 돌아와서 설정이 잘 되었는지 확인해 보자. [그림 2-38]과 같이 오른쪽 사이드바에 방금 설정한 전화번호, 위챗 QR코드 등이 고정 노출되고 있는 것을 확인할 수 있다.

모든 편집 작업이 끝나면 홈페이지를 도메인에 연결하고 완료하면 되는데, 이 부분은 유료 기능이기 때문에 먼저 비용을 지불해야 한다. 비용 지불은 편리하게 알리페이로 할 수 있으며, 홈페이지 관리 페이지에서 '绑定域名(도메인 연동)'을 클릭하여 연동하면 된다. 도메인이 없을 시 치페이에에서 직접 구매할 수도 있으며, 이미 도메인을 보유하고 있는 경우 연동할 수 있다. 도메인 연결은 전 세계 모두 동일하게 적용되는 부분이기 때문에 혹시 중간에 막히는 부분이 있다면 중국어라고 특별히 어렵게 생각할 필요 없이 각 등록기관에 문의하면 쉽게 해결할 수 있다.

사이트 등록 및 SEO 방법

치페이예를 통해 홈페이지 제작을 완료했다고 끝난 것이 아니다. 우리가 궁극적으로 원하는 것은 홈페이지의 도메인 주소를 직접 입력해서 방문하는 것이 아니라 포털사이트에서 검색해서 노출되게 하는 것이기 때문이다. 별도로 웹사이트를 등록하지 않으면 아주 긴 시간이 지나야 바이두 검색에 노출되거나 최악의 경우에는 검색 노출이 영원히 안 되는 경우도 종종 있다. 이와 같은 '비극'이 발생하지 않게 하기 위해 바이두 사이트 등록 방법에 대해 알아보자.

바이두 사이트 등록방법

바이두 사이트 등록은 네이버 사이트 등록과 비슷한데, 사이트 등록을 통해 바이두 검색에게 "홈페이지 제작이 완료되었으니 검색 노출해 주세요."라는 신청을 하는 것이다. 그리고 신청하는 것과 동시에 내 사이트가 바이두에 얼마나 최적화되어 있고, 얼마나 많은 웹페이지들이 바이두 검색에 수집되어 있는지 등의 정보도 함께 알 수 있다.

그림 2-39

그림 2-40

바이두 사이트 등록은 搜索资源平台(검색자원 플랫폼, https://ziyuan.baidu.com)을 통해서 진행된다. 먼저 이 사이트에 회원가입을 하고 나서 [그림 2-39]와 같이 순차적으로 '用户中心(계정 현황)' – '站点管理(홈페이지 관리)' – '添加网站(홈페이지 추가)'를 클릭하고, 사이트 관리자 정보를 입력하면 사이트 등록을 할 수 있다.

이제 정식으로 사이트 등록 단계에 들어왔는데, 우선 [그림 2-40]의 화면에서 홈페이지 주소를 입력한다. 여기서 주의해야 할 것이 두 가지가 있다. 첫째, 홈페이지 주소가 "http://"로 시작하는지 아니면 "https://"인지를 정확히 선택해야 한다. 만약 위 홈페이지 제작 부분에서 추천한 起飞页(치페이예) 플랫폼으로 제작했다면 모두 "http://"이다. 둘째, 주소 입력 시 "www"를 포함한 사이트 첫 페이지 주소를 입력하거나, 아니면 "cn.domain.com"과 같은 2차 도메인을 입력해야 한다.

주소를 입력하면 [그림 2-41]과 같이 업종을 선택해야 하는데, 홈페이지당 최대 3개까지 가능하다. 나의 사업과 최대한 비슷한 업종을 고르면 되는데, 예를 들어 화장품 홈페이지 같은 경우에는 网络购物(인터넷 쇼핑), 医疗(의료), 生产制造(생산제조)와 같이 3개 연관 업종을 선택하면 된다.

그림 2-41

마지막으로 홈페이지 소유권만 인증하면 사이트 등록이 완료되는데, 여기서 인증 방법에는 총 3가지가 있다.

그림 2-42

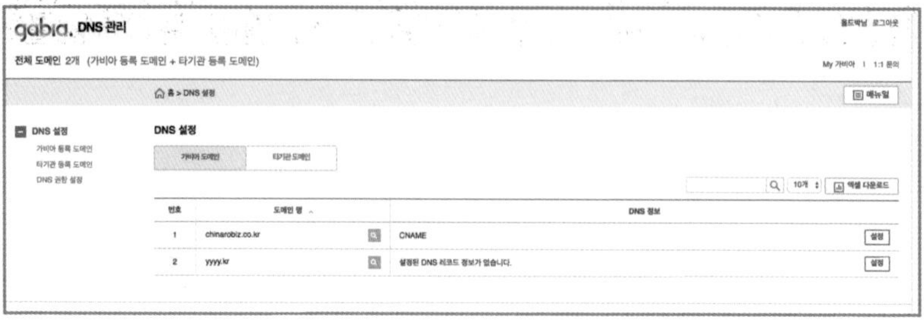

그림 2-43

첫 번째, 특정 파일을 서버에 업로드하여 인증하는 방법이다.

두 번째, 특정 HTML 코드를 첫 페이지 〈head〉와 〈/head〉 사이에 삽입하여 인증하는 방법이다. 이 두 가지 방법은 서버 및 웹디자인 관련 지식을 갖추어야 가능하므로 상대적으로 간단한 세 번째 방법을 추천한다.

세 번째, 도메인 DNS 설정을 통하여 홈페이지 소유권을 증명하는 방법이다. 다음의 국내에서 가장 많이 사용되고 있는 도메인 사이트 중 하나인 "가비아"를 예시로 설명하도록 하겠다(다른 사이트에서도 적용하는 방식은 비슷하다).

로그인하고 나서 [그림 2-43]과 같이 도메인 DNS 관리 페이지(https://dns.gabia.com)에서 현재 중문 홈페이지로 사용 중인 도메인을 찾아 '설정' 버튼을 클릭한다.

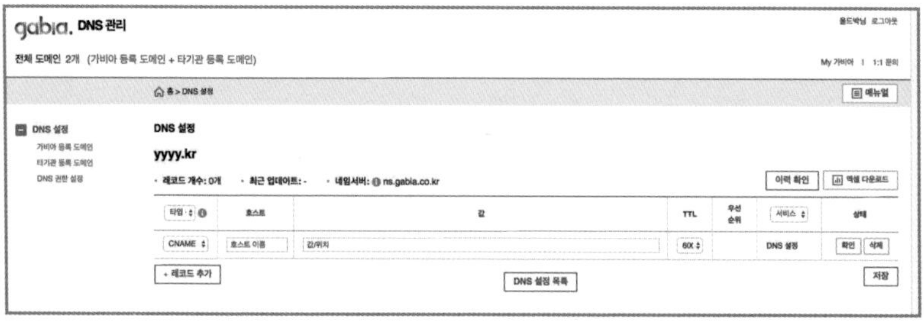

그림 2-44

CNAME을 선택하고, [그림 2-42]에 돌아가서 바이두에서 제공해 주는 호스트 및 값을 입력하면 된다. 확인 버튼을 클릭한 다음 바이두 사이트 등록 페이지에 돌아가서 '完成验证(인증완료)'를 클릭하면 모든 사이트 등록 절차가 완료된다.

바이두 사이트 등록상태 확인 방법

사이트 등록을 완료하고 일정 시간이(약 10~30일) 지나면 바이두에서 홈페이지 이름을 검색하여 노출 여부를 확인할 수 있는데, 연관 검색 결과가 많아서 찾기 어려운 경우가 많다. 검색 결과를 한 번에 알기 위해서는 바이두의 고급 검색 명령어 "site:"를 사용하면 알 수 있다.

[그림 2-45]처럼 검색창에 "site:도메인" 형식으로 검색 후 아래 검색 결과에 웹페이지가 노출되면 등록된 것이고, 반대로 검색 결과가 없으면 아직 등록되지 않은 것이니 좀 더 기다려야 한다.

홈페이지는 제작하는 것도 중요하지만, 제대로 등록되었는지 확인하는

그림 2-45

것이 더 중요하다고 할 수 있다. 검색을 통해 잘 등록이 되었는지 확인하도록 하자.

이상 홈페이지 제작 및 사이트 등록 방법까지 알아보았다. 이밖에 홈페이지 운영 데이터를 분석할 때는 '바이두 애널리틱스'를 사용하면 편리하다. '바이두 애널리틱스'의 활용방법은 '구글 애널리틱스'와 매우 유사하며, 지면의 한계로 이 책에서는 자세히 설명하지 않도록 하겠다. '바이두 애널리틱스 도움센터(https://tongji.baidu.com/web/help)'를 방문하면 상세한 내용을 확인할 수 있다.

2-3

바이두 검색광고 A to Z

한국에서 수많은 사업자들이 네이버 검색광고를 활용하는 것처럼, 중국에서도 바이두 검색광고는 가장 많이 활용되는 광고 중 하나이다. 앞서 다루었던 홈페이지 제작과 등록을 통해 검색 최적화 작업을 진행하면서, 한편으로는 검색광고를 통한 상위 노출을 함께 진행하는 것이 일반적인 방법이다. 바이두에서 집행할 수 있는 광고에 대해 알아보자.

바이두 검색광고는 표에 정리한 바와 같이 크게 4종류가 있는데, 일반적으로 키워드 광고를 하는 경우가 가장 많다. 검색광고 계정의 개설방법부터 바이두 광고의 종류와 활용법에 대해 알아보도록 하자.

	키워드 광고	피드 광고	BDN	브랜드 존
광고 형태	광고 문안 + 이미지	광고 문안 + 이미지(동영상)	이미지(동영상)	광고 문안 + 이미지(동영상)
정산 방식	CPC	CPC	CPC	CPT
광고 노출 영역	바이두 통합검색	바이두 모바일 검색 및 앱	바이두 및 파트너 사이트	바이두 통합검색
최소 집행 비용	계정 개설 1,000위안 + 최소 충전 금액 (최소 충전 금액은 대행사, 지역 및 업종에 따라 다를 수 있음)			키워드 및 집행기간에 따라 다름

바이두 검색광고

검색광고계정은 바이두 광고 센터(百度推广, http://e.baidu.com)를 통해서 개설하고, 반드시 기업명의로 개설해야 한다.

중국 법인 계정 개설

광고계정은 기업 스스로 가입/개설할 수 없으며, 반드시 바이두 측과 연락을 통해 진행해야 한다. 중국 법인을 가지고 있다면 현지에서 바이두 광고 센터(전화: 400-800-8888)에 문의하는 것이 가장 빠르며, 준비해야 할 서류는 다음과 같다.

① 홈페이지 주소 및 ICP 비안 번호
② 영업집조(사업자등록증) 사본
③ 기업통장 사본
④ 대표자 중국신분증(외국인인 경우 여권으로 대체)
⑤ 중국 핸드폰 번호(보안 인증용)
⑥ 기타 허가증(위생허가증 등)
⑦ 비용: 계정 개설 1,000위안 + 최소 충전 금액
(최소 충전 금액은 대행사, 지역 및 업종에 따라 다를 수 있음)

②~④번은 중국 법인이라면 이미 가지고 있는 서류이고, ①번에서 홈페이지의 ICP 비안은 꼭 중국 법인 명의로 받아야 한다. ⑥번 기타 허가증이라는 것은, 예를 들어 화장품 판매 업체의 경우 기본 서류 외 화장품 위생허가증이 필요하고, 식품 판매 업체라면 식품유통허가증이 필요하다.

이와 같이 중국 법인으로 계정을 개설할 때는 스스로 챙겨야 할 서류가 많으므로 중국인 직원을 통해 누락되는 부분 없이 꼼꼼히 진행해야 한다.

한국 법인 계정 개설

바이두는 해외에 공식 대행사를 두고 있어, 한국 법인으로 바이두 광고 계정을 개설하려면 반드시 한국에 있는 바이두 공식 대행사를 통해야 가능하다. 공식 대행사 정보는 "http://e.baidu.com/agents"에서 검색 가능하며, 일반적으로 준비해야 할 필수 서류는 다음과 같다.

① 중문 홈페이지
② 사업자등록증 사본
③ 법인통장 사본
④ 국세청 홈택스 조회 캡처
⑤ 비용: 계정 개설 17만 원 + 최소 충전 금액
(최소 충전 금액은 대행사, 지역 및 업종에 따라 다를 수 있음)

중국 법인으로 계정을 개설하는 것에 비해 ICP 비안과 허가증이 생략되었지만, 기능성 화장품, 병원, 건강식품, 의료기기 등 중국에서도 엄격하게 관리하고 있는 업종은 여전히 허가증이 필요하다(상세 내용은 대행사와 확인 필요). 그리고 또 한 가지 주의해야 할 점은, ①번 중문 홈페이지 내에는 사업자등록증과 일치한 중문 법인명, 대표자, 법인 소재지 등 정보가 노출되어야 한다. 이상 모든 서류가 구비된 상태에서 보통 1~2주면 계정 개설이 완료되고 광고 진행이 가능하다.

키워드 검색광고

키워드 광고 개요

키워드 광고는 특정 키워드를 검색했을 때 바이두 통합검색 영역에 광고를 노출시키는 검색광고 상품이다. 바이두 대표 검색광고 상품으로써

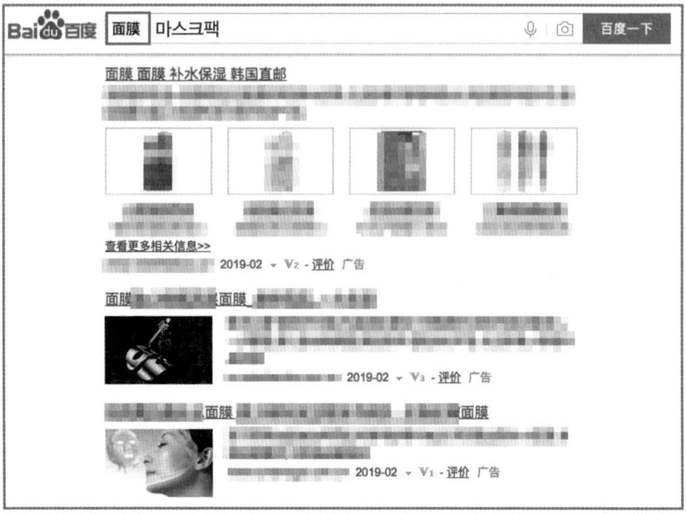

그림 2-46

현재 PC 검색 영역에서는 한 페이지에 최대 5개, 모바일은 최대 3개까지 광고 노출이 가능하다.

광고 노출 위치는 [그림 2-46]과 같이 바이두 PC 버전에서는 통합검색의 앞 또는 뒷부분이고, 모바일 버전은 검색 결과의 앞뒤뿐만 아니라 중간에도 광고 노출이 가능하다. 그리고 광고 노출 시 이미지를 추가할 수 있는데, 이 부분이 바이두가 네이버의 키워드 광고와 가장 크게 다른 점이다. 따라서 바이두 검색광고는 광고 문구도 중요하지만, 검색 사용자들을 한 눈에 사로잡을 수 있는 이미지를 디자인하는 것이 더 중요하다고 할 수 있다.

바이두 키워드 광고의 정산 방식은 노출 기간 동안 클릭이 일어난 횟수에 따라 비용을 지불하는 CPC(Cost Per Click, 클릭당 비용) 과금 방식이고, 노출 순위는 키워드의 입찰가와 광고 집행 중에 얻은 품질 지수에 의해 결정된다.

키워드 광고 운영방법

바이두 키워드 광고는 모두 중국어로 운영해야 하기 때문에 네이버 키워드 광고보다 훨씬 난이도가 높다. 그리고 단순히 광고를 운영하는 것이 아니라 세부 키워드 선정부터 광고 입찰까지 복잡한 부분이 많아 온라인 마케팅을 잘 아는 중국인 직원이 있는 특별한 경우를 제외하고, 대행사를 통해 진행하는 것이 일반적이다.

참고로 광고 운영 수수료는 보통 광고 금액의 10~15%이며, 세부적인 내용은 대행사마다 조금씩 다르게 운영하고 있으니 직접 문의해 보는 것이 좋다. 운영은 대행사를 통해서 진행하더라도, 기본적인 사항은 알고 있는 것이 필요하기 때문에 광고 계정에 대해 간단히 알아보자.

① 기본 화면

최초 계정을 등록하면 [그림 2-47]과 같이 첫 화면이 나온다. 여기서

그림 2-47

크게 상 · 중 · 하단으로 나누어 설명하도록 하겠다.

우선 상단에서는 아이디, 잔액, 일 예산 등 계정 관련 정보를 확인할 수 있고, 중단에서는 현재 집행 중인 검색광고의 총 소진 금액, 클릭량, 노출량 데이터를 확인할 수 있다. 상세한 내용은 오른쪽 '数据中心(데이터 센터)'를 클릭하면 확인 가능하다. 마지막으로 하단에서는 순차적으로 키워드, 피드, BDN 광고이고 '进入(진입)'을 클릭하면 광고 관리 센터로 이동할 수 있다(브랜드 존 광고는 별도로 개설 신청을 해야 한다).

바이두 키워드 광고는 账户(계정) – 计划(계획) – 单元(그룹) – 创意(키워드 및 광고)로 구성되어 있고, 아래 항목으로 내려갈수록 세부적으로 설정이 가능하며, 계정당 최대 100개 계획, 계획당 1,000개 그룹, 1개 그룹에는 최대 5,000개 키워드 및 50개 광고를 동시에 관리할 수 있다. 그러면 키워드 광고 만드는 방법에 대해 알아보자.

② 키워드 광고 계획 만들기

키워드 광고 관리 센터로 이동 후 [그림 2–48]과 같이 '计划(계획) – 新建计划(새로운 계획)'을 클릭하여 광고 계획을 만들어보자.

그림 2-48

그림 2-49

우선 [그림 2-49]와 같이 '营销目标(마케팅 목표)'에서 광고를 집행하는 목적을 선택하는데, 홈페이지 트래픽 증가, 앱 다운, 그리고 오프라인 매장 유입 총 3가지 목적에서 적절한 것을 클릭하면 된다. 그리고 '推广业务(광고업무)'에서는 업종과 연관된 키워드를 검색해서(ex. 화장품, 아동복 등)

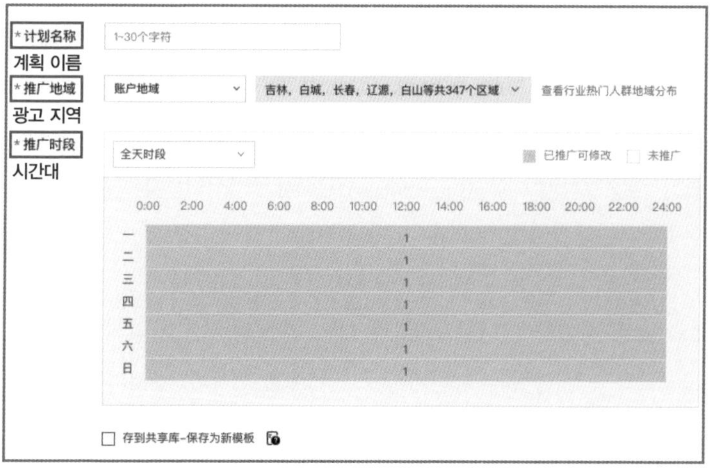

그림 2-50

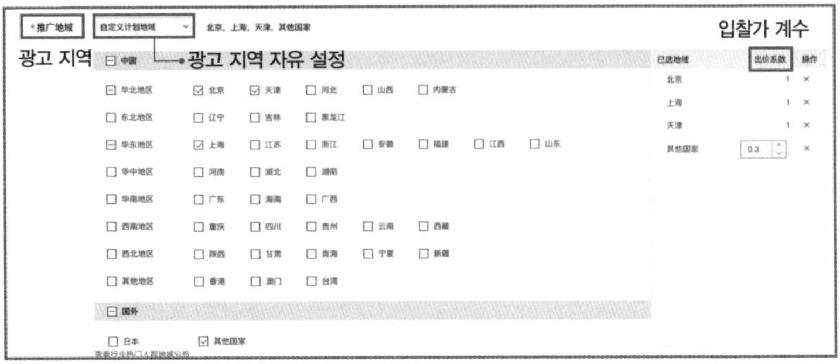

그림 2-51

선택한 후 다음으로 넘어간다.

광고 계획 세부 설정에 들어오면 [그림 2-50]과 같이 우선 제일 중요한 계획 이름, 광고 지역 및 시간대를 설정한다. 계획 이름은 최대 30자 중문, 영문, 숫자 및 부호만 입력 가능하다.

그다음, 광고 지역을 설정할 수 있다. [그림 2-51]의 화면과 같이, 선택항목에서 '自定义计划地域(광고 지역 설정)'을 클릭하면, 중국의 각 행정구역(도시까지 선택 가능) 지역은 물론, 해외지역까지 광고 집행이 가능하다. 오른쪽에 선택한 지역에 出价系数(입찰가 계수)라는 것이 있는데, 이것은 각 지역의 입찰가를 조정할 때 사용하는 것이다. 0.1~10까지 입력이 가능하며, 예를 들어서 입찰가가 2위안이었을 때 상하이 出价系数(입찰가 계수)를 10으로 설정하면 입찰가가 20위안인 것이다.

광고 집행 시간도 [그림 2-52]와 같이 요일과 시간대의 설정이 가능하다. 그리고 지역 설정과 마찬가지로 出价系数(입찰가 계수)가 있어서 시간별로 입찰단가를 자유롭게 조절할 수 있다. 예를 들어 주중에 광고를 집중하고, 주말 및 새벽 시간에는 광고 집행을 하지 않을 수 있다.

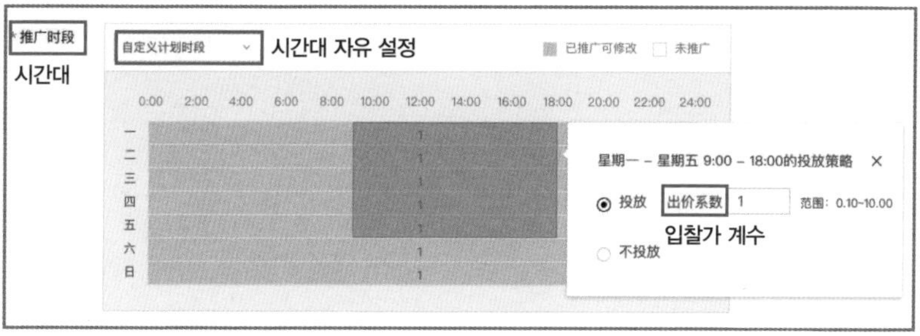

그림 2-52

광고 지역 및 시간대 설정 완료 후 아래 기타 항목들을 알아보자. 우선, [그림 2-53]에서 设备出价设置(PC/모바일 입찰가 설정)은 出价系数 설정을 통해서 PC와 모바일 검색의 입찰단가를 조절할 때 사용하는 기능이다. [그림 2-53]과 같이 0.1로 설정한다면, 예를 들어 입찰가가 10위안일 경우 모바일 검색에서는 10위안이지만, PC 검색에서는 1위안으로 된다. 현재 화장품 등 업종 같은 경우에는 모바일 검색이 90% 이상을 차지하고 있어 이 기능을 적극 활용하면 좋다.

마지막으로 '预算(예산)'을 클릭하여 하루 광고 예산을 설정할 수 있으며, 최저 50위안부터 가능하다. 모든 설정을 마무리한 뒤 하단 '保存并新

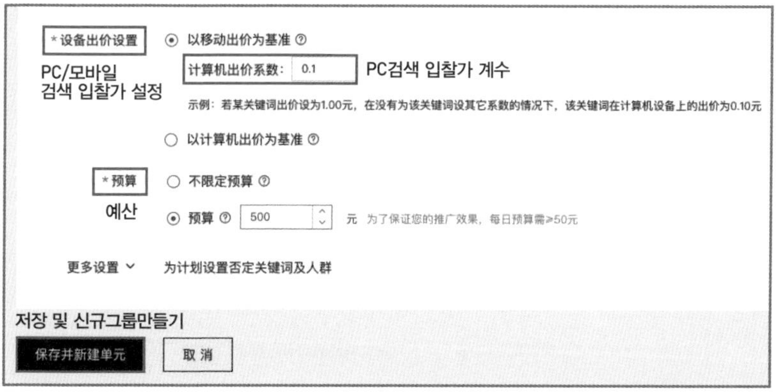

그림 2-53

建单元(저장 및 신규 그룹 만들기)' 버튼을 클릭하여 그룹 설정 단계로 넘어가도록 하자.

③ 광고 그룹 만들기

그룹 설정에서 우선 [그림 2-54]와 같이 그룹 이름을 입력하고, 그룹 입찰가를 설정해야 하는데, 어차피 상세 키워드별로 입찰가를 설정해야 하기 때문에 여기서는 상징적으로 1위안을 입력하고 넘어가면 된다.

광고 그룹 설정의 마지막 단계는 바로 키워드 선택이다. [그림 2-55]와 같이 왼쪽 부분 검색창에 핵심 키워드를 입력하면 그와 연관된 키워드를 제공하며, 주간 검색량 및 추천 입찰단가까지 제공해 준다. 그다음 "〉"를 클릭하면 키워드를 오른쪽에 추가할 수 있고, 한 번에 최대 1,000개의 키워드까지 동시에 추가할 수 있다.

키워드 선택 완료 후 리스트 아래 '匹配模式(매칭방식)'을 통하여 키워드의 매칭 범위를 설정해야 하는데, 매칭 범위라는 것은 쉽게 설명하면 예를 들어 '한국화장품'이라는 키워드를 광고 집행하였을 때, 반드시 '한국화장품' 키워드 검색 시에만 광고를 노출할지, 아니면 '한국화장품 브랜드' 등 연관 키워드를 검색해도 노출할지 설정할 때 사용하는 기능이다.

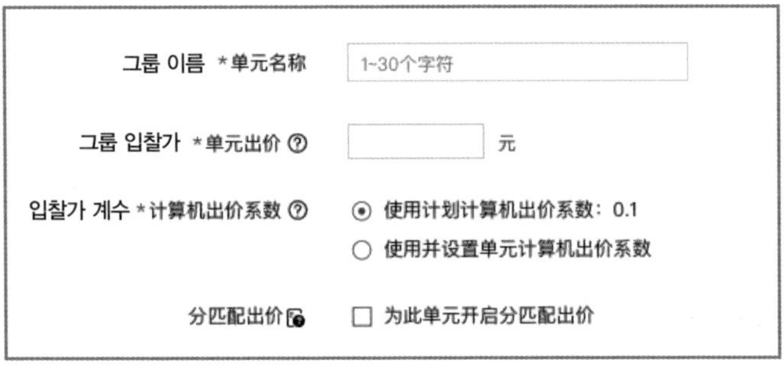

그림 2-54

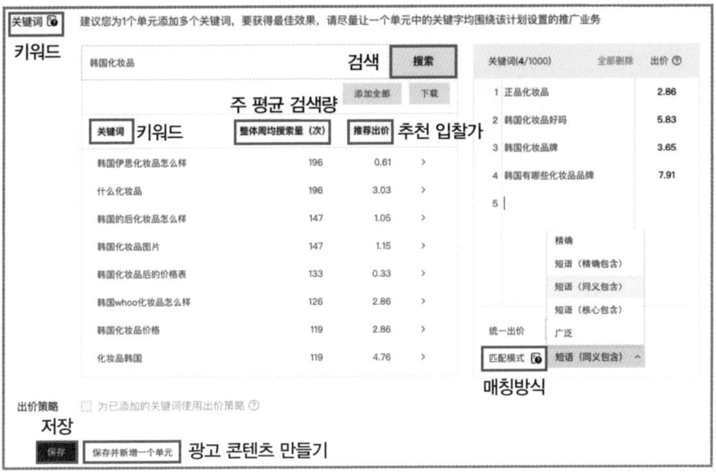

그림 2-55

모든 설정을 마무리했다면 '保存(저장)'을 클릭한 다음 '下一步建立创意(콘텐츠 만들기)'를 클릭하여 광고 제작 단계로 넘어가자.

④ 광고 콘텐츠 디자인

创意는 '창의'라는 뜻인데, 광고에서는 콘텐츠를 지칭하는 단어이다. 앞서 키워드 설정을 완료하면 [그림 2-56]과 같이 광고 콘텐츠 제작 단계로 넘어오는데, 우선 광고 문구 부분부터 알아보자. 광고 문구는 제목과 소개글, 이렇게 두 가지로 나누는데 제목은 최대 25개 키워드까지, 소개글은 총 80자까지 입력이 가능하다. 여기서 오른쪽에 '关键词{}(키워드)'라는 표시가 있는데, 이것은 작성한 문구 중에서 대체할 키워드를 표시하는 작용을 한다. 예를 들어 A, B, C 3개 키워드를 선택한 다음 '보습효과 좋은 {xxx}브랜드 마스크'라는 광고 문구를 작성하여 광고한다면, A 키워드를 검색한 사람에게는 '보습효과 좋은 A브랜드 마스크'라고 광고가 노출되고, B 키워드를 검색하면 'B브랜드 마스크'로 노출되는 방식이다.

그림 2-56

⑤ 광고 설정의 마지막 부분

광고문구 작성을 완료하면 PC/모바일 랜딩페이지의 URL를 입력하고 광고 이미지를 업로드하면 된다. 광고 이미지 사이즈는 모바일은 1 : 1 정사각형 사진을 사용하고 최소 200×200px이어야 한다. 그리고 PC 검색은 1.61 : 1 비례인 직사각형 사진이고 최소 사이즈는 323×200px 이다. 이미지 파일 개수는 최대 20장씩 업로드 가능하며, 모든 파일은 최대 2MB를 넘을 수 없다.

이상 모든 광고 콘텐츠를 업로드한 후 '保存(저장)'을 클릭하면 [그림 2-57]과 같이 광고 심사 화면이 나온다. 일반적으로 1시간 정도면 심사가 완료되고 화면상에서 '审核中(심사중)'이 '推广中(광고중)'으로 바뀌게 된다. 만약 심사에 통과하지 못했다면 어떻게 수정해야 하는지를 알려주는 답변도 함께 오는데, 해당 부분을 수정 후 다시 광고를 집행하면 된다.

이와 같이 바이두 키워드 광고 진행방법에 대해 간단히 알아보았는데,

그림 2-57

키워드 광고는 온라인 마케팅 능력과 고급 중국어 실력이 모두 필요한 영역이기 때문에 앞서 언급한 것처럼 대행사를 통해 진행하는 것이 효율이 더 높은 경우가 많다. 이 장에서 소개한 전체적인 구조를 이해하고 여러 업체와 상담을 통해 실무를 진행하는 것을 추천한다.

바이두 피드 광고

바이두 피드(feed) 광고는 대상 사용자의 뉴스피드의 콘텐츠들 사이에 자연스럽게 네이티브 광고의 형태로 보이게 된다. 키워드 광고처럼 명확하게 광고 영역에 뜨는 것이 아니며, 이미지와 동영상 등을 보여줄 수 있는 광고이기 때문에 점차 활용도가 높아지고 있다. 피드 광고는 2016년에 출시되었으며, 대부분 PC 영역이 아닌 모바일 영역에서 진행된다.

그림 2-58

피드 광고는 바이두 검색, 브라우저, 티에바 등 모바일 앱에서만 노출되고, [그림 2-58]과 같이 뉴스피드 중간에 광고를 삽입해서 노출되는 방식으로, 키워드 광고 등 다른 광고보다 더 자연스럽게 사용자들에게 접근할 수 있는 장점을 가지고 있다. 또한 다양한 이미지와 동영상 콘텐츠를 통해 높은 클릭률을 유도할 수 있어 일반적으로 동일한 광고를 집행하였을 때 클릭당 단가는 키워드 광고의 30% 수준 정도밖에 되지 않는다. 종합적으로 봤을 때 가성비가 좋은 광고 상품이라고 할 수 있다. 좀 더 상세한 정보는 바이두 피드 광고 센터(http://e.baidu.com/product/feed)에 방문하면 알 수 있다.

BDN(Baidu Display Network) 광고

바이두 BDN(Baidu Display Network)는 구글 GDN과 유사한 광고로, 바이두 및 파트너 사이트(앱) 사용자들에게 관련성 있는 광고를 실시간으로

그림 2-59

노출시키는 광고 상품이다.

[그림 2-59]와 같이 BDN 광고는 텍스트, 배너, 팝업창, 동영상 등 여러 가지 형태가 있으며, 정산 방식은 클릭당 소진되는 방식이다. BDN 광고는 바이두 4대 검색광고에서 노출영역이 가장 넓은 광고로서 아주 낮은 입찰단가로도 많은 노출량을 확보할 수 있는 장점이 있는데, 상세 타겟팅이 어렵기 때문에 클릭수 대비 전환율이 낮은 편이기 때문에 현재 바이두 내부에서도 BDN을 피드 광고와 합병하는 방안을 논의하고 있다고 알려져 있다.

따라서 BDN 광고는 브랜드 인지도를 높이기 위해 최대한 많은 사람들에게 노출하는 것이 목표인 경우 사용하는 것이 좋으며, 앞서 다루었던 키워드와 피드 광고 운영과 함께 진행했을 때 시너지 효과를 낼 수 있다. 좀 더 상세한 내용은 바이두 BDN 광고 센터(http://e.baidu.com/product/baiyi)에서 알아볼 수 있다.

바이두 브랜드 존

마지막으로 바이두 브랜드 존 광고를 알아보자. 브랜드 존 광고는 검색 사용자들이 브랜드 키워드(또는 연관성이 강한 키워드)를 검색했을 때, PC/모바일 통합검색 최상단에 브랜드와 관련된 최신 콘텐츠를 텍스트, 링크, 이미지, 동영상 등을 이용하여 노출하는 광고 상품이다(네이버에도 '브랜드 검색'이라는 동일한 광고 상품을 운영하고 있다).

[그림 2-60]과 같이 브랜드 존 광고는 브랜드 키워드의 독점과 화려한 광고 양식으로 높은 클릭량과 브랜드 인지도를 확보할 수 있는 반면, 광고 단가가 매우 높다(정액 계산 방식으로, 키워드 검색량 및 노출 지역, PC or 모바일 검색 등 요소에 따라 최소 한 달 광고 비용을 선지급 후 집행 가능). 경험에 의하면 최소 예산이 25,000위안/월(한화 약 4백만 원)이기 때문에 충분히 준비를 한 후에 진행하는 것을 추천한다. 더 상세한 내용은 브랜드 존 광고 센터(http://sl.baidu.com)를 방문하면 알 수 있다.

그림 2-60

차이나 마케팅 트렌드 2.

중국 앱(APP) 안전하게 다운로드받는 방법

중국은 구글 접속이 불가능하기 때문에, 중국의 앱은 한국에서 사용하는 구글 플레이스토어에서 검색되지 않는다. 따라서 바이두에서 직접 앱 이름을 검색하거나, 앱 설치파일(APK)을 다운로드받는 등 여러 방식으로 앱을 다운로드받곤 하는데, 이 과정에서 이상한 광고사이트로 넘어가거나 다른 프로그램이 설치되는 등 문제가 종종 발생한다. 앱 다운로드를 잘못 받으면 해킹 등 큰 문제가 발생할 수도 있어 반드시 안전하게 다운로드받아야 하는데, 한국에서 안전하게 중국 앱을 다운로드 받을 수 있는 应用宝(잉용바오) 플랫폼을 소개하려고 한다.

그림 2-61

应用宝(잉용바오)는 텐센트에서 운영하는 앱으로, 구글 플레이스토어처럼 应用宝 플랫폼 안에서 중국 어플을 검색하여 다운로드받을 수 있다. 먼저 바이두에서 应用宝를 검색한 후, [그림 2-61]의 화면에서 立即下载(즉시 다운로드)를 클릭해서 다운로드받는다. 다운로드를 받아 실행하면 [그림 2-62]와 같이 검색창에서 앱을 검색할 수 있다. [그림 2-63]은 더우인(抖音)을 검색한 화면이며, 최상단에 抖音短视频을 선택하여 다운로드받을 수 있다. 더우인 등 중국 앱은 구글 플레이스토어에서 검색되지 않아, 이런 방식으로 应用宝를 통해 다운로드받으면 편리하다. 중국에는 위챗, 웨이보, 샤오훙슈, 더우인 등 유명 SNS 외에도 수많은 앱이 존재하는데, 온라인 마케팅을 위해 많은 앱을 사용해 보는 것을 추천한다.

그림 2-62

그림 2-63

Part

3

중국 SNS 채널 운영방법

3-1

중국판 페이스북, 웨이보_중국의 '원조 SNS'

2009년 출시된 웨이보(新浪微博, https://www.weibo.com)는 월 사용자 수 4.62억 명(2018년 기준)을 가지고 있는 중국 최대 SNS 플랫폼이다. 예전의 전성기 때보다는 인기가 시들하다고 하지만, 각종 이벤트와 광고 상품을 활용하여 짧은 시간 내에 바이럴 확산효과를 일으킬 수 있는 가장 대표적인 중국의 SNS 채널이라고 할 수 있다. 웨이보는 중국 시장 진출을 도모하고 있는 기업이라면 반드시 알고 있어야 할 마케팅 채널이다.

▶ 웨이보 연혁

2009년 8월 14일, 웨이보 출시
2011년 5월, 도메인주소를 "weibo.com"으로 변경
2013년 2월, 매출액 6,600만 달러 달성, 가입자 수 5억 명 돌파
2013년 4월, 18% 지분으로 알리바바그룹 5.68억 달러 투자 받음
2014년 4월, 웨이보 미국 나스닥 상장
2015년 1월, 140자 글자 수 제한 해제, 최대 2,000자 발송 가능
2016년 9월, 알리바바그룹 추가투자로 지분 31.5% 점유
2017년 5월, 월 사용자수 3.4억 명 돌파 동 시기 Twitter 초월
2018년 1월, 시가총액 300억 달러 돌파
2018년 10월, 라이브방송플랫폼 이즈보(一直播) 인수

2013년에 중국 전자상거래 1위 기업 알리바바그룹의 투자를 받은 후, 웨이보는 단순히 브랜드를 홍보하는 채널이 아니라 전자상거래 DNA를 가지고 있는 SNS로 업그레이드되었다. 게시물 내 타오바오 또는 티몰 구매링크를 자연스럽게 노출하는 것이 가능하고, 필자가 실제로 쇼핑몰을 운영할 때도 매출을 올리는 데 많은 도움이 되었다. 그러면 웨이보 계정 개설부터 활용하는 방법을 알아보자.

웨이보 계정 개설

개인계정 가입

웨이보는 개인계정과 기업계정으로 구분할 수 있는데, 마케팅 활동 진행 시 각종 이벤트들과 광고 상품을 사용하려면 기업계정을 꼭 가지고 있어야 한다. 기업계정을 신청하려면 먼저 개인계정을 하나 만들고, 각종 서류 제출 후 기업계정으로 업그레이드하면 된다. 개인계정은 한국 핸드폰으로도 인증번호를 받아 쉽게 가입이 가능하므로, 중국과 한국 법인으로 기업계정을 가입하는 방법에 대해 설명하도록 하겠다.

기업계정 가입

웨이보 기업계정은 중국 법인으로 직접 가입하는 것과 한국 법인으로 대행사를 통해 가입하는 방법으로 나눌 수 있다.

- **중국 법인 가입 방법**

중국 법인을 보유하고 있다면 쉽게 기업계정을 만들 수 있는데, 계정 등록 상태에서 기업계정 인증센터(http://fuwu.weibo.com) 방문 후 [그림 3-1]에 보이는 '기업인증신청(立即申请企业认证)'을 클릭한다.

그다음 [그림 3-2]와 같이 계정 기본정보를 입력해야 하는데, 여기서

그림 3-1

주의해야 할 점은 두 가지가 있다. 첫 번째는 웨이보 닉네임은 회사 이름 또는 중국에서 상표등록한 브랜드 이름으로 설정해야 하고, 연관성이 없는 닉네임은 기재할 수 없다(연관성이 없다면 기재해도 심사를 통과할 수 없다)는 것이다. 두 번째는 계정인증정보는 '△△ 회사/브랜드 공식 웨이보' 정도로만 작성할 수 있으며, 홍보성 문구는 기재할 수 없다는 것이다.

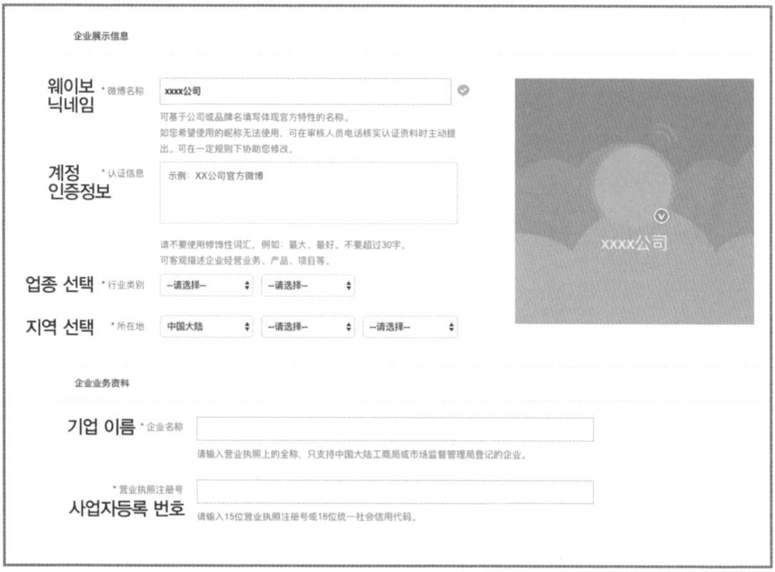

그림 3-2

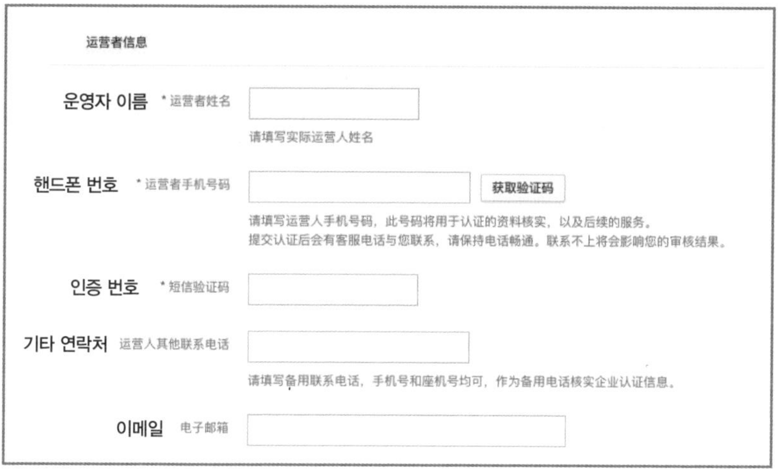

그림 3-3

[그림 3-3]처럼 웨이보 운영자 정보를 입력하고, 중국 사업자등록증 사본과 기업 웨이보 인증 신청서 스캔본을 업로드하면 모든 인증서류 제출이 완료된다. 다음 단계로 넘어가서 300위안(한화 약 5만 원)의 인증 비용을 지불하고 3~5일쯤 기다리면 기업계정을 개설할 수 있다.

■ **한국 법인 가입 방법**

한국 등 해외 법인으로 기업계정을 신청할 때는 반드시 현지에 있는 웨이보 공식대행사를 통해야 한다. 공식대행사 정보는 “http://tui.weibo.com/intro/agent”에서 검색하면 연락처를 확인할 수 있다.

해외 법인의 기업계정 등록을 위한 인증필수서류, 비용, 시간 등을 정리해 보면 다음과 같다.

1) 웨이보 인증신청서(대행사 제공양식)

2) 사업자등록증 스캔본

3) 사업자등록증 영어, 중국어번역본 각 1부

4) 기업웨이보 인증신청공문(대행사제공양식)

5) 웨이보 사용규정공약(대행사제공양식)

6) 기업계정을 인증받을 개인 웨이보 주소(www.weibo.com/xxxx)

7) 담당자 명함 스캔본(영문 또는 중문이 함께 되어 있어야 함)

8) 담당자이메일주소

9) 비용: 120만 원(VAT 별도, 대행사마다 다를 수 있음)

10) 인증시간: 2~3주

필수서류 중 1),4),5)번은 대행사에서 제공한 양식에 맞춰서 작성하면 되고, 6)번 웨이보 주소는 앞서 언급한 기업계정으로 업그레이드할 웨이보 개인계정 주소를 말한다.

기업계정 기본 설정

■ 계정 페이지 디자인

기업 웨이보 계정을 만들었다면, 해당 계정을 활성화하기 위해 먼저 PC/모바일 스킨 디자인부터 수정하는 것이 필요하다.

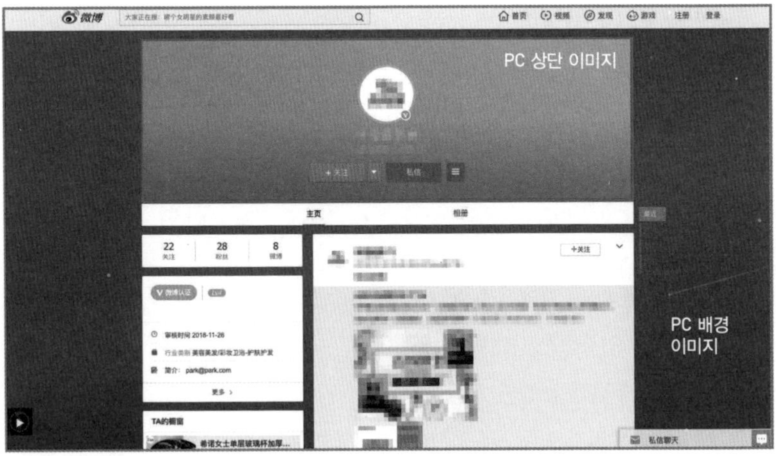

그림 3-4

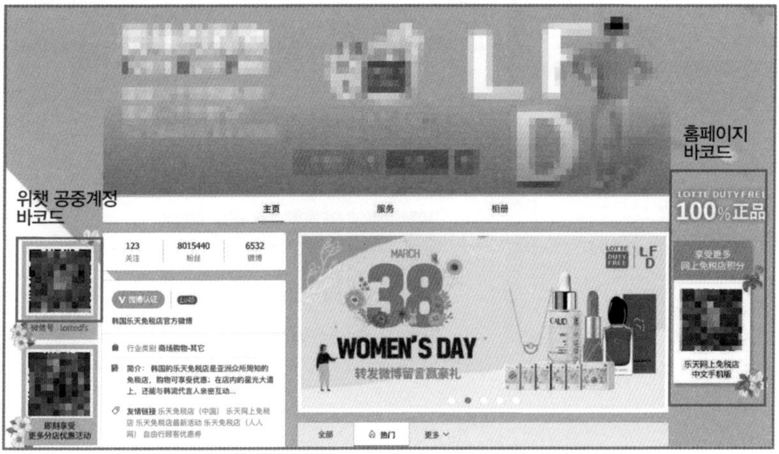

그림 3-5

[그림 3-4]와 같이 PC영역 페이지는 배경과 상단 이미지로 구성되어 있고, 배경 이미지는 모니터 사이즈에 따라서 크기가 다른데 보통 1920×960로 설정하면 된다. 상단 이미지는 920×300 고정 사이즈이며, 모바일 영역에서는 상단 이미지 부분만 디자인이 가능한데, 사이즈는 640×640이다.

디자인 시 기업 CI에 맞춰서 예쁘게 꾸미는 것도 중요하지만, PC영역 디자인 시 [그림 3-5]처럼 배경에 위챗, 티몰, APP 다운 등 타 채널의 QR코드를 노출시키면 더 많은 홍보가 될 수 있어 유용하니 참고하도록 하자.

■ **계정 소개글 및 URL 주소 설정**

기업 웨이보 닉네임과 인증정보는 마음대로 설정할 수 없지만, [그림 3-6]에 보이는 것처럼 소개글에 사이트 주소, 이메일 등 각종 연락처를 남길 수 있다. 이는 웨이보 내 검색 노출에도 유리할 뿐만 아니라, 잠재고객을 발굴하는 데도 많은 도움이 된다.

그림 3-6

계정 소개를 설정하려면 [그림 3-7]과 같이 메인 페이지 오른쪽 상단 '계정설정(账户设置)'을 클릭한 뒤 웨이보 정보(官方资料)의 '편집' 버튼을 클릭한다.

그다음 [그림 3-8]과 같이 순차적으로 담당자 이름, 전화, 이메일 주소를 입력한 뒤, 하단에 계정 소개글을 작성하면 된다. 글자 수는 한자 500자 이내이지만, 메인 페이지에 노출되는 내용은 50자이기 때문에 중요한 내용을 앞 쪽에 배치하는 것이 좋다.

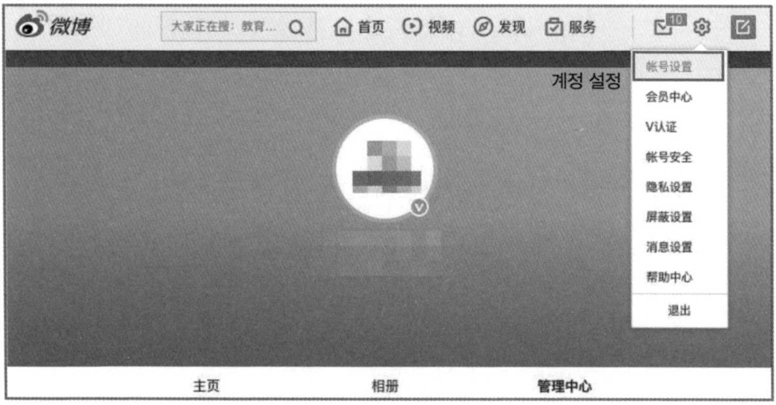

그림 3-7

그림 3-8

계정의 소개글을 모두 작성하였다면, 사람들에게 손쉽게 알릴 수 있도록 URL 주소를 설정해 보자.

URL 주소(个性域名)의 편집 버튼을 클릭하면 [그림 3-9]와 같이 설정하는 화면이 나오는데, 4~20자의 영어 또는 숫자 입력이 가능하다. URL 주소를 회사 상호나 브랜드 명과 통일하게 설정하면 다른 사람에게 좀 더 쉽게 소개할 수 있고, 검색 노출하는 데도 유리하다.

그림 3-9

그림 3-10

■ **외부 링크 및 기능 추가**

[그림 3-10]은 설화수의 웨이보 메인 페이지인데, 왼쪽 하단에 외부링크가 있는 것을 볼 수 있다. 왼쪽으로부터 순차적으로 설화수 공식 홈페이지, 제품소개, 오픈라인 매장 안내인데, 클릭 한번으로 쉽게 웨이보와 홈페이지(또는 쇼핑몰)를 연동시킬 수 있어서 매우 유용하다.

외부링크 설정을 하려면, [그림 3-12]과 같이 웨이보 메인 페이지에서 순차적으로 '관리센터(管理中心)' → '설정관리(设置管理)' → '자료관리(资料

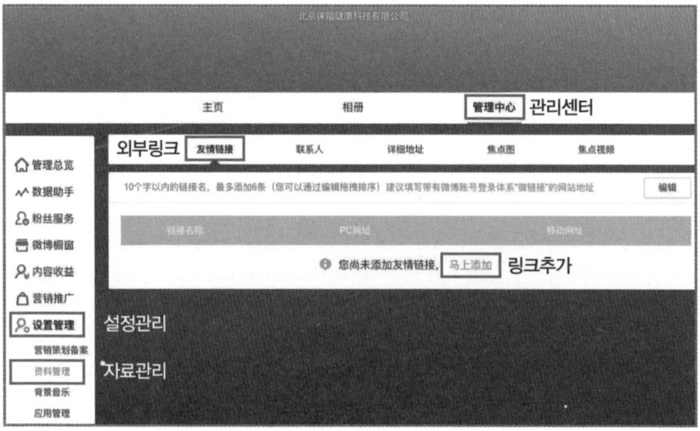

그림 3-11

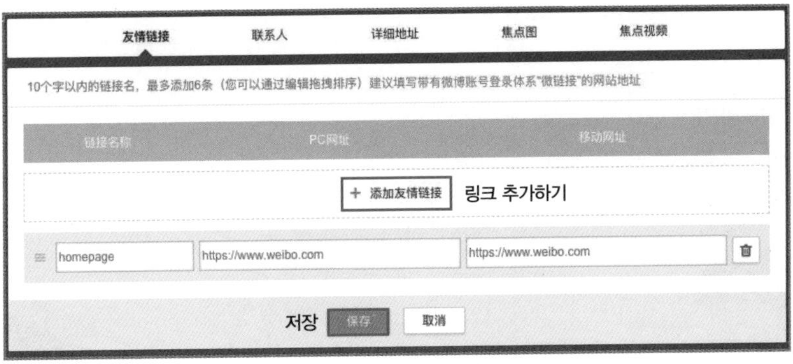

그림 3-12

管理)' → '외부링크(友情链接)'를 클릭한 뒤 '링크추가(马上添加)' 버튼을 클릭한다.

그리고 [그림 3-12]에서 '링크 추가하기(添加友情链接)'를 클릭하면 하단에 링크 이름, PC/모바일 URL을 입력할 수 있다. 링크 이름은 최대 10자의 한자이고, 링크 주소는 자유롭게 설정이 가능하며 최대 6개까지 추가할 수 있다.

타오바오 쇼핑몰 연동을 통한 매출 극대화

앞서 언급했듯이, 알리바바그룹의 투자로 인해 웨이보는 단순하게 제품이나 브랜드를 홍보하는 SNS에서, 직접 판매로 연결될 수 있는 채널로 업그레이드되었다. 이후, 웨이보에서 활동하던 왕홍들이 화장품, 의류 등 자체 브랜드를 출시하면서 초대(初代) 웨이상(微商)이 형성되었고, 타오바오(티몰 포함) 쇼핑몰을 운영하고 있는 사업자들도 웨이보를 중요한 트래픽 유입경로로 보고 있다.

이제, 웨이보에 타오바오 쇼핑몰을 연동하는 방법을 알아보자.

그림 3-13

[그림 3-13]과 같이 타오바오에서 판매되는 상품을 웨이보 메인 페이지에 노출시키는 기능을 '웨이보 진열창(微博橱窗)'이라고 한다. 말 그대로 상품을 웨이보에 진열한다는 뜻인데, 판매 상품을 웨이보에 즉시 연동할 수 있다는 점에서 꼭 활용해야 하는 기능이다.

진열창에 상품을 업로드하고, 업로드한 상품의 링크를 활용하여 게시물을 작성하면 [그림 3-14]와 같이 텍스트 아래 제품 이미지, 이름, 가격 및 구매링크까지 모두 노출된다. '보기(去看看)' 버튼을 클릭하면 바로 타오바오로 연동된다.

그림 3-14

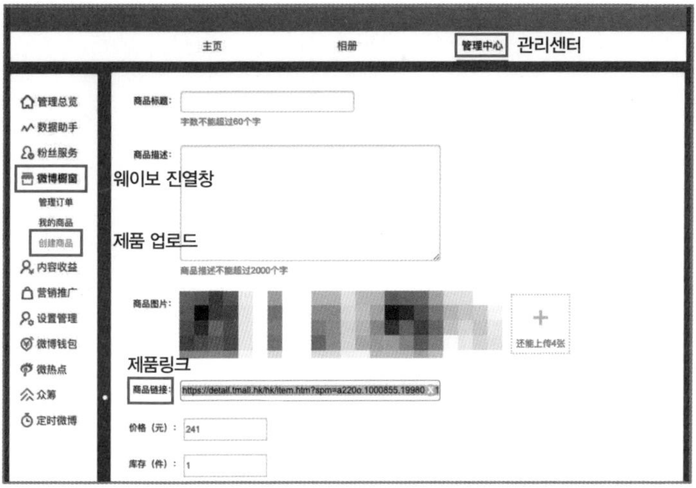

그림 3-15

그러면, 어떻게 진열창에 상품을 등록할 수 있는지 알아보자. [그림 3-15]처럼 '웨이보 관리센터(管理中心)' → '웨이보 진열창(微博橱窗)' → '제품 업로드(创建商品)'를 순차적으로 클릭한 다음 '商品链接(제품링크)'에 타오바오(티몰) 제품 상세 페이지 링크를 붙여 넣으면 자동으로 제품명, 이미지, 가격 등 정보가 입력된다.

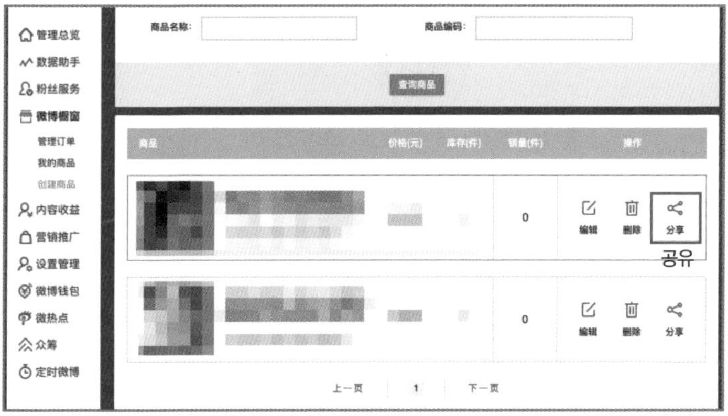

그림 3-16

그 후 확인 버튼을 클릭하면 [그림 3-16]처럼 상품 관리 페이지로 이동되고 공유(分享)를 클릭하면 그림처럼 텍스트 하단에 제품 정보가 노출되는 게시물을 볼 수 있다.

웨이보 광고 상품

게시물(上头条) 광고

기본적인 웨이보 사용방법에 대해 숙지하였다면, 이제 본격적으로 더 많은 노출을 하기 위한 웨이보 광고에 대해 알아보자. 먼저 웨이보 게시물(上头条) 광고에 대해 설명하려고 하는데, 필자는 모든 중국 온라인 마케팅을 통틀어서 이 광고가 초기에 가장 활용하기 좋은 광고 방법이라고

그림 3-17

생각한다. 일반적인 광고는 기업계정으로 가입하거나, 사전에 광고금액을 충전해야 하는 등 절차가 복잡한 편인데, 웨이보 게시물 광고는 개인계정으로도 즉시 진행 가능하며, 결제 역시 개인 알리페이로 편리하게 결제가 가능하다. 게시물 광고는 당장 소액으로도 시작할 수 있는 광고이기 때문에 다음에서 설명하는 내용을 꼭 실제로 실천해 보기를 추천한다.

먼저 게시물 광고를 위해 웨이보에 게시물을 하나 올려보자. 게시물을 등록하면 [그림 3-17]과 같이 좌측 하단에 '推广(광고)' 버튼을 볼 수 있는데, 이 광고 버튼을 클릭하면 광고를 시작할 수 있다.

게시물 광고는 4개의 타겟에게 광고할 수 있다.

먼저 [그림 3-18]에 보이는 '我的粉丝(나의 팔로워)'인데, 나의 팔로워들에게 광고를 노출하는 것이다. 하지만 일반적인 경우 노출할 수 있는 기존 팔로워가 많지 않을 것이기 때문에 이 부분은 선택하지 않는 편이다.

그림 3-18

그림 3-19

그 다음은 [그림 3-19]의 '潜在粉丝(잠재 팔로워)'이다. 잠재 팔로워는 나의 팔로워와 유사한 사람들에게 광고 노출을 하는 개념인데, 앞서 언급한 것과 같이 나의 팔로워 규모 자체가 작은 경우 이 기능도 효율이 높지 않기 때문에 이 부분도 따로 선택하지 않고 넘어가는 것이 좋다.

그리고 이제 소개할 두 가지가 많이 활용되는 타겟인데, 먼저 [그림 3-20]에 나오는 '指定账户粉丝的相似用户(지정계정 팔로워 유사계정)'은 이미지에 보이듯이 어떤 계정을 선택하면, 그 계정의 팔로워의 유사계정에게 노출되는 방식이다. 나의 타겟 고객군에 맞는 유명 계정을 선택하면, 그 계정을 팔로워하는 계정들에게 보일 수 있으니 일반적인 도달 광고보다 높은 효율을 얻을 수 있을 것이다. 광고 노출을 할 인원수도 자유롭게 지정할 수 있으며, 인원이 많아질수록 금액이 커지니 적정선에서 지정하면 된다. [그림 3-20]에는 500명을 선택하였는데, 우측 상단에 14위안(한

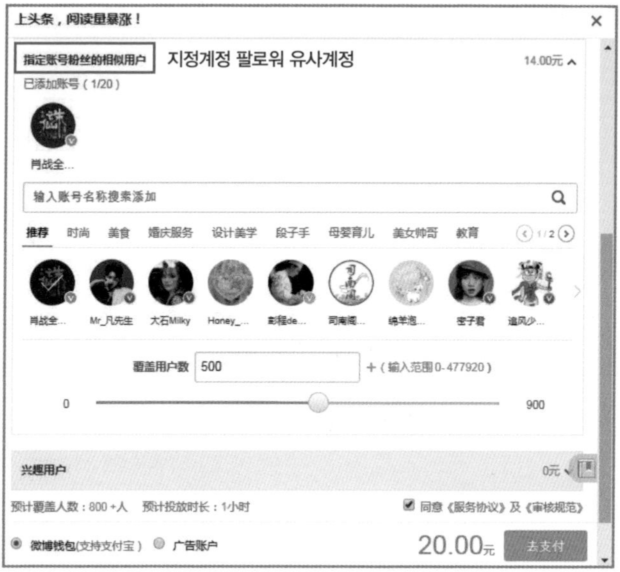

上头条，阅读量暴涨！
指定账号粉丝的相似用户
지정계정 팔로워 유사계정
14.00元
已添加账号（1/20）
肖战全...
输入账号名称搜索添加
推荐 时尚 美食 婚庆服务 设计美学 段子手 母婴育儿 美女帅哥 教育
1/2
肖战全... Mr_凡先生 大石Milky Honey_... 彭程de... 司南阁... 绵羊泡... 密子君 追风少...
覆盖用户数 500 +（输入范围0-477920）
0
900
兴趣用户
0元
预计覆盖人数：800+人 预计投放时长：1小时
同意《服务协议》及《审核规范》
微博钱包(支持支付宝) 广告账户
20.00元
去支付

그림 3-20

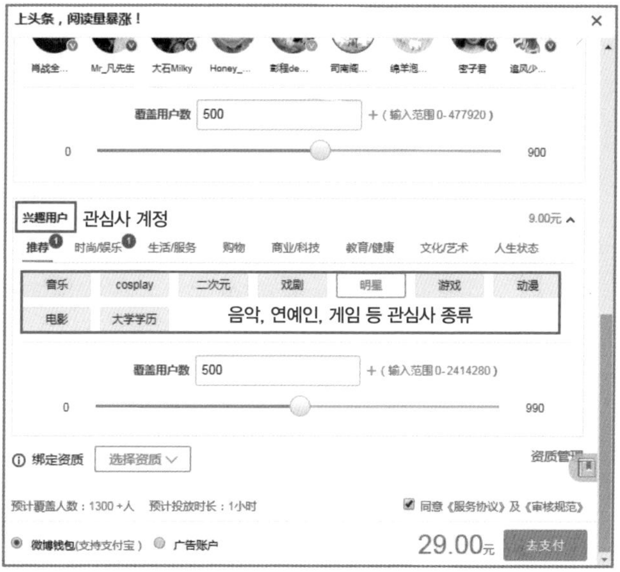

上头条，阅读量暴涨！
肖战全... Mr_凡先生 大石Milky Honey_... 彭程de... 司南阁... 绵羊泡... 密子君 追风少...
覆盖用户数 500 +（输入范围0-477920）
0
900
兴趣用户
관심사 계정
9.00元
推荐 时尚/娱乐 生活/服务 购物 商业/科技 教育/健康 文化/艺术 人生状态
音乐 cosplay 二次元 戏剧 明星 游戏 动漫
电影 大学学历
음악, 연예인, 게임 등 관심사 종류
覆盖用户数 500 +（输入范围0-2414280）
0
990
绑定资质 选择资质
资质管理
预计覆盖人数：1300+人 预计投放时长：1小时
同意《服务协议》及《审核规范》
微博钱包(支持支付宝) 广告账户
29.00元
去支付

그림 3-21

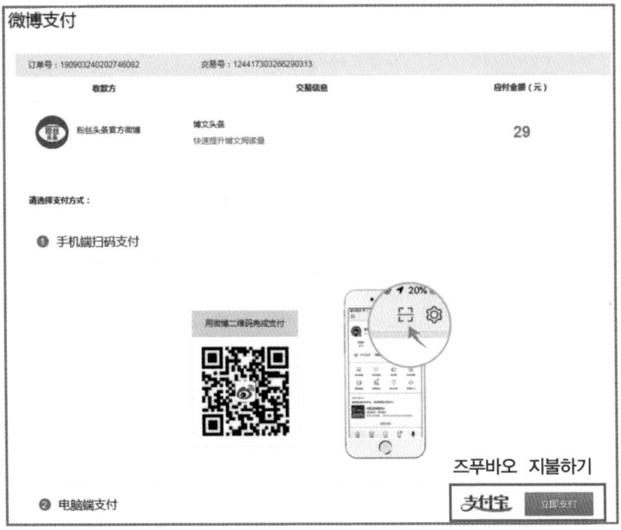

그림 3-22

화 약 2000원)인 것을 볼 수 있다.

그리고 마지막 타겟은 '兴趣用户(관심사 계정)'이다. [그림 3-21]에서 볼 수 있듯이 음악, 게임, 연예인 등 관심분야를 타겟팅할 수 있으며, 해당 관심사가 있는 사람에게 광고 노출을 할 수 있다. 이 타겟 역시 광고하고 싶은 인원수 규모를 직접 지정할 수 있다.

이와 같이 4가지 타겟을 모두 설정하였는데, [그림 3-21]과 같이 잠재 팔로워 300명, 계정 타겟팅에 500명, 그리고 관심사 계정에 500명, 총 1,300명에게 타겟팅하였는데 29위안(한화 약 5,000원)인 것을 볼 수 있다. 그리고 '去支付(지불하기)'를 누르면 [그림 3-22]와 같은 화면을 볼 수 있는데, 여기에서 QR코드 결제를 통해 알리페이로 손쉽게 결제할 수 있다. 혹시 중국 통장이 없어 알리페이가 없는 경우라도, QR코드 이미지만 있다면 다른 사람이 대신 결제해 줄 수도 있으니 편리하게 사용할 수 있다.

웨이보 게시물 광고는 앞서 언급했듯이 초기 중국 마케팅 때 가장 유용한 광고 중 하나인데, 개인계정을 통해 소액으로도 할 수 있는 것이 가장 큰 장점이다. 많은 비용을 들여 기업계정을 만들고 광고 금액을 충전하는 것이 아니라, 간단한 게시물 광고를 통해 나의 브랜드와 상품을 웨이보상에 노출시켜 반응을 살피는 테스트용으로 활용하면 좋다. 중국 마케팅을 시작하면서 웨이보 게시물 광고를 통해 최초의 한 발자국을 떼는 것을 추천한다.

펀스통(粉丝通) 광고

앞서 게시물 광고가 간단하게 할 수 있는 광고였다면, 정밀한 타겟팅이 가능한 펀스통 광고를 알아보도록 하자. 월 사용자 수가 4.86억 명(2019년 Q2 기준)에 달하는 웨이보는 모든 SNS 중에서 가장 정밀하게 잠재고객을 타겟팅할 수 있는 광고 시스템을 가지고 있다. 펀스통(粉丝通) 광고의 펀스(粉丝)는 팔로워, 팬을 지칭하는 단어로, 해당 계정의 팬들을 타겟으로 해서 광고를 집행한다는 뜻이다. 웨이보 펀스통 광고는 포스팅하는 방법을 알고, 노출 범위와 단가만 설정하면 자동으로 광고 집행이 가능하기 때문에, 바이두 검색광고 등 다른 디지털 광고에 비해 비교적 손쉽게 집행할 수 있는 장점이 있다. 그러면 웨이보 광고의 특징을 알아보자.

① 타겟을 위한 맞춤형 광고

웨이보 광고는 검색한 키워드에 노출되는 방식이 아니라, 내가 타겟을 정해 원하는 사람에게만 광고를 노출할 수 있는 광고이다. 모두에게 동일한 광고가 노출되는 일반적인 배너광고나 검색광고와 구별되는 가장 큰 차이점이라고 할 수 있으며, 내가 원하는 잠재 고객에게 맞춤형 광고를 진행할 수 있어 불필요한 트래픽을 배제하고, 광고 비용을 효율적으로 활용할 수 있다.

② 세계 최고 수준의 초정밀 타겟팅

바이두 검색광고를 포함한 많은 모든 광고채널에서 타겟팅 기능을 제공하고 있지만, 아직까지 중국에서 웨이보보다 더 정밀한 타겟팅 시스템은 없을 것이다. 지역, 성별, 연령의 기본적인 인구통계학적 타겟은 물론 혼인상태, 자주 사용하는 APP, 나아가 특정 상권까지(예를 들어 베이징 기차역 부근) 타겟팅이 가능하다. 이는 페이스북의 광고 타겟팅 시스템과 매우 유사한데, 웨이보는 알리바바그룹과 손을 잡으면서 향후 사용자들의 결제 및 소비성향까지 타겟팅이 가능할 것으로 예상된다. 페이스북 광고를 사용해 본 사람이라면 손쉽게 사용할 수 있을 것이며, 중국 진출 시 반드시 활용해야 하는 광고 시스템이라고 할 수 있다.

③ 높은 가성비

앞서 이야기한 두 가지 특징으로 인하여 웨이보 광고는 타 광고에 비해 가성비가 높은 편이다. 특히 타오바오로 트래픽을 유입시킬 때 높은 효율을 자랑한다. 광고를 진행했던 실제 예시를 한번 살펴보자.

[그림 3-23]은 필자가 실제 집행한 웨이보 광고사례인데, 기타를 연주하는 동영상을 편집해서 게시물로 올려 기타, 음악을 좋아하는 사람을 타겟팅하여 광고를 집행한 결과이다. 총 900위안(한화 약 16만 원)의 광고비로 4,832번 클릭이 발생하였고, 광고 클릭 단가는 0.19위안(한화 약 32원)

曝光量 노출량	互动数 인터렉션	互动率	花费 광고 비용	千次曝光成本	单次互动成本
37226	1581	4.25%	300	8.06	0.19
36897	1584	4.29%	300	8.13	0.19
35934	1667	4.64%	300	8.35	0.18
36686	1611	4.39%	300	8.18	0.19
110057	4832	4.39%	900	8.18	0.19

그림 3-23

이다. 동일한 상품을 타오바오에서 직접 검색광고를 집행하였을 때는 클릭 단가가 최소 2~3위안(한화 약 300~400원)이었는데, 1/10의 비용으로 동일한 트래픽 유입량을 가져다 줄 수 있을 뿐만 아니라 웨이보 팔로워도 모을 수 있어 일거양득이었다. 그러면 웨이보 광고를 어떻게 만들 수 있는지 알아보자.

■ **펀스통(粉丝通) 광고계정 개설**

웨이보 기업계정을 개설하면 광고계정도 동시에 생성되는데, 광고관리 시스템(https://ad.weibo.com)에 들어가면 광고계정을 확인할 수 있다. 최소 광고 충전 금액은 10,000위안(한화 약 170만 원)이며, 결제는 보통 알리페이로 결제하면 된다. 한국 법인이기 때문에 대행사를 통해서 계정을 개설하였다면 해당 대행사를 통해야만 충전이 가능하다. 웨이보 광고를 집행할 때는 업종별로 제출해야 할 허가증이 있으며, 홍보할 수 없는 업종도 있다. 다음은 웨이보에서 공개한 광고진행불가 업종 리스트이다.

① 광고집행불가 업종

이와 같이 웨이보에서 의료, 약품 등 10개 업종은 광고를 집행할 수 없다. 그래서 웨이보를 운영하고 있는 많은 한국 성형외과 등 병원 계정들

업종	분류	예시
가맹	미용, 다이어트	미용원, 다이어트병원 등
	음식점	치킨, 아이스크림, 호텔, 클럽, 술집 등
	학교, 학원	영어학원, 대학 등
	성인용품	약, 기구 등
	의료, 건강	헬스, 병원 등
	자동차	자동차판매, GPS 등

업종	분류	예시
금융	P2P 인터넷금융	인터넷대출, 신용카드발급 등
	보험	건강보험 등
의료	각종 질병치료	소아과, 내과, 산부인과 등
	심리건강	심리상담, 치료, 우울증 등
	애완동물	애완동물매매, 동물병원, 음식, 장난감 등
약품	약품매매	모든 약품
	약품생산	의약연구소, 공장, 기업 등
	약품정보	약품 정보 제공 등
	동물약품	모든 동물용 약품
의료기기	의료기기 생산	주사기, 휠체어, 보청기 등 생산
	의료기기 판매	주사기, 휠체어, 보청기 등 판매
	의수 · 의족 생산	보조기, 의수, 의족 생산
보건용품, 건강식품	보건용품	손목보호대 등
	건강식품	비타민 등
	미용, 다이어트용품	체중계 등
	미용, 다이어트식품	효소 등
상업조사	조사	기업, 시장, 개인정보수집 등
성인용품	성인용품	각종약품, 기구, 출판물 등
공익활동	공익활동	장학금, 기금회, 공익단체 등
기타	운세	사주팔자, 고민해결, 궁합 등
	담배	담배, 라이터, 엽초 등
	골동품	각종 골동품 매매
	아르바이트	각종 아르바이트
	구매대행	해외 개인, 기업 등 대리 구매 서비스

은 일반적으로 팔로워가 많은 개인계정을 활용하여 리트윗을 진행하거나, 정기적으로 이벤트 활동을 진행하는 방법으로 팔로워를 모으고 있다.

■ **펀스통(粉丝通) 광고집행 방법**

웨이보에서 광고 가능 여부와 필수 서류 등이 확인되면 본격적으로 광고집행을 할 수 있다. 펀스통 광고에 관한 모든 내용을 다루려면 책 한 권을 모두 할애해도 부족할 정도로 방대하므로, 펀스통 광고를 집행할 때 반드시 알아야 하는 중요한 점을 위주로 알아보자.

① 광고 목표 설정

우선 [그림 3-24]와 같이 펀스통 광고관리 시스템(https://ad.weibo.com)에 접속한 후 '新建广告(광고 새로 만들기)'를 클릭한다.

그다음 [그림 3-25]와 같이 페이지에서 광고의 집행 목표를 설정하는데, 많은 도달을 위주로 하는 목표와 높은 전환율을 위주로 하는 목표, 크게 두 가지로 나눌 수 있다. 목표를 설정하면 잠재 고객에게 자동으로 타겟팅이 된다. 예를 들어 인지도 상승이 목표인 경우 최대한 많은 사람들에게 노출되고, 방문과 전환율이 목표인 경우는 게시물 클릭 및 전환(구매)을 많이 하는 사람들 위주로 노출된다. 일반적으로 브랜딩을 위한 콘

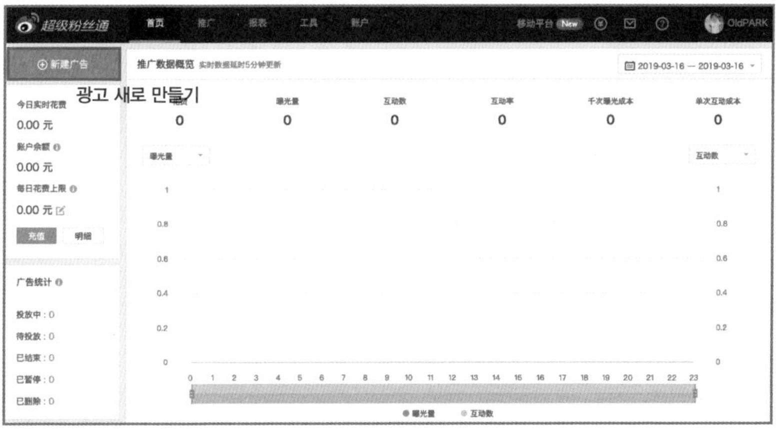

그림 3-24

그림 3-25

텐츠의 경우는 인지도 상승을, 쇼핑몰 등 매출을 목표로 하는 경우는 전환율 상승을 선택한다. 광고 게시물의 목적에 따라 알맞은 목표를 선택하고 광고 이름을 입력한 뒤 노출범위 설정 단계로 넘어가도록 하자.

② 노출 범위

[그림 3-26]과 같이 첫 번째 '受众人群(유저타겟)'은 CRM(고객관계관리) 시스템 등으로 수집한 웨이보 아이디, 휴대폰 번호, 이메일 등을 입력하여 정밀하게 이용자들을 타겟으로 설정할 때 사용한다. 별도로 광고하고 싶은 고객들의 휴대폰 번호, 이메일 등 개인정보가 있는 경우, 해당 데이터를 넣으면 그 사람들에게만 광고가 노출되며, 따로 수집한 데이터가 없으면 기본 값으로 그대로 두면 된다.

그리고 두 번째, [그림 3-27]과 같이 '社交关系(사회관계)'는 특정 계정의 팔로워에게 광고를 노출할 때 사용한다. 예를 들어 가수 BTS(방탄소년단)

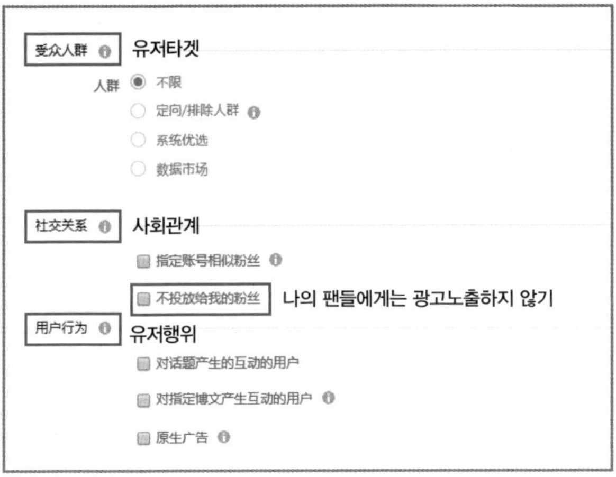

그림 3-26

의 중국 팬들을 타겟팅하려면 [그림 3-27]과 같이 검색창에 "BTS"를 검색하면 "BTS_official"과 "BTS_members" 두 개의 공식계정을 확인할 수 있는데, 이 2개 계정을 팔로우한 활성화된 계정들에게 광고가 노출되는 방식이다(최대 100개 계정까지 선택 가능). 이렇게 광고할 때, 만약 나의 계정을 팔로워한 사람을 배제하려면 '不投放给我的粉丝(나의 팬들에게는 광고 노출하지 않기)'를 클릭하면 된다.

그다음 세 번째의 '用户行为(유저행위)'는 특정 해시태그, 게시물 또는 광

그림 3-27

그림 3-28

고에 관심을 가졌던 사용자들에게 광고를 노출한다는 뜻인데, 예를 들어 BTS 팬들을 타겟팅하기 위하여 [그림 3-28]과 같이 "#bts#" "#BTS#" "#本月的bts#(이달의 bts)" 등 3개 해시태그를 선택하면 좋다.

그리고 '用户属性(유저속성)'은 나이, 성별, 취미, 휴대폰 브랜드 등 여러 가지 세부적인 설정으로 광고 노출 범위를 좀 더 정밀하게 조정할 때 사

그림 3-29

용하는데, 대표적인 인구통계학적 타겟팅 기준인 연령, 성별, 지역을 활용하는 경우가 많다.

③ 광고 예산 설정

이제 가장 중요한 예산 설정을 알아보자. [그림 3-30]과 같이 먼저 单日预算(일 광고 예산)을 꼭 설정해야 하며, 금액은 최소 50위안/일(한화 약 9,000원)이다. 그리고 '投放排期(광고 기간)'은 광고 집행 기간을 설정하는 것이고, '投放时段(광고 시간)'은 요일과 광고 시간대를 설정하는 것이다.

'计费模式(정산방식)'은 기본값으로 그대로 두고, 아래 '最高出价(최고 입찰 단가)'를 입력하면 된다. 광고 1,000회당 노출하는 데 지불할 수 있는 최고 입찰 단가를 입력하면, 시스템이 자동으로 입찰 단가를 초과하지 않는 한에서 광고를 노출시킨다. 입찰 단가를 높게 설정하면 좋은 시간대에 노출되고, 기타 비슷한 타겟을 설정한 광고보다 먼저 사용자들에게 노출된다.

최소 입찰 단가는 5위안(약 900원)인데, 필자의 운영경험에 따르면 광고

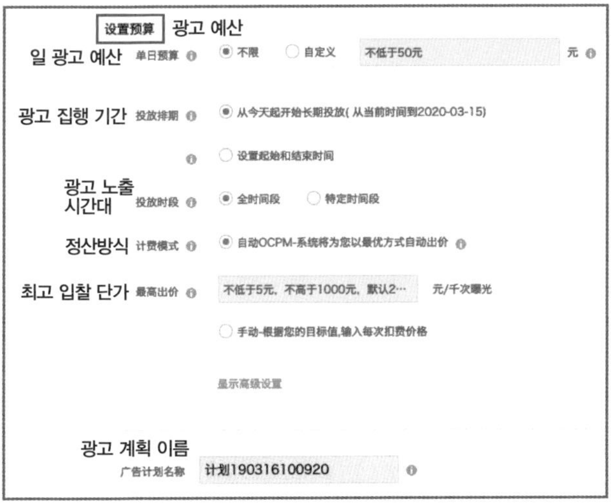

그림 3-30

를 시작할 때는 15~20위안으로 설정하고 데이터를 분석해 보면서 조절하여 운영하는 것이 가장 좋다. 모든 설정을 마치면 광고 콘텐츠 업로드 단계로 넘어가면 된다.

④ 광고 콘텐츠 업로드

노출 범위 설정을 완료하면 펀스통 광고 콘텐츠를 제작하는 페이지로 넘어 가는데, '广告样式(광고양식)' 부분을 보면 '普通博文(일반 게시물)', '大card(빅 카드)', '九宫格(구궁칸 이미지)', 'banner(배너)' 총 4가지 광고 양식이 있다. 양식을 선택하여 광고 콘텐츠를 제작하는 외에 기존에 웨이보에 올린 게시물도 선택할 수 있으며, 게시물을 선택한 후 广告提交(광고제출)을 누르면 최종 광고 심사단계로 넘어간다. 보통 당일 피드백이 오는데 심사가 거절되었을 경우 어떤 부분을 수정해야 하는지 명확히 알려준다. 펀스통 광고 관련해서 더 상세한 자료는 웨이보 광고 트레이닝 센터 "http://tui.weibo.com/training"에서 확인할 수 있다.

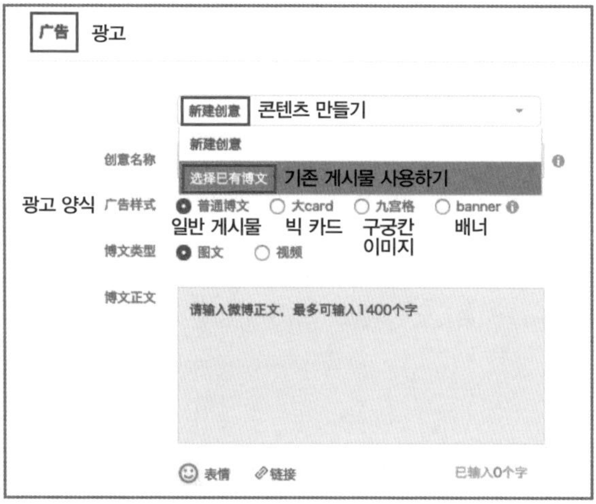

그림 3-31

3-2

중국판 카카오톡, 위챗

2011년 텐센트에서 출시한 위챗은 우리나라의 카카오톡과 비슷한 메신저형 SNS로, 거의 모든 중국인들이 사용하고 있는 '국민앱'이라고 할 수 있을 정도로 중국인의 생활 곳곳에 침투되어 있다. 스마트폰의 대중화와 모바일 결제수단의 발전과 함께 위챗은 이제 단순한 SNS 메신저를 넘어 의식주행(衣食住行)의 모든 면에서 중국인의 생활을 변화시켰다. 위챗은 모든 SNS를 통틀어 가장 많이 사용하는 앱이라고 할 수 있는데, 활용방법에 대해서 자세히 알아보자.

	위챗 공중계정	위챗 개인계정
목적	비즈니스/소식알림/블로그 등 일방적 소통	1인 1계정, 개인 간 소통
가입조건	개인, 기업, 언론매체, 정부 기관 등 (개인 가입 시 구독형만 가능)	개인
친구추가 인원수	제한 없음	최대 5,000명까지 친구추가 가능
메뉴추가기능	있음	없음
자동응답기능	있음	없음
광고기능	있음	없음
유사 SNS	카카오톡 플러스친구	카카오톡 개인계정

위챗은 표와 같이 개인계정과 공중계정 2가지로 나눌 수 있다. 개인계정은 카카오톡처럼 개인 간에 사용하는 계정으로, 편하게 소통할 수 있지만 친구 추가 인원수의 제한이 있고, 광고를 할 수 없어 확산효과가 떨어지는 단점이 있다. 반면 공중계정은 콘텐츠를 만들어서 공지 형식으로 한 번에 많은 팔로워들과 소통할 수 있고, 팔로워들이 콘텐츠를 공유하는 리트윗 형식으로 단체방, 모멘트 등에 올려서 확산효과를 볼 수 있다. 공중계정은 우리에게 익숙한 카카오톡의 플러스친구와 비슷한 개념이고, 개인계정은 카카오톡의 개인계정과 비슷한 개념으로 이해하면 편리하다. 먼저 위챗 개인계정부터 자세히 알아보자.

위챗계정

개인계정

위챗 개인계정 가입은 휴대폰 번호만 가지고 있으면 누구나 가입 가능하므로, 가입하는 부분은 생략하고 가입 후 설정하는 방법을 알아보자. 위챗 기본설정은 아이디, 닉네임, 프로필 사진, 모멘트 커버 사진, QQ 번호연동, 비상연락처, 개인정보보호 총 7가지인데, 원활하게 위챗을 사용하기 위하여 설정을 모두 완료하는 것이 좋다.

① 아이디와 닉네임

위챗계정은 처음 개설하면, [그림 3-32]와 같이 'wxid_' 형식인 아이디가 자동으로 생성되는데, 위챗 규정상 알파벳과 숫자로 랜덤 생성된 이 아이디를 검색했을 때는 친구추가를 할 수 없다. 아이디를 변경하는 방법은, '나 → 설정 → 내계정 → WeChat ID'를 클릭하여 아이디를 설정할 수 있는데, 기회는 1번만 가능하며 2차 수정은 불가능하다. 아이디 변경 시 규칙은 다음과 같다.

그림 3-32

1) 6~20개 알파벳, 숫자, "_" 및 "-" 부호 사용 가능
2) 반드시 알파벳으로 시작
3) 중문 사용 불가

한편, 위챗 아이디와는 별개로 닉네임은 자유롭게 설정 가능하고 수시로 변경이 가능한 대신 닉네임을 검색해서 친구를 추가할 수는 없다.

위챗 친구목록을 보면 [그림 3-33]과 같이 닉네임 앞에 알파벳 'A'를 붙여서 대화상대목록의 상단에 노출되게 하는 경우도 많다. 카카오톡에서 본인의 이름 앞에 'ㄱ'을 붙이는 것과 흡사하다고 볼 수 있다.

그림 3-33

② 프로필 사진과 모멘트 커버 사진

프로필 사진은 계정을 개설할 때부터 설정 가능하며, 사진이 흐리게 보이거나 변형되는 것을 방지하기 위해 800×800 픽셀 사이즈의 이미지를 준비하는 것이 좋다.

모멘트 커버 사진은 "검색 → 모멘트"를 클릭한 다음 설정 가능하며, 사이즈는 프로필 사진과 같은 800×800 픽셀인데 [그림 3-34]와 같이 업로드하면 상단 부분이 조금 잘리게 된다. 이 부분을 감안하여 이미지를 만드는 것이 좋다.

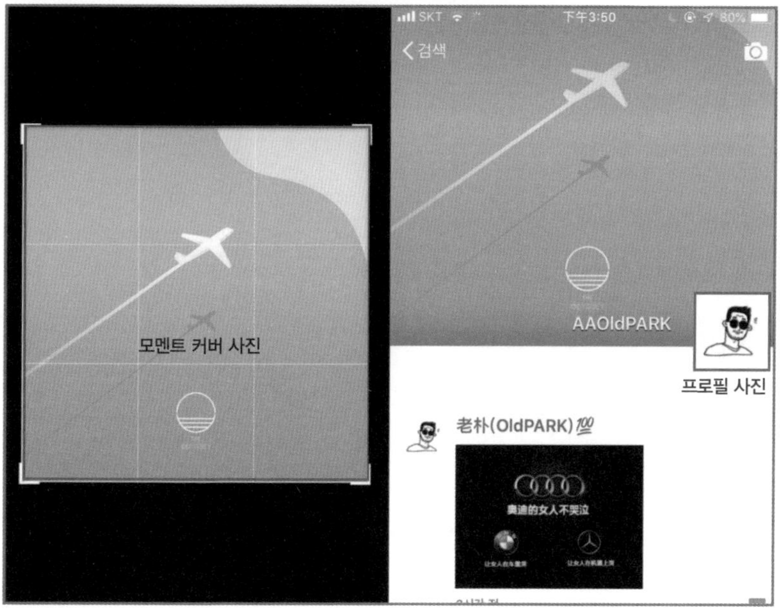

그림 3-34

③ QQ 번호 연동

위챗에서는 휴대폰 번호와 아이디 외에 QQ 번호를 검색해도 친구추가를 할 수 있다. QQ 번호는 숫자로만 구성되어 기억하기 쉽고, 다른 사람에게 계정을 알려줄 때도 보다 정확하게 전달할 수 있다는 것이 장점이다.

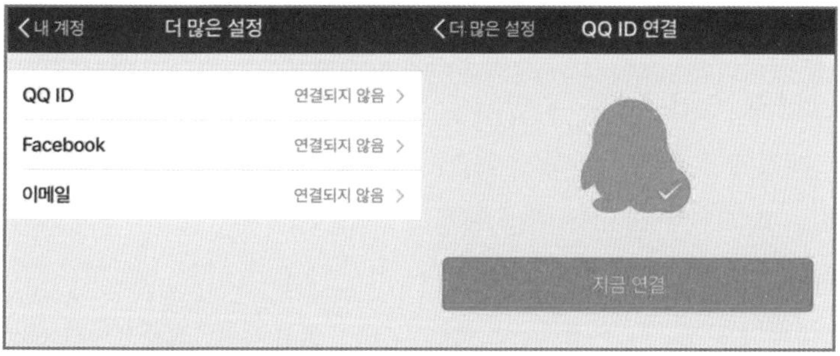

그림 3-35

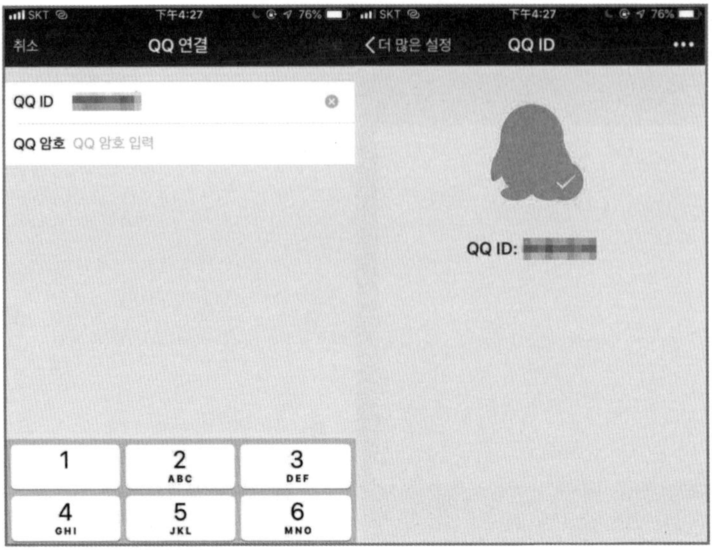

그림 3-36

설정방법은 [그림 3-35]와 같이 '나 → 설정 → 내계정 → 더 많은 설정 → QQ ID'를 클릭한 뒤 '지금 연결'을 누른다.

그다음 페이지에서 [그림 3-36]처럼 QQ 번호와 비밀번호를 입력한 뒤 확인 버튼만 클릭하면 된다.

④ 비상연락처

비상연락처는 가장 중요한 기능 중 하나이다. 휴대폰을 잃어버리거나 비밀번호를 잊어버렸을 때 반드시 본인 인증이 필요한데, 비상연락처를 미리 설정해 놓으면 간단하게 해결이 가능하다. 특히 위챗계정은 자주 해킹되는 편이므로, 반드시 미리 설정해 놓고 보안 설정을 해 놓을 것을 추천한다.

설정방법은 '나 → 설정 → 내계정 → 비상연락처'를 순차적으로 클릭하고, 그다음 [그림 3-37]처럼 '+'를 클릭하여 친구를 추가하면 된다. 최소

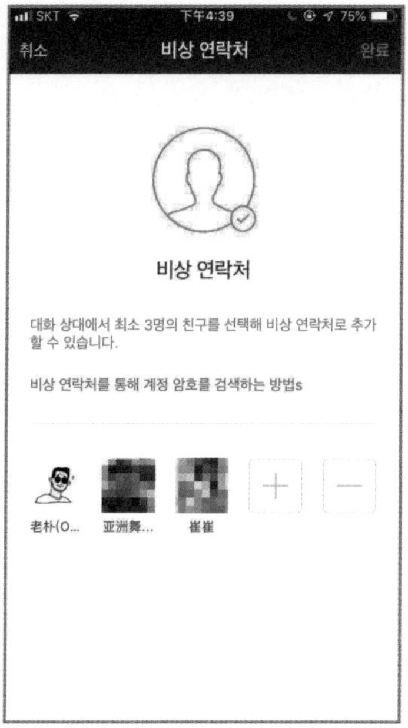

그림 3-37

3명부터 5명까지 가능한데, 만일을 대비하여 5명을 모두 채우는 것이 좋다. 만약 해킹이 되는 등 문제가 발생하면, 연락처에 있는 친구 3명이 인증번호가 포함된 링크를 발송해 주기만 하면 바로 풀리게 된다.

⑤ 개인정보보호

마지막으로, 계정을 안전하게 사용하기 위하여 개인정보보호를 확인한다.

[그림 3-38]과 같이 우선 "친구확인"은 반드시 활성화해 놓아야 한다. 이 기능을 쓰지 않으면 확인 없이 모든 사람들이 다 나를 친구추가 할 수 있어 불필요한 메시지를 받을 수 있다. 그리고 아래쪽의 "나를 친구추가 하는 방법"을 꼭 확인해야 하는데, [그림 3-38]의 우측에 있는 휴대폰, 아이디, QQ 번호 등 모든 방식을 다 오픈해야 한다. 만약 친구가 아이디

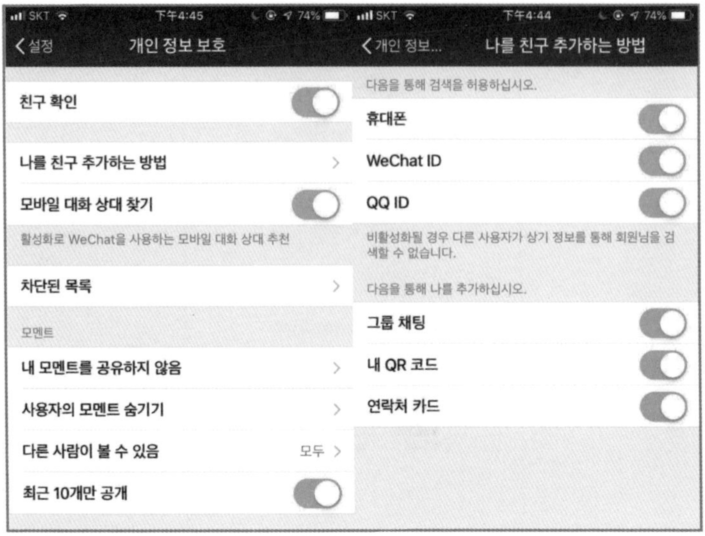

그림 3-38

를 검색할 때 계정이 나오지 않으면 이 부분을 체크해 봐야 한다.

⑥ 모멘트

위챗은 개인 간 채팅을 나누는 기능 외에 자신의 이야기를 올릴 수 있는데, 모멘트를 통해 친구들의 소식을 보고 소통할 수 있다. 페이스북의 뉴스피드(News feed)와 유사한 영역인데, 채팅만 가능한 카카오톡과 가장 큰 차이를 보이는 부분이기도 하다.

모멘트는 위챗을 실행하고 [그림 3-39]와 같이 우측 하단 검색을 누르면 모멘트 버튼을 찾을 수 있으며, 모멘트로 들어가면 [그림 3-40]처럼 나의 커버/프로필 사진이 먼저 상단에 보이고, 아래쪽으로 나의 친구들의 소식이 보인다.

친구들의 소식은 실시간으로 계속 업데이트된다. 중국인들은 위챗을 항상 사용하기 때문에 위챗 친구를 많이 사귀고, 지속적으로 나의 근황

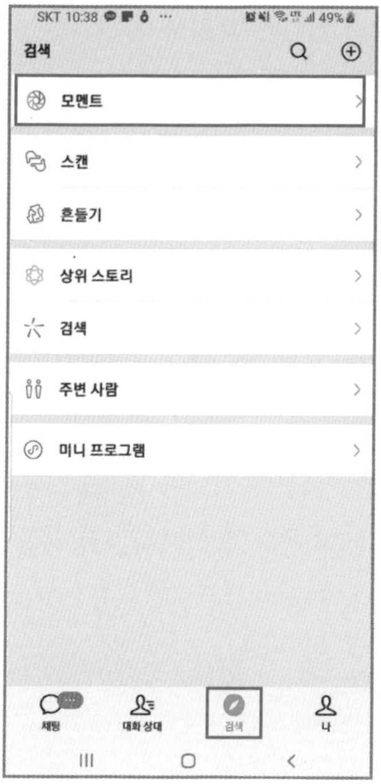

그림 3-39

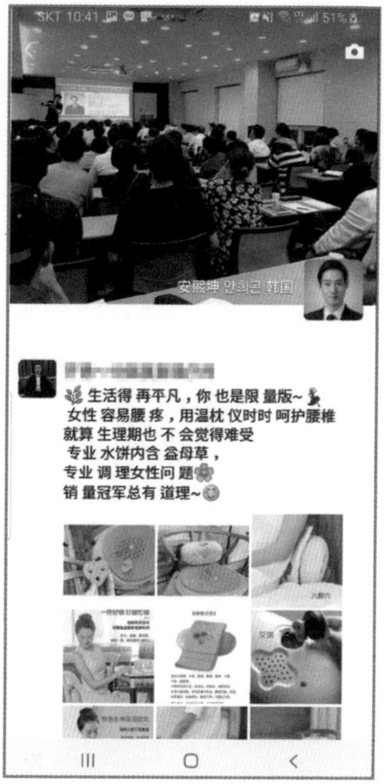

그림 3-40

에 대해 글을 올리면 많은 도움이 된다. 또한 위챗 친구가 되면 친구의 모멘트에 들어가 상대가 어떤 사람인지 둘러보는 경우도 많아, 나의 사업과 관련된 콘텐츠를 많이 올려놓는 것을 추천한다. 중국에서는 비즈니스 미팅을 할 때도 명함을 주고받는 것보다 위챗계정을 서로 주고받는 경우가 많은데, 이런 경우 모멘트가 잘 되어 있다면 좋은 인상을 남겨줄 수도 있으니 참고하도록 하자. 모멘트 활용방법에 대해서는 뒤에 좀 더 상세히 다루도록 하겠다.

⑦ 위챗지갑(WeChat Pay)

위챗 실행 후 [그림 3-41]과 같이 우측 하단에 있는 '나'를 클릭하면 여러 기능을 볼 수 있는데, 상단의 위챗지갑에 대해서 간단히 알아보자. 상단의 'WeChat pay'를 누르면 [그림 3-42]와 같은 화면을 볼 수 있는데, 이 위챗지갑을 통해 거의 모든 일상생활의 결제를 할 수 있다.

길거리의 노점상에서도 금액의 높고 낮음에 관계없이 QR 결제가 가능하여 대부분 위챗페이/알리페이로 결제하는데, 중국을 방문한 적이 있는 사람이라면 이것이 얼마나 편리한지 알 것이다. 참고로 현금을 가지고 있는 경우에도 모바일 결제를 생활화하는 것이 좋은데, 예를 들어 택시비를 현금으로 결제하면 아무 기록이 남지 않지만, 위챗페이로 결제하면 혹시 물건을 두고 내렸을 경우 결제한 택시 번호까지 추적할 수 있다.

그리고 가장 많이 쓰는 기능 중 하나는, 중간에 보이는 Mobile Top Up(휴대폰 충전) 기능인데, 중국에서는 휴대폰 비용을 충전해서 사용하는 경우가 많아 위챗페이를 통해 충전하곤 한다. Part 1에서 언급하였듯이 필자도

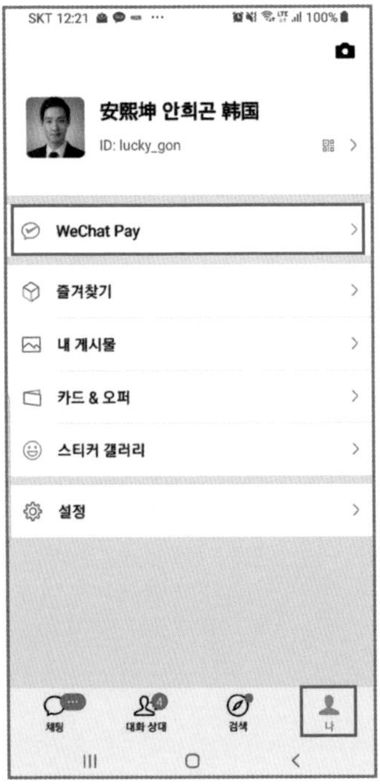

그림 3-41

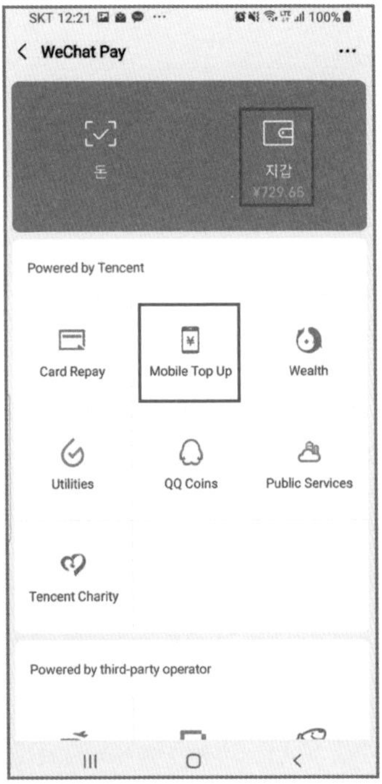

그림 3-42

매달 휴대폰 비용을 충전하는데, 이와 같이 공과금 등 여러 결제가 가능하니 위챗지갑은 반드시 활성화시켜 활용하기를 추천한다.

⑧ 대화 번역 기능

위챗에서 가장 유용하게 쓰이는 기능 중 하나가 바로 대화 번역 기능이다. 이 기능을 통해 중국어를 모르는 사람도 편하게 위챗을 활용하곤 하는데, 상대방과의 대화를 자동으로 번역해 주는 기능이다.

번역기능 사용방법은 간단한데, [그림 3-43]과 같이 번역하고 싶은 말을 꾹 눌러서 '변환'을 누르면 중국어 원본의 아래쪽에 한글로 자동 번역된다(현재 사용 중인 휴대폰 기기에 설정된 언어대로 번역된다). 번역 수준도 점점 좋아지고 있어, 일상적인 대화는 충분히 통역 없이 편하게 소통이 가능하다. 중국어를 모른다고 통역에게만 의존하지 말고, 간단한 내용은

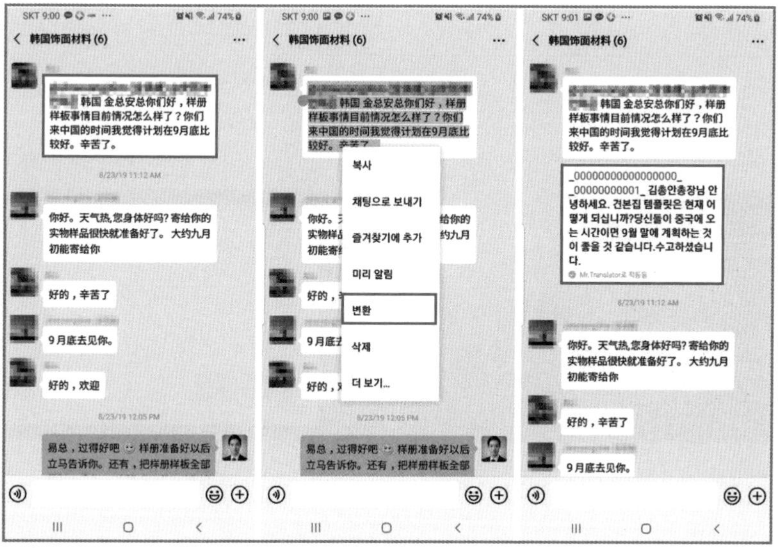

그림 3-43

직접 이야기하면서 좀 더 적극적으로 소통한다면 업무에도 많은 도움이 될 것이다.

공중계정

위챗 공중계정은 카카오 플러스친구와 비슷한 위챗의 '비즈니스' 버전이다(페이스북의 페이지와 유사하다). 공중계정은 기업형 계정으로 만들어 1대多 소통을 목적으로 한 콘텐츠를 편집해서 배포할 수 있다. 먼저 공중계정 가입 방법에 대해 알아보자.

■ 중국 법인 가입

중국 사업자등록증을 가지고 있다면, 직접 공중계정 플랫폼(https://mp.weixin.qq.com)에 등록하여 오른쪽 위 '立即注册(가입하기)'를 클릭한 다음 이메일 주소로 계정을 만들 수 있다.

그다음 공중계정 플랫폼(https://mp.weixin.qq.com)으로 돌아와서 등록창에 이메일과 비밀번호를 입력한 뒤 [그림 3-45]처럼 구독형과 서비스형

그림 3-44

그림 3-45

중에서 하나를 선택한다. 그리고 다음 페이지에서는 회사명, 사업자등록 번호, 계정관리자(중국인必) 이름, 핸드폰 및 신분증 번호 등을 순차적으로 입력한 뒤 300위안(한화 약 5만 원)의 비용을 지불하면 된다. 서류상 문제가 없다면 보통 1주일 내 심사를 통과할 수 있다.

■ **한국 법인 가입**

중국 법인이 없는 경우, 한국 법인만으로는 아직 자체적으로 신청할 수 없어서, 웨이보와 마찬가지로 대행사를 찾아 공중계정을 신청해야 한다. 한국 기업도 직접 공중계정 신청이 가능하도록 바뀔 예정이라는 소식은 있으나, 아직은 신청절차 및 준비서류가 까다로운 관계로 일반적으로 대행사를 통해 진행하는 편이다.

공중계정을 만들었다면, 공중계정 플랫폼(https://mp.weixin.qq.com)에서 계정을 설정할 수 있다. 로그인하면 [그림 3-46]과 같은 화면을 볼 수 있

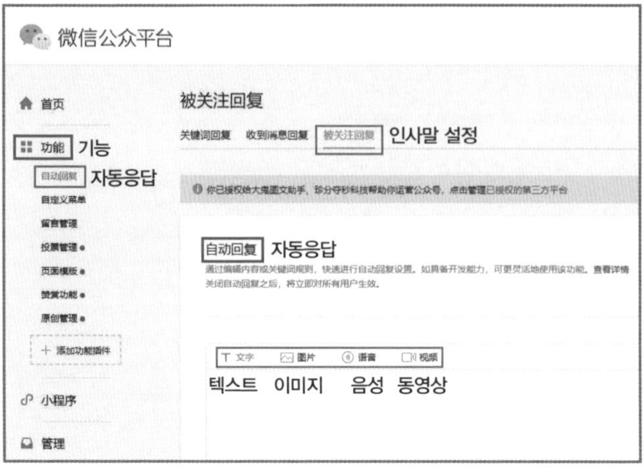

그림 3-46

는데, 자동응답, 구독 시 응답 등 여러 기능을 사용할 수 있으며, 해당 공중계정을 설문조사(투표)를 할 수 있는 기능도 지원하고 있다. 지면의 한계로 자세한 내용은 생략하니, 플랫폼에 자세히 설명된 내용을 참고하자.

■ 공중계정 유형별 비교

기업이 만들 수 있는 공중계정은 구독형과 서비스형이 있는데, 각 계정의 특징은 다음과 같다.

공중계정의 가장 큰 특징은 한 달에 배포할 수 있는 콘텐츠양이 정해져 있다는 것이다. 우리에게 익숙한 플러스친구나 페이스북의 페이지 등은 하루에 배포하는 게시물의 수량 제한이 없는데, 배포량에 제한을 두

	메시지 발송	노출 위치	링크	위챗 지불 기능	알림	메뉴 개발
구독형	매일 1회	구독 폴더	가능	×	×	기초적인 기능 개발
서비스형	매월 4회	채팅창	가능	인증 이후 가능	일반 메시지 알림	모든 기능 개발 가능

는 것은 위챗 특유의 폐쇄성과 사용자 친화 정책이 기인한다고 할 수 있다. 한국에 없는 생소한 개념이기 때문에 이해를 돕기 위해 실제 사례를 소개한다.

[그림 3-47]을 보면 '기사 구독함'이라는 폴더를 확인할 수 있고, 그 폴더를 클릭하면 [그림 3-48]과 같이 내가 구독하고 있는 계정들을 볼 수 있다. 이 폴더 안에 들어 있는 공중계정들은 모두 구독형 계정이며, 반면에 [그림 3-47]에서 일반 채팅창들과 동등하게 보이는 海底捞火锅(하이디라오훠궈)와 中国工商银行(중국 공상은행) 등의 계정은 서비스형 계정이다. 이와 같이 서비스형 계정은 포스팅하면 채팅창 사이에 그대로 노출되기 때문에 배포 횟수 제한을 월 4회로 해 놓은 것이고, 그에 비해 구독형 계

그림 3-47

그림 3-48

정은 '구독' 폴더 안에서 노출되기 때문에 상대적으로 더 자주(1일 1회) 올릴 수 있도록 제한을 풀어놓았다.

따라서 콘텐츠 배포를 자주 해야 하는 기업은 구독형이 적합하고, 반대로 소비자에게 잘 노출되어야 하고 위챗에서 제공해 주는 기능을 충분히 활용하려면 서비스형이 적합하다. 예를 들어 [그림 3-48]에 보면 shanghaijournal(상하이저널)이라는 계정이 있는데, 상하이의 한인들이 운영하고 있는 구독형 계정이다. 이렇듯 매일 포스팅할 내용이 있다면 구독형을 운영할 수도 있지만, 일반적으로는 서비스형 계정을 만들어 좀 더 많이 노출하는 것을 추천한다.

샤오청쉬(小程序, 미니 프로그램) 개념

샤오청쉬는 2017년 1월에 출시된 기능으로, 위챗 안에서 구현되는 미니 앱이라고 할 수 있다. 샤오청쉬는 위챗에서 외부의 앱으로의 이탈을 막고, 위챗 안에서 좀 더 많은 서비스를 구현하고자 만들어진 서비스인데, 잘 사용한다면 아주 편리한 서비스이다. 예를 들어 맥도날드 앱을 통해 햄버거를 구매하는 경우, 일반적으로는 위챗을 사용하다가 맥도날드 앱을 열고 주문할 텐데, 샤오청쉬를 사용하면 위챗을 사용하다가 위챗 안에서 맥도날드 미니앱을 실행하여 바로 주문할 수 있는 것이다.

위챗을 이탈하지 않은 상황에서 앱 기능이 구현된다는 것이 중요한 점인데, 다음의 실제 사례를 보자. [그림 3-49]는 工商银行(공상은행)을 검색한 화면인데, '小程序'라고 되어 있는 부분을 볼 수 있다. 이 샤오청쉬를 클릭하면 [그림 3-50]과 같은 화면이 나오는데, 별도의 앱이 실행된 것이 아니라 위챗 안에서 공상은행의 미니앱이 열리고 그 안에서 간단한 업무를 할 수 있다. 이와 같이 이용자 입장에서도 위챗 안에서 간단히 사용할 수 있어 편리하고, 기업 입장에서도 별도 앱을 개발하는 것보다 위챗 안에서 샤오청쉬를 개발하는 것이 금액적인 부담이 훨씬 적은 편이기 때문

그림 3-49

그림 3-50

에 많은 기업들이 샤오청쉬를 사용하고 있다.

샤오청쉬는 [그림 3-51]과 같이 위챗 '미니 프로그램'에서 확인할 수 있는데, 클릭하면 [그림 3-52]처럼 최근 사용한 샤오청쉬를 확인할 수 있다. 중국에서 앱을 만들고 싶은 사람은 시간과 비용이 많이 소요되는 앱보다 샤오청쉬를 만드는 것을 고려해 보고, 이용자 입장에서도 많은 샤오청쉬를 사용해 보는 것을 좋다(참고로 [그림 3-52]의 跳一跳라는 샤오청쉬는 간단한 미니게임인데, 중국에서 선풍적인 인기를 끌었던 게임이다. 위챗에서 검색하여 한번쯤 해 보기를 추천한다).

그림 3-51

그림 3-52

위챗 실전 활용방법

지금까지 개인계정과 공중계정의 대략적인 면모를 소개하였다. 이제 각 계정을 가지고 본격적으로 활용할 수 있는 마케팅 방법에 대해 알아보자.

개인계정

위챗 개인계정은 한국의 카카오톡과 비슷하게 단순한 메신저 플랫폼이라고 생각할 것이다. 하지만 위챗은 단순한 메시지 전달도구가 아닌 마케팅툴로서 비즈니스 전략으로 활용할 수 있다. 개인계정 활용방법에 대해 알아보자.

■ **위챗 친구 늘리는 방법**

메신저형 SNS인 위챗을 잘 활용하기 위해선 가장 먼저 친구확보가 필요하다. 위챗을 처음 설치하면 덩그러니 아무런 친구가 없을 것이다. 우선 친구를 많이 늘리는 방법을 알아보자.

① 저장되어 있는 휴대폰 번호로 친구추가하기

카카오톡은 설치하면 휴대폰에 저장되어 있는 번호의 목록이 뜨면서 자연스럽게 친구추가가 되는데, 위챗에도 같은 기능이 있다. 내 휴대폰에 있는 연락처들을 먼저 추가하도록 하자.

[그림 3-53]과 같이 하단의 대화상대를 선택한 후 상단의 새 친구를 누르면 [그림 3-54]처럼 휴대폰 번호 목록이 뜨면서 친구추가할 수 있도록

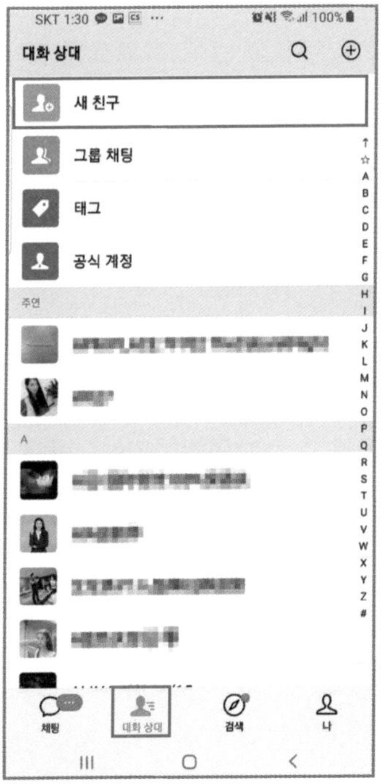

그림 3-53

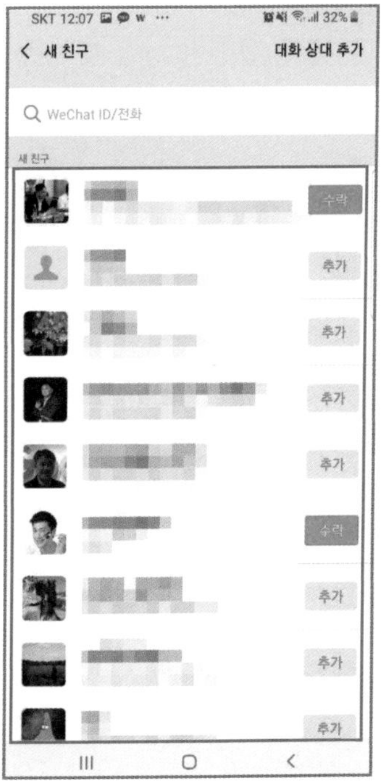

그림 3-54

되어 있다. 리스트를 확인하면 생각보다 많은 사람들이 위챗에 가입되어 있는 것을 알 수 있을 것이다. 기존 연락처의 사람들 중 선별하여 추가하는 것으로 위챗활동을 시작해 보자.

② 주변 사람 추가하기

[그림 3-55]와 같이 하단의 검색을 선택한 후 '주변 사람'을 누르면, 나의 주변에 있는 위챗 사용자를 확인할 수 있다. '모르는 사람인 주변 친구 추가가 무슨 효과가 있을까?'라고 생각하기 쉬운데, 생각보다 활용도가 높다. 페이스북과 같은 개방형 SNS는 새로운 친구를 추가하고 관계를 맺는 것이 간단하여 마케팅적으로 활용하는 것이 어렵지 않은데, 폐쇄적인 성향이 짙은 위챗은 새로운 친구 자체를 만들기가 매우 어렵기 때문이다.

실제 예시를 통해 알아보자. 필자는 2018년 4월 중국 이우에서 열린 세계 웨이상 대회(世界微商大会)에 참석한 적이 있는데, 중국 각지에서 웨이상 수백 명이 모인 이 자리에서 웨이상 친구들을 많이 사귀고 싶었다. 주변 자리의 사람들에게 명함을 주면서 한국에서 왔다고 인사를 하였는데, 다들 명함도 없고 반응이 시큰둥한 경우가 많았다. 더군다나 사람이 워낙 많아서 이런 방식으로는 몇 명 인사도 못하고 행사가 끝날 것 같아 자리에 앉아 위챗의 '주변 사람'을 보기 시작했다. 아니나 다를까 가까운 곳에 있는 사람들 모멘트에 들어가 보니 모두 웨이상들이었고, 한 명, 한 명 모멘트를 살피면서 친구를 맺고 싶은 사람들에게 친구 요청을 보냈다. 실제로 당시 대회 장소에서 많은 친구들을 추가하여 위챗 친구가 되었고, 지금도 그들의 모멘트를 통해 웨이상들의 동향을 살피곤 한다.

이와 비슷하게 실제로, 한국화장품 등을 구매대행하는 사업자 및 개인들이 롯데백화점 본점 등 중국 여행객이 많은 곳에 가서 주변 친구추가를 많이 한다고 한다. 주변 사람 리스트를 보고 한국에 여행 온 것 같은 사람들을 친구 요청하면, 상대방 입장에서도 구매대행업자를 알아두어서 나

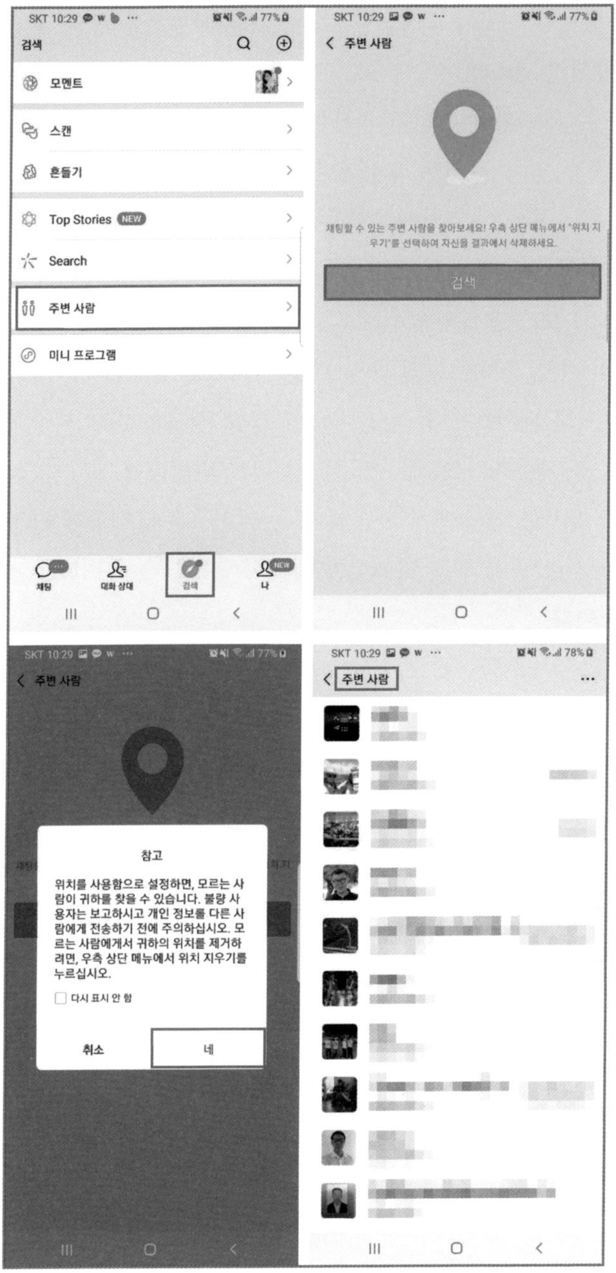
검색
모멘트
스캔
흔들기
Top Stories NEW
Search
주변 사람
미니 프로그램
채팅
대화 상대
검색
나
주변 사람
채팅할 수 있는 주변 사람을 찾아보세요! 우측 상단 메뉴에서 "위치 지우기"를 선택하여 자신을 결과에서 삭제하세요.
검색
주변 사람
참고
위치를 사용함으로 설정하면, 모르는 사람이 귀하를 찾을 수 있습니다. 불량 사용자는 보고하시고 개인 정보를 다른 사람에게 전송하기 전에 주의하십시오. 모르는 사람에게서 귀하의 위치를 제거하려면, 우측 상단 메뉴에서 위치 지우기를 누르십시오.
다시 표시 안 함
취소
네
주변 사람

그림 3-55

뿔 것은 없으니 친구가 되고, 향후 사업자의 모멘트를 통해 화장품을 구매하는 방식인 것이다.

이렇듯 주변 사람 추가하기 기능은 내가 어디에 있느냐에 따라 큰 활용도를 가질 수 있다. 중요한 모임이나 장소에 갔을 때 한번쯤 주변 사람 리스트를 보고 나에게 도움이 되는 위챗 친구를 추가할 수 있도록 찾아보자.

③ 웨이보, QQ 등을 통한 홍보

위챗 외 다른 SNS를 통해 나의 위챗 아이디를 알리는 방식도 좋다. 우리나라에서도 페이스북 등 다른 SNS를 통해 광고할 때 카카오톡 아이디를 기재하는 경우가 많은데, 중국 역시 이와 비슷하게 생각하면 된다. 페이스북과 유사한 개방성 SNS인 웨이보, 네이트온과 비슷한 QQ 등의 프로필과 게시물 등에 위챗 아이디를 기재하여 상담을 유도하는 것도 좋은 홍보방법이다.

④ 동영상에 위챗 아이디 삽입

③과 비슷한 방식으로 동영상 콘텐츠에 직접 위챗 아이디를 삽입하는 방식이다. 동영상의 경우 공유가 많아지면 바이럴 홍보에 큰 도움이 된다. 영상 안에 작게 위챗 아이디를 넣어 홍보해 보자. 다만 최근 유행하고 있는 더우인(抖音)의 경우 영상 안에서 직접 위챗 아이디를 텍스트로 보여주는 것은 금지하고 있는데, 이 규정을 피해서 글로 기재하는 대신 영상 안에서 음성으로 위챗 아이디를 말해 주는 방식으로도 활용되고 있다.

■ 단체메시지, 그룹 활용방법

앞서 알아본 위챗 친구추가하기 기능을 통해 어느 정도의 친구를 추가하였다면, 위챗 친구들을 활용하는 방법에 대해 좀 더 알아보자.

① 모든 친구에게 한 번에 메시지를 보낼 수 있는 기능

위챗에서는 카카오톡과 다르게 전체 친구에게 동시에 메시지를 보낼 수 있는 기능이 있다. 평범한 사람은 굳이 이 기능을 사용할 일이 없지만, 웨이상들이나 마케터들은 자주 사용하는 기능이다. 친구가 몇 천 명인 경우에도 모두 동시 발송이 가능하기 때문에 아주 강력한 기능이라고 할 수 있지만, 모두에게 같은 메시지가 발송되는 만큼 주의해서 발송해야 한다. 그런 이유 때문인지 위챗에서는 이 기능을 비교적 찾기 어렵게 해 놓았다.

[그림 3-56]과 같이 '설정 → 일반 → 보조기능 → 메시지 브로드캐스트'를 차례로 눌러 전체 메시지를 보낼 수 있다. 사실 필자는 매일 상당량의 전체 메시지를 받고 있다. 많은 웨이상 친구들이 날마다 메시지를 보내서 본인이 판매하는 상품을 홍보하곤 한다. 처음에는 왜 잘 알지도 못하는 나에게 이런 개인적인 문자를 보내는지 궁금했는데, 전체 메시지로 보내는 거라서 잘 모르는 사람에게도 모두 보내진다는 것을 나중에 알게 되었다. 이 기능은 강력하긴 하지만 함부로 쓰면 친구들에게 광고성 스팸 계정으로 차단당할 수 있으니 활용에 주의하는 것이 좋다.

② 위챗 친구 그룹 초대하기

위챗도 카카오톡과 마찬가지로 단체방이 굉장히 활성화되어 있는데, 위챗 친구를 그룹에 초대하여 마케팅으로 활용하는 경우가 많다. 그룹은 카카오톡의 단체방과 같은 개념인데, 누군가를 초대하면 카카오톡과 동일하게 강제로 초대된다. 한국에서는 단체방에 모르는 사람을 초대하기보다 오픈 채팅방을 만들어 놓고 많은 사람들이 참여할 수 있도록 홍보하는 반면, 중국에서는 직접 그룹을 만들어 모르는 사람을 초대하는 경우가 많다.

SKT 12:53
安熙坤 韩国
ID: lucky_gon
WeChat Pay
즐겨찾기
내 게시물
카드 & 오퍼
스티커 갤러리
설정
채팅
대화 상대
검색
나
SKT 12:53
설정
계정 보안
알림
방해 금지
채팅
개인 정보 보호
일반
정보
도움말 및 의견(&)
WeChat Services
계정 전환
로그아웃
SKT 12:53
일반
가로 표시
NFC 사용
언어
자동
글꼴 크기
사진 및 영상
검색 관리 페이지
보조 기능
데이터 사용량
저장소 관리
SKT 12:54
보조 기능
사용 설정된 기능
Tencent 뉴스
Facebook
메시지 브로드캐스트
사용하지 않는 기능
WeRun

그림 3-56

[그림 3-57]은 필자의 휴대폰 캡처화면이다. 그림 안의 단체방은 모두 필자가 초대된 그룹이다. 대부분 웨이상 친구들이 초대를 한 그룹방인데, 그 안에서 서로의 상품이나 서비스를 홍보하곤 한다. 관심이 없거나 이런 그룹방이 싫은 사람들은 나가겠지만, 그룹방에 남아 서로 홍보하고 정보를 공유하는 경우도 많다.

그룹방을 통한 마케팅에는 또 다른 장점이 있는데, 그룹방의 명단을 들어가면 [그림 3-58]과 같이 그룹방 참가자들을 모두 확인할 수 있다. 이 프로필을 누르면 친구신청을 할 수도 있는데, 이런 식으로 그룹방을 통해 친구를 늘리는 것도 많이 활용하는 방식이다. 필자의 경우도 이 그룹방의 379명의 참여자 중 대부분을 모르는데, 이 안에서 프로필과 모멘트 확인을 통해 좋은 친구를 만들 수도 있을 것이다. 따라서 잘 모르는 사람이 나

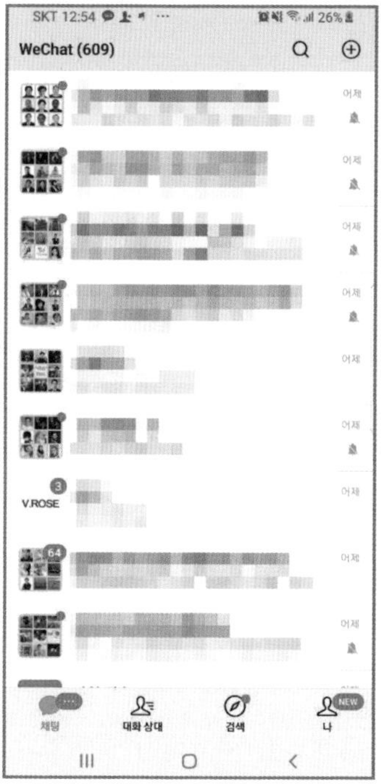

그림 3-57

그림 3-58

를 그룹방에 초대하였다면 의아하게 생각하기보다 상황을 살피면서 사람들이 어떤 식으로 위챗을 활용하는지 관찰하는 것도 좋은 방법이다.

참고로 위챗 그룹방은 카카오의 단체톡방과 조금 다른 점이 있다. 위챗은 같은 그룹방에 있어도 친구가 아니라면 1 : 1 대화가 불가능하며, 그룹방의 인원제한 역시 카카오톡의 1,000명에 비해 절반인 500명에 불과하다. 이런 점 역시 폐쇄적인 성향의 위챗의 특징을 말해 주고 있는 것이다. 상세 내용은 다음 표를 참고하자.

위챗 그룹방 VS 카카오 단체 톡방

구분	위챗 그룹방	카카오 단체 톡방
퇴장 기능	방장 권한으로 강퇴 가능	강퇴 불가능 (오픈채팅방은 가능)
나간 사람 표시	"ㅇㅇ가 나갔습니다"라고 뜨지 않음 총 멤버수만 줄어듦	"ㅇㅇ가 나갔습니다"라고 확인
1 : 1 대화 기능	반드시 친구를 맺어야 대화 가능	친구 추가 되지 않아도 대화 가능
그룹방 인원 제한	500명	1,000명

■ 모멘트 활용방법

모멘트에서 나의 프로필(얼굴)을 클릭하면 [그림 3-59]와 같이 내가 그동안 올린 글들을 볼 수 있다. 이 모멘트는 나의 친구들도 들어와서 볼 수 있는 곳이기 때문에 잘 관리하는 것이 좋다. 모멘트 활용방법에 대해 자세히 알아보자.

① 폐쇄성

페이스북이나 웨이보 등에서는 글을 보면, 내가 모르는 사람의 계정의 글이라도 모두 확인할 수 있으며, 누구나 해당 계정의 글에 '좋아요'를 누르거나 댓글을 적을 수 있다. 하지만 폐쇄적인 성향의 위챗에서는 '좋아요'나 댓글 등을 보려고 할 때도, 해당 반응을 보인 사람들과 친구 사이가

그림 3-59

아니면 볼 수 없다. 내 계정에서 봤을 때 이 글은 댓글이 하나도 없는 것처럼 보일지라도 실제로는 100개씩 달려 있을 수도 있는 것이다.

페이스북의 경우는 누구나 나의 글을 볼 수 있기 때문에 모르는 사람이 친구요청을 하는 경우가 많은데, 위챗은 이런 부분이 원칙적으로 차단되어 있는 셈이다. 양쪽 모두 장단점이 있겠지만, 위챗의 정책은 보안성이 아주 철저하여 댓글 소통을 할 때 안심하고 글을 작성할 수 있기 때문에 친구관계라는 로열티가 크게 작용한다.

② 모멘트 도달률 100%

SNS에서의 '도달률'이란 내가 쓰는 포스팅이 나의 친구들에게 도달될 확률을 말한다. 일반적으로 모든 글이 나의 친구들에게 전부 보이는 것이 아니라, 서로의 친밀도와 관계 등 여러 요소를 고려한 각 SNS의 로직에 맞게 일정한 비율의 친구들에게 글이 노출된다.

그림 3-60

하지만 위챗은 이 부분에 있어 다른 SNS와 다르다. 간혹 모멘트를 둘러보다 보면 [그림 3-60]과 같이 동일한 인물의 글이 여러 개(많은 경우 10개 이상)가 동시에 나란히 보이는 경우가 많다. 모멘트는 시간순으로 보이기 때문에 그 인물이 그 시간대에 작성한 모든 글이 나에게 도달한 것이다. 내가 작성한 글이 나의 모든 친구들에게 도달한다는 것은 마케팅적인 측면에서 대단히 중요한 개념이다. 내가 원하는 시간에 글을 작성하기만 하면, 그 시간에 위챗을 확인하는 모든 이들에게 나의 글을 보여줄 수 있는 것이다. 다만 너무 무분별하게 글을 작성하면 친구들에게 광고만 하는 계정으로 느껴져 차단당할 수 있으니 조심해야 한다.

공식적이지 않지만, 친구가 많아지면 도달률이 떨어진다는 의견이 중국 마케터들 사이에서 공유되고 있다. 2,000명 이상 시 80%, 3,000명 이상 시 70%, 5,000명 시 50% 등으로 도달률이 떨어진다는 것이다. 그래서 실제로 많은 중국인들이 친구수가 2,000명에 도달하면, 더 이상 친구를 늘리지 않고 두 번째 위챗계정을 새롭게 만드는 경우가 많다고 한다.

공중계정

■ 팔로우 늘리는 방법

공중계정 역시 많은 팔로워를 보유하는 것이 중요하다. 파워계정을 리트윗하거나 위챗 와이파이 광고 등 팔로워를 늘릴 수 있는 여러 다른 방법들이 있지만, 실제로 가장 많이 쓰이는 위챗 공중계정 팔로워를 늘리는 방법 두 가지를 소개하려고 한다.

① 오프라인 행사

필자가 온라인 맞춤여행 사이트를 운영하던 때 베이징의 유명 클럽 10주년 기념행사에 참여한 적이 있다. 당시 클럽의 입구에서 공중계정을 팔

그림 3-61

로우하면 기념 형광봉을 증정하는 이벤트를 2일간 진행했었는데, 결과적으로 2,000명이 넘는 사람들이 해당 클럽의 공중계정을 팔로우하였다. 물론 행사가 끝나고 이탈하는 사람도 있었지만, 비용 대비 전환율이 매우 높았던 사례였다.

중국에서는 QR코드가 일상에서 많이 사용되다 보니 오프라인 행사에 활용되는 경우가 많다. 특히 중국 현지의 전시회에 참석할 때 [그림 3-61]과 같이 공중계정 바코드가 있는 전단지나 포스터 등을 준비하여 계정 팔로우 시 작은 선물이나 혜택을 준다면 많은 사람들이 계정을 팔로우하도록 유도할 수 있다.

② 택배 박스 활용

나의 상품을 구매한 고객이 지속적으로 나의 충성고객이 될 수 있도록 노력하는 것의 중요성은 아무리 강조해도 부족하지 않다. 여기에 착안하여 상품 배송 시 택배 박스 외벽에 바코드 스티커를 붙이거나 테이프에 공중계정 바코드를 인쇄하여 팔로워를 모을 수도 있다. 이미 상품을 구매한 고객이기 때문에 작은 혜택을 추가로 주어 공중계정을 팔로우하게 한

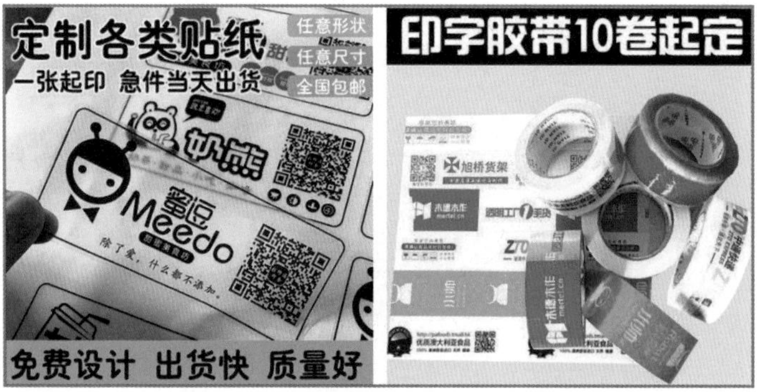

그림 3-62

다면 그 고객은 충성고객으로 발전할 가능성이 매우 클 것이다.

[그림 3-62]와 같이 스티커나 테이프를 제작할 수 있는 업체는 타오바오에서 검색하면 쉽게 찾을 수 있고, 소량 제작도 가능하다. 택배 배송량이 많지 않거나 스티커나 테이프를 제작하기 어려울 경우에는 바코드가 있는 전단지를 박스 안에 넣어서 배송할 수도 있을 것이다. 온라인 상품을 판매하는 업체는 꼭 활용해 보기를 바란다.

위챗 광고 상품

모멘트 광고

위챗의 광고 상품은 [그림 3-63]과 같이 크게 모멘트 광고(朋友圈广告), 공중계정 광고(公众号广告), 샤오청쉬 광고(小程序广告)로 총 세 가지로 나누는데, 그 중에서도 일반적으로 모멘트와 공중계정 광고를 많이 활용하

그림 3-63

그림 3-64

는 편이다.

모멘트 광고 양식은 [그림 3-64]와 같이 5가지 종류가 있다. 광고 소재로는 텍스트, 이미지, 동영상 및 링크를 사용할 수 있고, 광고 비용은 노출량으로 과금되는 방식이며 베이징, 상하이 등 핵심 도시 타겟 시 가격이 더 인상될 수 있다. 모멘트 광고는 일반적으로 대기업이 많이 활용하는 광고이며, 고가의 광고이므로 충분히 고려한 후 진행하기를 추천한다.

그림 3-65

공중계정 광고

공중계정 광고는 [그림 3-65]와 같이 타 계정들이 배포한 포스팅의 중간 또는 하단에 이미지 배너, 카드, 동영상 등의 형식으로 노출하는 광고 상품이다. 광고 비용은 클릭량으로 과금되는 방식이며, 많은 클릭을 유도하여 클릭 전환에 초점을 맞춘 광고 콘텐츠를 통해 위챗계정 팔로우 유도 또는 이벤트 활동의 참여율을 높이는 데 활용하면 좋다. 광고계정 개설 및 기타 상세 운영 방식과 관련된 내용은 위챗 광고 센터 사이트(https://ad.weixin.qq.com)를 방문하면 자세히 알 수 있다.

3-3

떠오르는 신규 SNS 플랫폼

샤오홍슈(小红书)

최근 중국 온라인 마케팅 영역에서 가장 빠르게 이용자가 늘어나고 있는 SNS 플랫폼 중 하나가 샤오홍슈(小红书 http://www.xiaohongshu.com)이다. 2013년 6월에 중국 상하이에 설립된 샤오홍슈는 불과 5년 만에 전 세계 1.5억 명의 사용자를 확보하였고, 세계 최대 'UGC 전자상거래' 플랫폼으로 성장하였다. UGC 전자상거래는 'User-Generated Contents'의 약자로, 사용자가 직접 양질의 콘텐츠를 생산하여 구매를 일으키는 방식의 전자상거래를 말한다. 샤오홍슈는 단순한 SNS가 아닌 온라인 쇼핑몰과 인스타그램 방식의 SNS를 결합하는 데 성공하였고, 가치를 높게 평가받아 중국 전자상거래 1위 기업 알리바바와 SNS 메신저 1위 기업 텐센트의 투자를 동시에 받았으며, 기업가치도 무려 30억 달러를 상회한다.

- 2013년 6월, 중국 상하이에 샤오홍슈 설립
- 2014년 8월, Android 버전 앱 출시
- 2014년 12월, 샤오홍슈福利社(푸리셔) 자사몰 오픈
- 2015년 6월, 사용자수 1,500만 명 돌파

- 2016년 6월, 브랜드몰 입점 가능
- 2017년 6월, 애플스토어 쇼핑 카테고리 다운로드 수 1위
- 2018년 5월, 알리바바, 텐센트 등 총 3억 달러 투자유치
- 2018년 10월, 앱피드 광고 서비스 론칭

샤오훙슈의 메인 타겟은 소득수준과 소비능력이 높은 8090 여성(90% 이상)으로 한국뷰티, 패션, 성형, 생활용품 등에 대한 선호도가 높다. 뿐만 아니라 샤오훙슈의 구매전환율은 티몰, 징동닷컴 등 전문 쇼핑 플랫폼(평균 1~2%)보다 훨씬 높은 편이다. 이런 장점으로 인하여 아모레퍼시픽, LG생활건강 등 대기업은 물론, 많은 중소기업 브랜드 기업들도 샤오훙슈에서 브랜드계정을 만들고 마케팅 활동을 하고 있다. 그러면 샤오훙슈를 어떤 식으로 활용할 수 있는지 살펴보자.

개인계정 가입

먼저 샤오훙슈를 활용하기 위해 개인계정 가입부터 해 보자. 샤오훙슈는 한국 휴대폰 번호로도 가입 가능하여 어플리케이션을 다운로드받고 바로 가입하면 되는데, 문제는 샤오훙슈 앱은 구글플레이에서 검색해도 나오지 않는다. 앞서 Part 2의 부록에서 다룬 것처럼, 应用宝(잉용바오)에서 검색하여 앱을 다운로드받으면 되는데, 중국어를 타이핑하기 어렵다면 [그림 3-66]과 같이 영어로 xiaohongshu를 검색하여 최상단 빨간색의 小红书 앱을 다운로드받으면 된다.

그림 3-66

샤오홍슈 앱을 다운 받은 후에는 [그림 3-67]과 같이 한국 국제번호 82를 선택한 후 휴대폰번호를 입력하여 인증번호만 받으면 개인계정에 가입할 수 있다. 이후 사진, 생년월일, 성별 등을 순서대로 입력하면 가입을 쉽게 완료할 수 있다.

이제, 샤오홍슈 앱의 기본 기능부터 알아보자.

샤오홍슈는 쇼핑몰과 인스타그램 방식의 SNS를 결합시킨 앱으로서 한국은 물론 전 세계 어느 나라에서도 비슷한 앱을 찾을 수 없다. 따라서 처음 샤오홍슈를 접하면 어떻게 사용해야 할지 생소할 수 있는데, 먼저 각 페이지에서 꼭 알아야 하는 기능들을 정리해 보았다.

SKT 3:49
61%
密码登录
로그인 후 나의 페이지 보기
登录后可发布笔记
+82
请输入验证码
重新发送(43s)
登录
社交帐号登录
SKT 6:51
48%
구독할만한 계정
值得关注的用户
关注后可以看到他们发布的精彩内容
下一步
SKT 6:51
47%
샤오홍슈의 친구계정
在小红书上的好友
已为你找到8位好友
下一步
SKT 6:51
47%
사람들에게 당신을 알리세요
让大家更好地认识你
上传头像
名字
微信导入
完成

그림 3-67

그림 3-68

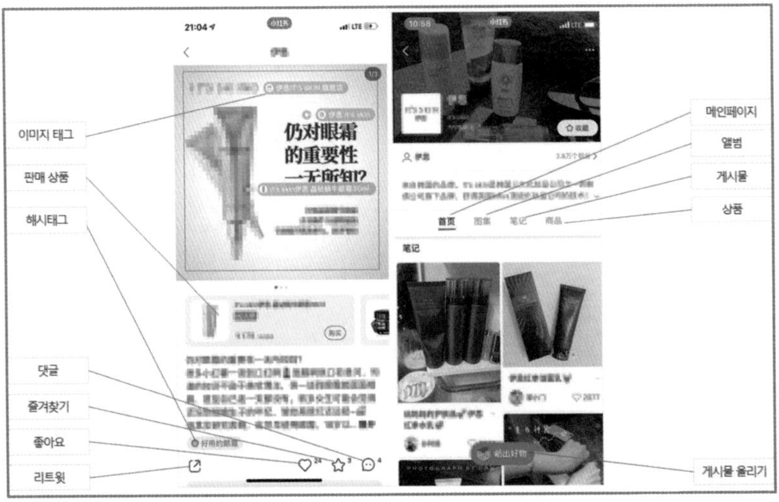

그림 3-69

그러면 샤오홍슈에서 포스팅하는 방법을 알아보자.

샤오홍슈에서 개인계정을 운영하는 방법은 기본적으로 인스타그램과 매우 유사하다. 먼저 샤오홍슈를 실행한 후 [그림 3-70]의 메인화면에

그림 3-70

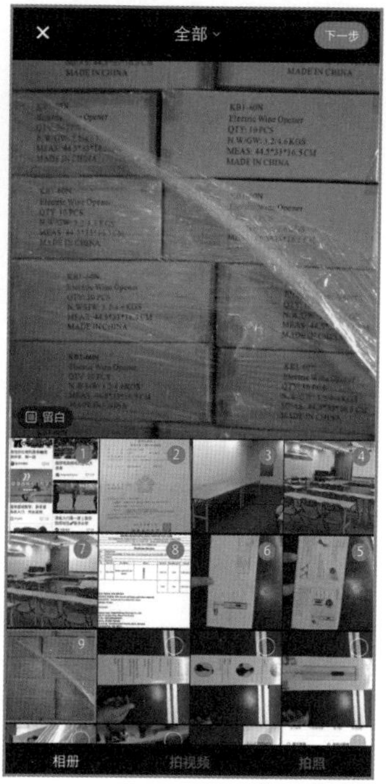

그림 3-71

서 하단 중앙의 '+' 버튼을 누르면 [그림 3-71]과 같이 사진을 선택할 수 있는데, 총 9장까지 선택 가능하다. 사진을 선택하면 [그림 3-72]와 같이 본문을 작성할 수 있는데, '添加正文'을 누르고 글을 적으면 된다. 본문을 적을 때 알고 있어야 할 기능이 있는데, [그림 3-73]의 '标签(이미지 태그)', '好友(친구)', '表情(표정)'이다. 이 중 '好友(친구)'는 친구계정을 태그하는 것, '表情(표정)'은 샤오홍슈의 이모지를 넣는 것이라 비교적 간단하고, '标签(이미지 태그)'는 [그림 3-69]와 같이 이미지 위에 달아놓은 태그로서 상품 페이지, 브랜드계정 등을 연결하는 역할을 하는데, 다음과 같이 상세 내용을 알아보자.

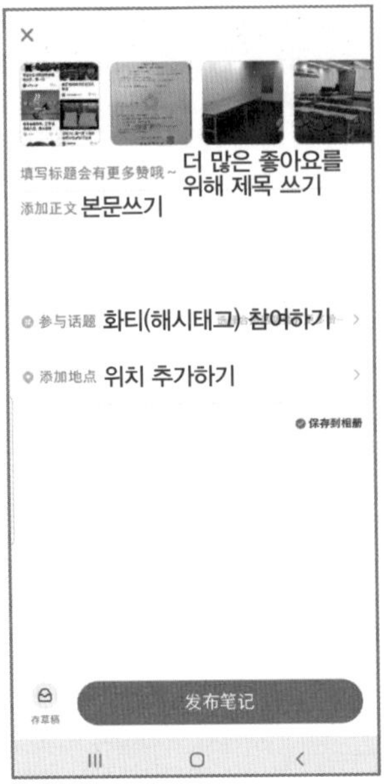

그림 3-72

그림 3-73

그림 3-74

그림 3-75

그림 3-76

标签(이미지 태그)를 누르면 [그림 3-74]와 같이 상단에 '地点(지역)', '品牌(브랜드)', '商品(상품)', '影视(동영상)'을 선택할 수 있으며, 각각에 대한 설명은 다음과 같다.

- 地点(지역): 내가 있는 곳을 태그할 수 있는 기능이다.
- 品牌(브랜드): 원하는 브랜드를 선택하여 태그할 수 있으며, 브랜드 키워드를 검색하면 샤오홍슈에 등록된 브랜드가 검색된다.
- 商品(상품): 샤오홍슈 쇼핑몰에 입점되어 있는 제품을 검색하여 태그할 수 있으며, 상품 키워드를 검색하여 선택하면 [그림 3-75]와 같이 본문에 상품이 등록되면서 즉시 구매가 가능하게 된다.
- 影视(동영상): 키워드를 검색하면 영화, 드라마 등 동영상을 태그할 수 있다.

이와 같이 네 가지를 활용하여 이미지 태그 완료 후, 마지막으로 [그림 3-73]에 있는 '参与话题(화제 참여)'를 작성하면 되는데, 인스타그램의 해시태그와 같이 '#' 표시가 앞에 붙어 있는 것을 볼 수 있다. 기본적으로 [그림 3-76]과 같이 추천키워드를 볼 수 있어 그 중 선택이 가능하며, 내가 원하는 키워드가 있을 경우 새롭게 기재할 수 있다.

이제 샤오홍슈에 가입하고 개인계정에 포스팅하는 방법을 알았다면, 중국판 인스타그램을 한다고 생각하고 천천히 둘러보며 분위기를 익혀보자. 샤오홍슈 마케팅을 본격적으로 하기 전에 직접 이 채널을 사용해 보고, 사용자들에 대한 이해도를 높여야 샤오홍슈를 100% 활용할 수 있다.

개인계정을 사용하는 방법에 대해 이해하였다면, 브랜드계정을 활용해서 본격적으로 마케팅을 진행하는 방법을 알아보자.

브랜드계정 개설

■ 브랜드계정을 개설해야 하는 이유

샤오홍슈는 자체 시스템 로직상 개인계정에서 홍보성이 너무 강한 광고성 콘텐츠는 검색 차단되거나 심지어 삭제되는 경우가 많다. 인스타그램의 경우, 간혹 게시물의 해시태그가 검색 노출되지 않는 이른바 '쉐도우밴(Shadowban)' 현상이 있는데, 샤오홍슈의 경우는 제재하는 정도가 좀 더 심해 게시물이 삭제되는 경우까지 있다. 이렇듯 광고성 콘텐츠의 관리가 엄격하기 때문에 홍보성 포스팅을 하려면 브랜드계정을 개설하고 진행하는 것이 안전하다.

샤오홍슈 마케팅을 할 때 대부분 인플루언서(왕홍)를 섭외하여 리뷰마케팅을 하는 경우가 많은데, 이런 리뷰마케팅을 진행할 때는 일반적으로 [그림 3-77]과 같이 콘텐츠 하단에 '与 @LEADERS 品牌合作' (@리더스 브랜드와 함께)라고 계정을 태그한다. 하지만 브랜드계정 자체가 없으면

그림 3-77

그림 3-78

'@' 계정 태그를 하는 것 자체가 불가능하기 때문에 효율이 떨어질 수밖에 없다. 우리나라에서 블로그나 인스타그램을 통해 수십, 수백 건씩 대량으로 체험단을 진행하는 것처럼 쉽게 생각하면 안 되는 것이 샤오홍슈 마케팅이다.

브랜드 태그는 인스타그램에서의 '계정 태그하기' 기능과 유사한데, [그림 3-78]과 같이 이미지 위에 브랜드 태그를 달고 배포하면, 사용자들은 태그를 클릭하여 브랜드 페이지로 넘어갈 수 있다.

브랜드 페이지에서는 이 태그를 사용한 모든 콘텐츠를 볼 수 있고, 상단 브랜드명을 클릭하면 브랜드계정으로 넘어갈 수 있다. 브랜드계정이 있으면, 단순히 브랜드 관련 해시태그의 포스팅을 할 수 있는 것뿐만 아니라, 브랜드 태그를 통해 사용자들이 나의 브랜드계정으로 직접 들어올 수 있어 마케팅 효과가 큰 편이다.

또한 젊은 층의 소비자들이 가장 많이 사용하는 플랫폼 중 하나인 샤오홍슈에 브랜드계정이 있다는 사실 자체만으로도, 인지도와 신뢰도가 쌓여 매우 높은 마케팅 효과를 가질 수 있다. 그러면 브랜드계정을 만드는 방법에 대해 알아보자.

■ 브랜드계정 개설 절차 및 필수서류

브랜드계정 신청은 샤오홍슈 브랜드 인증센터(https://www.xiaohongshu.com/brand)에서 할 수 있고, 중국 법인과 해외 법인 모두 신청 가능하다. 가장 중요한 서류는 다음 세 가지이다.

1) 사업자등록증(해외 법인은 중문 또는 영문 번역본도 같이 제출)
2) 중국 상표등록증
3) 신청서(소정양식)

여기서 가장 중요한 것은 상표등록증인데, 중국 상표등록증은 한국에서도 쉽게 대행사를 통해 만들 수 있다. 브랜드를 보유하고 있다면 한국에서 당연히 상표등록을 했을 것인데, 마찬가지로 중국에도 추가로 상표등록을 한다고 생각하면 된다. 단, 만약 상표등록증을 제출한 사업자등록증이 법인 명의로 되어 있지 않으면 별도로 수권서(판매권리서)를 제출

그림 3-79

해야 한다. 브랜드계정 신청에 관련해서 더 상세한 Q&A는 "https://ares.xiaohongshu.com/faq"에서 확인할 수 있다. 서류를 모두 준비하였다면, 신청절차에 대해 알아보도록 하자.

브랜드계정을 개설하려면 개인계정으로 우선 가입한 후 브랜드계정으로 업그레이드하면 된다. [그림 3-79]처럼 우선 개인계정으로 샤오홍슈 브랜드 관리센터 "https://ares.xiaohongshu.com"에 등록한 다음, 화면의 안내 순서대로 기업 정보, 상표등록증, 관리자 정보를 업로드하면 된다. 서류상 문제가 없다면 통상적으로 1주일 정도면 계정 개설이 완료된다.

샤오홍슈 최적화 노출방법(SEO)

샤오홍슈에 어떻게 하면 많은 콘텐츠를 노출할 수 있을까?

사람들이 샤오홍슈 앱에서 어떤 브랜드나 제품에 대한 리뷰 콘텐츠를 보고 싶을 때 가장 많이 사용하는 기능은 바로 '검색'이다. 키워드를 검색했을 때 어떤 게시물은 상위 노출이 잘 되어 있고, 어떤 게시물은 아무리 찾아도 노출이 안 되는 경우가 있는데, 이는 샤오홍슈도 자기만의 검색 알고리즘을 가지고 있다는 것을 증명한다. 페이스북, 인스타그램 등 모든

SNS는 검색 노출에 대한 각자의 로직을 가지고 있다. 샤오홍슈에서 상위 노출을 하기 위한 몇 가지 방법을 알아보자.

■ 공략 키워드 선택

먼저 샤오홍슈에서 어떤 검색 키워드를 공략할지 선택해야 한다. 먼저, 홍보하고 싶은 나의 상품과 관련된 키워드를 검색해 보는 것이 좋다. 키워드를 선택할 때는 반드시 [그림 3-80]과 같이 해당 키워드의 게시물의 총 수량을 확인해 보아야 한다. 예를 들어 '沐浴露(바디워시)'와 같은 메인 키워드의 경우는 게시물 수가 10만 개가 넘기 때문에 경쟁이 매우 심해서 상위 노출이 어려울 뿐만 아니라, 상위 노출이 된다 해도 쉽게 다른 게시물에 밀려서 내 게시물의 장기적인 노출이 어렵다. 따라서 초기에는 상대

그림 3-80

적으로 경쟁률이 낮은 세부 키워드를 공략해야 한다.

예를 들어, '美白沐浴露(미백바디워시)' 같은 세부키워드는 게시물 수가 2만여 개여서 상위 노출이 좀 더 수월할 수 있다. 이와 같이 나의 상품과 관련된 메인 키워드 및 그에 따라 파생되는 세부 키워드를 모두 검색해 보고, 나의 마케팅 예산 및 포스팅 빈도수에 따라 어떤 키워드를 공략할지 정리한다. '키워드 분석'은 SNS 마케팅에서 가장 중요한 부분이라고 할 수 있다. 샤오홍슈의 마케팅적인 개념은 인스타그램의 해시태그 운영방식과 유사하기 때문에 중국어 가능자의 도움을 얻는다면 어렵지 않게 키워드를 검색하여 게시물 숫자를 분석하고 스스로 정리할 수 있을 것이다.

■ 게시물 내 공략 키워드 삽입

공략할 키워드를 정리하였다면, 어떤 식으로 게시물에 삽입하는지에 대해 알아보자. [그림 3-81]에서 볼 수 있듯이 샤오홍슈 게시물은 게시물 편집 시 20자 내로 제목을 작성할 수 있어, 반드시 제목에 노출시키고 싶은 중요 키워드를 삽입해야 한다. 앞서 말한 메인, 세부 키워드를 잘 정리해서 적되, 경우에 따라서는 두 번 반복하면 더 효과적인 경우도 있다.

그림 3-81

■ **왕홍 계정 활용방법**

샤오홍슈도 다른 SNS와 마찬가지로 왕홍(유명인)의 계정을 활용할 수 있다. 왕홍 계정은 일반인 계정보다 팔로워 수도 많고 한 영역에서 꾸준하게 콘텐츠를 배포하고 있기 때문에 똑같은 콘텐츠를 발행하더라도 상위 노출 확률이 높다. 또한 샤오홍슈에 나의 키워드를 검색했을 때 상단에 왕홍 계정들의 후기성 포스팅이 있다면 마케팅에 많은 도움이 된다. 마치 한국에서 블로그 체험단을 하는 느낌으로 샤오홍슈 후기 마케팅을 하는 셈이다. 그리고 왕홍 마케팅을 할 때는 처음부터 몇 십만 명 이상의 팔로워를 자랑하는 대형 왕홍 계정보다는 수천~수만 명의 팔로워를 가지고 있는 소규모 왕홍 여러 명을 활용해 최대한 많은 게시물을 노출하는 것도 좋은 전략이다.

대형 계정의 광고단가가 워낙 고가이기도 하지만, 소규모 왕홍 계정들 중에는 팬 관리를 잘해서 '좋아요'나 댓글 등 반응률이 높은 경우가 많으므로 오히려 더 많은 노출 효과를 기대할 수도 있기 때문이다. 예산에 맞춰 최대한의 노출을 할 수 있도록 왕홍 계정을 선별하고 나면, 후기성 포스팅을 남기고 브랜드계정 태그를 요청하는 것이 가장 많이 쓰이는 방법이다. 단, 브랜드계정이 없는 경우에는 일반 게시물로 포스팅할 수밖에 없으니 브랜드계정은 꼭 만들어 놓을 수 있도록 하자.

왕홍 섭외는 키워드 검색을 통해 직접 계정을 찾아 메시지를 보내거나 왕홍 사이트 등을 이용하는 방법 등이 있는데, 이 부분에 대한 자세한 내용은 뒤에서 다시 다루도록 하겠다.

■ **샤오홍슈 사용 시 주의사항**

샤오홍슈는 바로 구매가 가능한 커머스형 SNS이기 때문에 일반적인 SNS보다 콘텐츠 운영 정책이 엄격하다. 샤오홍슈 운영 시 반드시 주의해야 하는 것은 게시물 본문 텍스트와 이미지 내에 위챗 아이디나 휴대폰 번호 등 연락처를 남기거나 금지어를 사용하면 안 된다는 것이다. 금지어를 사용했을 경우 검색 노출이 안 되거나 심지어 콘텐츠가 즉시 삭제되는 불이익을 당할 수도 있다. 특히 다른 SNS에서는 찾아볼 수 없는 금지어 리스트까지 있으며, 이 부분은 평소 익숙하지 않은 분야인 만큼 반드시 확인 후 콘텐츠를 작성하는 것이 필요하다.

이해를 돕기 위해 화장품과 관련된 금지어를 중국어 원문으로 열거해 놓았다. 금지어 리스트는 업종별로 확인할 수 있으며, 다음 링크 http://www.ebrun.com/20180911/296882.shtml에서 전문을 알 수 있으니 확인하도록 하자.

※ 化妆品(화장품) 분야 금지어 리스트

1. 特效, 全效, 强效, 奇效, 速效, 神效, 超强, 全面, 全方位, 最, 第一, 特级, 顶级, 冠级, 极致, 超凡, 换肤, 去除皱纹等绝对化或者夸大用语
2. 处方, 药方, 药用, 药物, 中药, 医疗, 医治, 治疗, 妊娠纹, 各类皮肤病名称, 各种疾病名称等医疗术语
3. 抗菌, 抑菌, 除菌, 灭菌, 防菌, 消炎, 抗炎, 活血, 解毒, 抗敏, 防敏, 脱敏, 斑立净, 无斑, 祛疤, 生发, 毛发再生, 止脱, 减肥, 溶脂, 吸脂, 瘦身, 瘦脸, 瘦腿等明示或暗示医疗作用和效果的用语
4. 纯天然产品等含有虚假性词意的用语
5. 解码, 数码, 智能, 红外线等与产品特性没有关联, 消费者不易理解的用语

샤오홍슈 광고(피드 광고)

샤오홍슈 앱이 2014년 8월에 출시한 것에 비해, 앱 내의 피드 광고 상품은 4년 뒤인 2018년 10월이 되어서야 론칭되었다. 광고의 방식은 페이스북, 인스타그램과 유사한 피드 내 콘텐츠들 사이에 노출되는 피드 광고이며, 광고를 진행하려면 브랜드계정 개설 완료 후 小红书品牌号平台(샤오홍슈 브랜드계정 관리시스템 https://ares.xiaohongshu.com)를 통하면 된다.

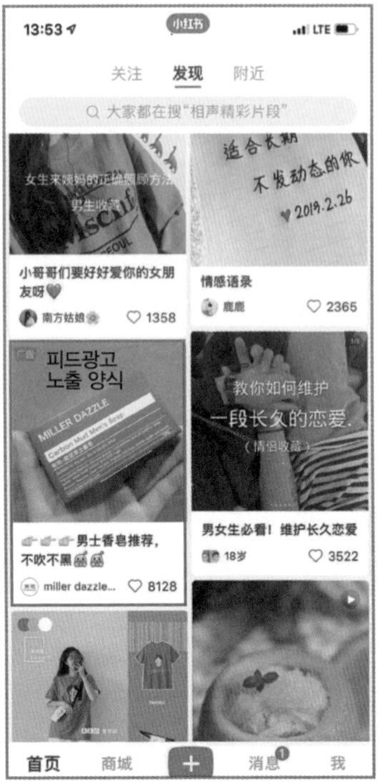

그림 3-82

피드 광고의 노출 위치는 앱 내 첫 페이지의 위에서 아래로 6/16/26/36/46번째, 총 5개의 자리가 있으며, 랜딩페이지는 일반 콘텐츠와 H5페이지 두 가지로 설정 가능하다. 광고정산방식은 CPC(클릭당 과금)/CPM(1000회 노출당 과금) 두 가지가 있는데, 필자가 그동안 샤오홍슈 광고를 집행한 경험에 따르면 CPC 평균단가는 대략 1~2위안이고, CPM 평균단가는 10~20위안이다. 샤오홍슈 광고에 대한 자세한 내용은 다음 링크 http://t.cn/EXZ0wMb에서 확인할 수 있다.

더우인(抖音)

2016년 9월에 출시된 더우인은 중국의 대표적인 쇼트클립(짧은 동영상) 플랫폼으로서, 90허우(특히 1995~1999년에 태어난 '95허우後')를 비롯한 중국 신세대 사이에서 선풍적인 인기를 끌면서 위챗, 타오바오와 함께 3대 필수 앱으로 자리를 잡고 있다.

2019년 1월 더우인 중국버전의 일 사용자 수는 2.5억 명을 돌파하였고, 월 사용자 수는 5억 명에 달한다. 특히 더우인은 전 세계적으로도 빠른 성장세를 보이고 있는데, 더우인의 해외버전인 'TikTok'은 150개 국가에 진출하였고, 일본과 태국 내 앱스토어에서 1위를 차지하였으며, 전 세계 앱을 통틀어서 앱스토어 다운로드 수가 가장 많은 앱 중에 하나로 자리 잡았다.

더우인이 성공할 수 있었던 비결은 무엇일까? 중독성이 강한 콘텐츠와 거액의 홍보비용 등 여러 가지 요인을 거론할 수 있겠지만, 가장 큰 성공 비결은 더우인의 모회사인 Bytedance의 기술력일 것이다. 세계적으로 앞

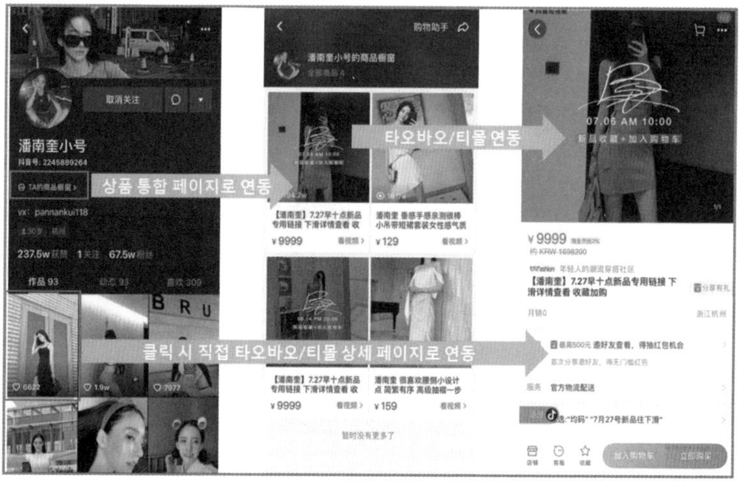

그림 3-83

서 있는 이미지 인식 및 인공지능 기술을 통해 동영상이 목표(타겟) 고객들에게 정확하게 추천되도록 시스템을 구현한 것이다. 이는 사용자가 자주 보는 동영상을 분석하여 추천 동영상으로 보여주는 기술을 통해 앱 사용 시간을 비약적으로 늘린 전 세계 동영상 플랫폼의 선두, 유튜브와 유사한 맥락이다.

또한 더우인은 짧은 동영상만을 보는 단순한 SNS가 아니다. 웨이보처럼 알리바바그룹의 투자를 받은 SNS 플랫폼으로서 [그림 3-83]과 같이 자신의 계정을 직접 타오바오, 티몰 쇼핑몰과 연동할 수 있을 뿐 아니라, 동영상에도 직접 구매링크를 노출시킬 수 있어 브랜드 제품 홍보부터 온라인 매출이 곧바로 이어질 수 있는 것이다.

앞서 다루었던 샤오홍슈와 마찬가지로 더우인은 SNS와 커머스 기능을 잘 융합한 SNS 채널이며, 샤오홍슈가 쇼핑몰+인스타그램의 느낌이라면 더우인은 쇼핑몰+유튜브의 느낌이라고 할 수 있다. 이렇듯 중국은 판매 플랫폼과 접목된 하이브리드형 SNS를 만드는 능력이 대단한데, 최근 마케팅 영역에서 동영상의 비중이 점점 높아지고 있다는 점에서 더우인의 잠재적인 발전능력이 기대된다.

그러면 더우인의 계정을 개설하는 방법 및 쇼핑몰에 연동하는 방법, 그리고 그 밖의 광고 상품 등에 대해 알아보자.

더우인(抖音)과 틱톡(TikTok)은 다른 앱이다?

본격적으로 더우인을 시작하기 전 반드시 짚고 가야 할 것이 있다. 더우인은 중국 내에서만 운영되고, 해외에서는 이것이 틱톡(TikTok)이라는 이름으로 운영되고 있다는 것이다. 따라서 한국의 구글플레이나 앱스토어에서 검색하면 틱톡밖에 검색되지 않는데, 우리는 중국 현지에 노출시키는 것이 목적인 만큼 중국 내에서 사용되는 더우인을 활용할 줄 알아야 한다. 더우인 역시 앞서 언급한 '应用宝'에서 다운로드받으면 된다.

그림 3-84

그림 3-85

[그림 3-84]는 구글플레이에서 틱톡을 검색한 결과이며, [그림 3-85]는 应用宝에서 더우인의 영문 douyin을 검색한 결과이다. 로고 모양은 같으나 별개의 앱이라는 것을 기억하자.

개인계정 가입

더우인 앱을 다운로드받았다면, 개인계정에 가입해 보자. [그림 3-86]과 같이 가입화면이 나오면, 샤오홍슈와 같은 방식으로 한국 국가 번호 82번을 선택하고 인증번호를 받아 가입한다.

가입을 완료하였다면, 더우인의 구조와 포스팅하는 방법에 대해 알아보자.

그림 3-86

더우인 역시 샤오홍슈와 구조가 비슷하며, [그림 3-87]과 같이 하단의 '首页(홈)', '消息(소식)', '我(나)'의 개념 및 중앙의 '글 올리기' '+' 버튼은 기능이 모두 동일하다. 하단의 좌측 두 번째의 '关注(구독)' 버튼을 누르면 내가 구독한 계정의 글을 볼 수 있다.

더우인을 활용하기 위해 먼저 나의 프로필 화면부터 살펴보자. [그림 3-88]은 '我(나)'를 클릭하면 나오는 나의 프로필 화면이다. '编辑资料(편집자료)'를 눌러 계정 설정을 할 수 있으며, 중간의 '获赞'은 획득한 좋아요 수, '关注'는 내가 구독하는 계정의 수, '粉丝'는 나를 구독하는 계정의 수이다. 그리고 '添加随拍(동영상 추가)' 버튼을 눌러 동영상을 추가할 수 있다.

[그림 3-88]은 '首页(홈)' 피드 화면인데, 다른 SNS처럼 한 화면에 여러

그림 3-87

그림 3-88

개의 게시물이 동시에 보이지 않고, 한 화면에 하나의 게시물이 가득 차 보이는 방식이며, 화면을 아래로 내리면 다음 게시물로 넘어갈 수 있다. 게시물상의 우측 화면에 보이는 기능들을 살펴보면, 먼저 화면의 ①번을 누르면 해당 게시물의 계정으로 이동하여 계정의 프로필 및 다른 게시물을 볼 수 있다. 그리고 ②번은 보이는 것처럼 '좋아요', ③번은 댓글, ④번은 공유이다.

앱 사용 시 특별히 어려운 것은 없으며, 앱을 실행해 다른 사람의 짧은 동영상들을 구경한다고 생각하면 된다. 아래로 스크롤을 내리면 계속 다른 계정의 동영상을 볼 수 있는데, 내리다 보면 [그림 3-89]와 같은 광고도 볼 수 있다. 광고는 본문 마지막 부분에 '广告(광고)'라고 적혀 있으니 참고하도록 하자.

그림 3-89

더우인에 포스팅하려면 [그림 3-87]에서 보이는 하단의 '+' 버튼을 누른 후, [그림 3-90]의 하단의 보기인 '拍照(사진찍기)', '拍60秒(60초 동영상)', '拍15秒(15초 동영상)', '开直播(생방송)' 중 선택하여 동영상이나 사진을 올리면 된다. 게시물을 업로드한 후 [그림 3-91]의 화면에서 본문을 적고 샤오홍슈 등 타 SNS와 마찬가지로 话题(화티, 해시태그)와 위치추가 등을 하면 포스팅이 완료된다.

더우인의 개인계정 사용방법에 대해 알아보았는데, 더우인 또한 앞서 소개한 샤오홍슈와 같이 구경한다는 느낌으로 이용해 보자. 더우인은 중국에서 선풍적인 인기를 끌고 있는 SNS 플랫폼이며, 더우인과 연동된 타오바오를 통한 매출규모도 지속적으로 커지고 있다. 그리고 더우인에서

그림 3-90

그림 3-91

는 기업 브랜드계정을 통한 공식적인 마케팅보다 인플루언서(왕홍)의 개인계정을 활용하는 마케팅이 더 활발하게 진행되는 편이다. 브랜드명이나 상품명을 앞세워서 상품 홍보만 하기보다는 재미있는 영상이나 일상을 함께 포스팅하면서 자연스럽게 홍보하는 것을 추천한다.

기업계정 가입

이제, 더우인의 기업계정에 대해 알아보자.

그림 3-92

더우인의 기업계정은 [그림 3-92]와 같이 파란색 'V' 마크 인증이 표시되어 있고, 하단에는 기업 홈페이지와 전화번호도 등록할 수 있다. 그리고 가장 하단에 'TA的商品橱窗(상품진열창)'을 클릭하면 쇼핑몰(타오바오 등)과 바로 연동할 수 있어 기업의 대표 SNS 플랫폼으로 손색이 없도록 잘 구성되어 있다.

■ **기업계정 신청**

중국 법인을 가지고 있으면 더우인 기업계정을 자체적으로 신청할 수 있다. 기업계정을 신청하려면 먼저 개인계정을 만든 후 이 계정을 기업계정 인증센터(https://renzheng.douyin.com)에 등록한 뒤 서류를 업로드하면 된다.

계정 등록을 위해 해당 사이트에 접속하면 우선 [그림 3-93]에 보이는 것처럼 기업계정 닉네임을 입력한다. 닉네임은 원칙적으로 회사상호 또

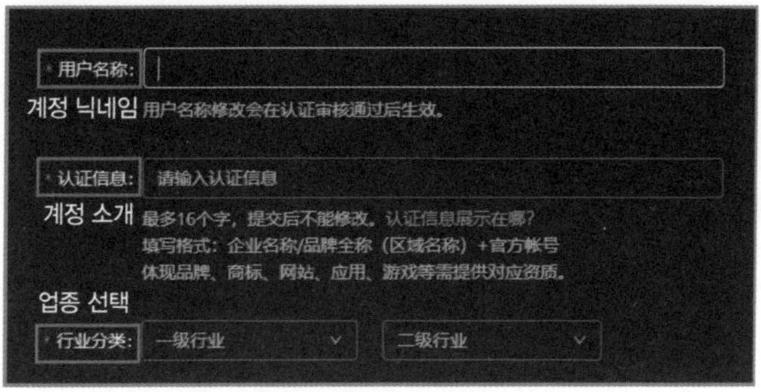

그림 3-93

는 중국에서 상표등록을 한 브랜드 이름으로 정해야 하며, 연관성이 없는 닉네임은 심사 시 거절당할 수도 있으니 참고하도록 하자.

하단의 계정 소개내용은 최대 16개 글자이고, 회사 상호 또는 브랜드 이름 + 공식계정으로 작성해야 한다. 또한 소개글에 홈페이지 등 정보를 노출시키려면 ICP 비안 등 증빙자료를 제출해야 하며, 한번 제출한 소개 내용은 수정이 불가능하기 때문에 신중히 작성해야 한다.

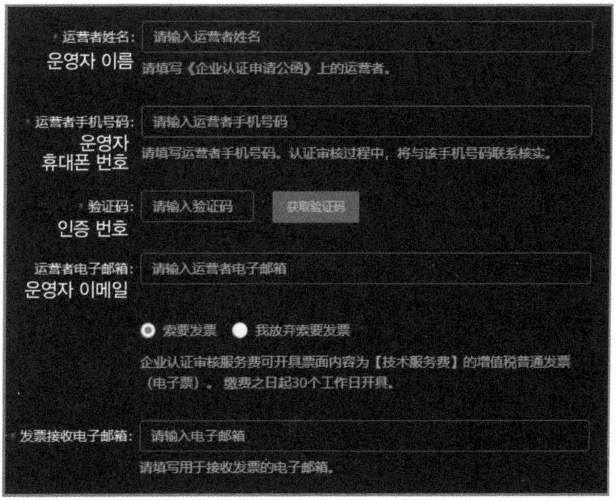

그림 3-94

기본 내용을 작성한 후, 중국 사업자등록증 스캔본 및 추가 서류를 업로드한다.

마지막으로 운영자 이름과 휴대폰 및 이메일 주소를 입력해야 한다.

여기서 운영자는 반드시 중국 신분증을 가지고 있는 중국인이어야 하는데, 이 부분 때문에 더우인 기업계정은 진입장벽이 매우 높다고 할 수 있다.

이 모든 과정을 완료한 후, 600위안/년(약 10만 원)의 인증비용을 지불하면 신청이 완료된다. 한 가지 추가로 주의해야 할 것은, 인증에 소요되는 통상 1주일 내에 등록된 운영자의 휴대폰으로 확인 전화가 올 수 있으니 놓치지 않도록 해야 한다.

이와 같이 더우인의 기업계정을 개설하면, 홈페이지와 타오바오를 연동하여 활용하는 것이 필수이다. 기업계정을 개설한 후 어떻게 운영할 수 있는지 알아보자.

■ **홈페이지 및 전화번호 연동**

기업계정을 만들었다면, 가장 먼저 홈페이지 및 전화번호를 등록해야 한다. 먼저 더우인 기업계정 관리시스템(https://e.douyin.com)에 접속한 다음 [그림 3-95]와 같이 좌측에서 메인 페이지 설정을 클릭한 뒤 우측에서 홈페이지 주소를 넣으면 된다. 홈페이지 주소를 넣을 때는 반드시 http://로 시작해야 하며, 아래에 연락처를 함께 입력하면 된다.

개인/기업계정에 쇼핑몰(타오바오) 연동하기

더우인 계정의 가장 큰 운영 목적은 쇼핑몰 연동을 통한 판매라고 해도 과언이 아닐 것이다. 쇼핑몰 연동은 개인/기업계정 모두 가능한데, 개인계정의 경우에도 중국인 명의가 필수이다. 그러면 쇼핑몰 연동을 위한 상세 작업 절차를 알아보자.

그림 3-95

■ 쇼핑몰 연동 사전 준비

더우인 계정을 쇼핑몰과 연동하기 위해서는 [그림 3-96]과 같이 세 가지 신청 조건이 있다.

1) 팔로워 ≥ 0명
2) 동영상 콘텐츠 수 ≥ 10개
3) 실명인증

첫 두 가지 조건은 계정을 만들고 동영상 10개만 올리면 쉽게 만족할 수 있으며, 실명인증은 계정에서 '我(나)'로 들어가서 '实名认证(실명인증)'

그림 3-96

을 선택하면 인증할 수 있다. 앞서 언급한 것처럼 실명인증은 아직 중국 신분증을 소지하고 있는 중국인만 가능하고 외국인은 불가능한데, 하루 빨리 외국인 인증도 가능해졌으면 하는 바람이다.

■ **쇼핑몰 연동하기**

쇼핑몰 연동을 위해 동영상 10개와 실명인증을 통과했다면, 본격적으로 쇼핑몰 연동 작업을 진행할 수 있다. 쇼핑몰 연동 부분은 더우인 활용에서 가장 중요한 부분이다.

먼저 나의 계정으로 들어가서, [그림 3-97]의 ①~⑤를 순차적으로 클릭하여 쇼핑몰 연동 기능 신청 페이지로 넘어간다.

[그림 3-98]과 같이 신청 페이지에서 우선 중국 핸드폰 번호와 위챗 아이디를 입력한 뒤 '所卖商品类目(판매제품품목)'을 클릭한다. [그림 3-99]와 같이 적당한 품목을 선택한 다음 이전 페이지로 돌아가서 마지막 항목에 운영하고 있는 타오바오 또는 티몰 쇼핑몰 링크를 붙여 넣고 신청 버튼을 클릭하면 된다.

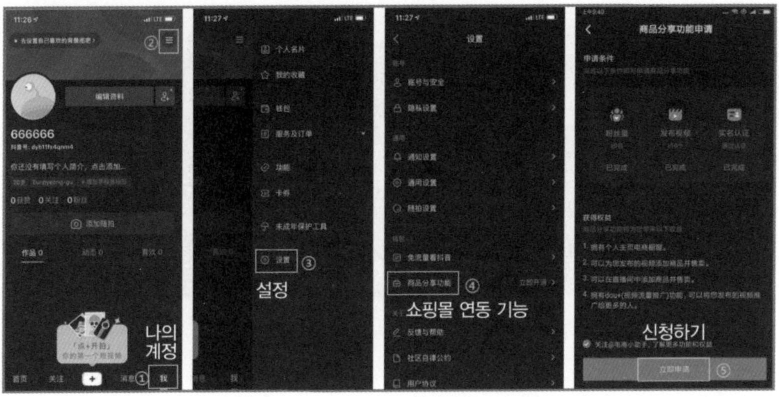

그림 3-97

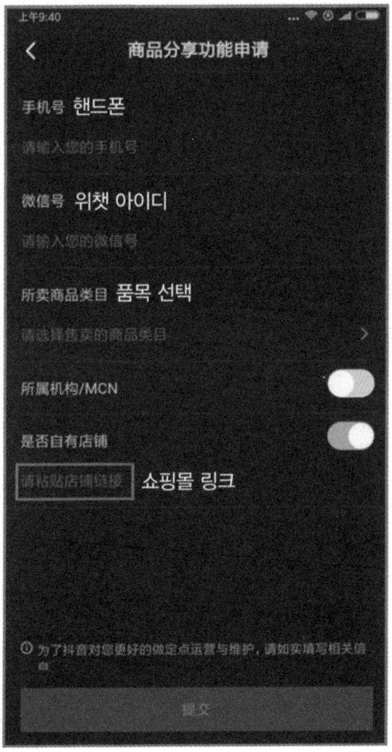

그림 3-98

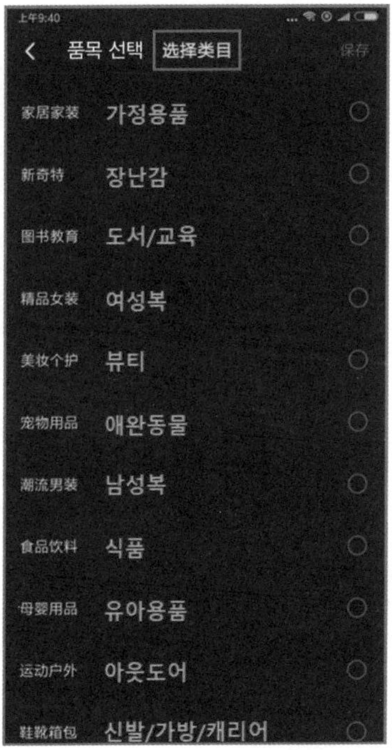

그림 3-99

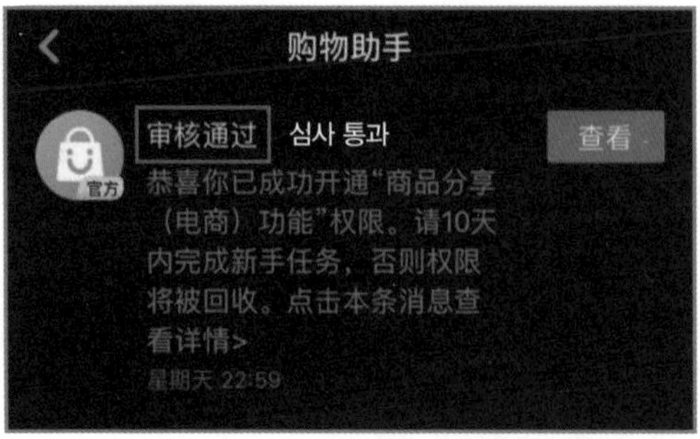

그림 3-100

쇼핑몰 연동 기능을 신청하는 계정들이 많아 심사 기간은 보통 일주일 정도 소요되며, 통과되면 [그림 3-100]과 같은 확인 메시지를 받을 수 있다.

▪ 상품 업로드하기

쇼핑몰 연동 기능을 개설한 이후에는 더우인 규정상 10일 이내로 상품을 10개 이상 올리지 않으면 자격이 박탈된다. 이 점을 명심하고 꼭 기간 내에 상품을 업로드하도록 한다.

그림 3-101

그림 3-102

쇼핑몰 기능을 연동하면 [그림 3-101]과 같이 나의 계정에서 더우인 아이디 아래 '我的商品橱窗(나의 상품 진열창)'이라는 노란색 버튼이 생기는데, 이를 클릭하면 쇼핑몰 관리 페이지를 볼 수 있다. 관리 페이지로 들어가 순차적으로 ②~④를 클릭하여 상품 업로드 페이지로 넘어가자.

상품 업로드 페이지로 들어가면 [그림 3-102]와 같이 '淘宝商品(타오바오 상품)'을 클릭하여 타오바오 계정과 연동하라는 글을 볼 수 있다. 이때 휴대폰에 반드시 타오바오 앱을 설치한 상태여야 하며, 타오바오 신용도는 하트 3개 이상이어야 한다. 이상의 조건을 만족하고 '前往绑定(연동하기)'을 클릭하면 타오바오 연동이 완료된다.

상품을 업로드하기 전에 꼭 해야 할 중요한 사항은 바로 타오바오커(淘

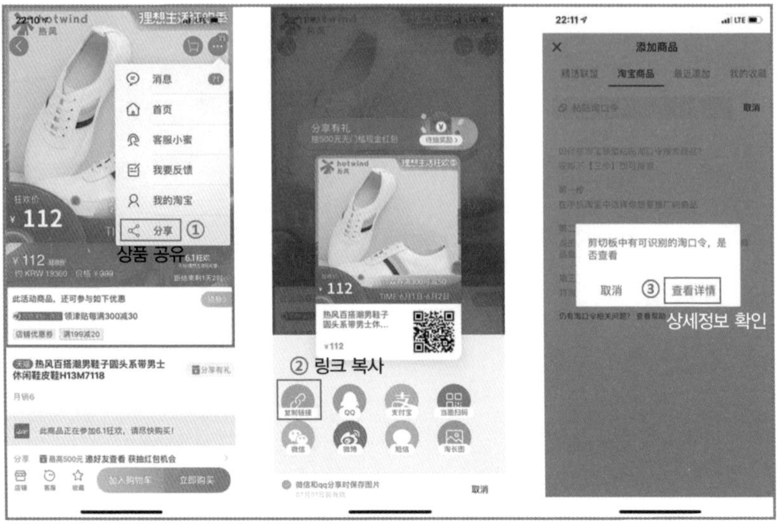

그림 3-103

宝客) 가입이다. 타오바오커에 미가입한 상품은 더우인에 업로드될 수 없기 때문에 이를 반드시 확인하고 진행해야 한다. 타오바오커란 타오바오에서 공식적으로 운영하는 제휴마케팅 플랫폼으로, 타오바오커에 대해서는 Part 6에 자세히 설명되어 있다.

앞의 작업을 마친 후 [그림 3-103]과 같이 타오바오 상품 상세페이지에서 '分享(공유)' → '复制链接(링크 복사)'를 클릭한 다음 다시 더우인 상품 업로드 페이지로 돌아가면 자동으로 링크가 인식되어 '查看详情(상세정보 확인)'을 클릭하면 타오바오 상세페이지로 넘어간다.

그다음 [그림 3-104]와 같이 먼저 타오바오에서 가져온 링크와 동일한 상품인지 확인한 후, '添加(추가)' 버튼을 클릭하면 상품 상세정보를 작성하는 페이지로 넘어간다. 상품 제목은 한자 10자 이내로 작성해야 하며, 상품 태그는 최대 5개까지 가능하니 상품 검색 노출에 유리하도록 작성

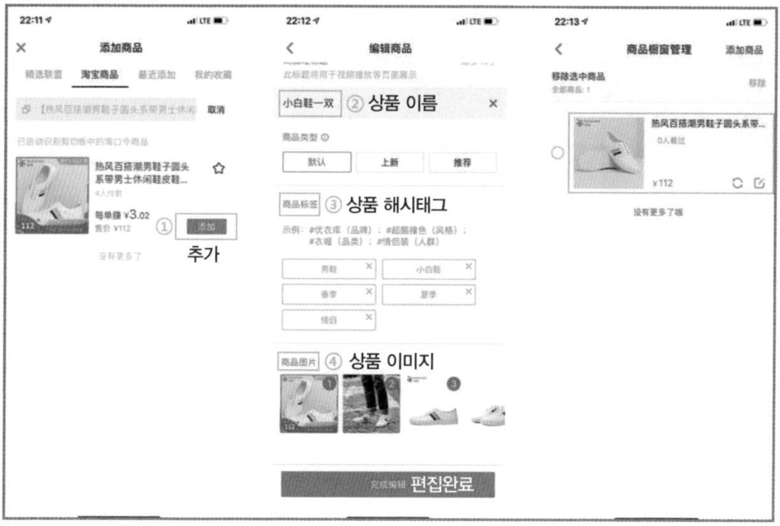

그림 3-104

한다. 상품 이미지는 타오바오 상세페이지에 있는 것을 모두 노출시킬 수도 있으며, 그 중 몇 개를 선택할 수도 있다.

모든 설정 작업을 끝마치면 하단의 빨간색 '完成编辑(편집완료)' 버튼을 클릭하는 것으로 상품 등록작업이 완료된다.

■ **동영상 내 상품 링크 삽입**

이제 등록된 상품을 나의 더우인 영상 콘텐츠 내에 노출시켜서 판매가 될 수 있도록 상품 링크를 삽입해 보자. 동영상 내에 상품 링크를 넣으려면 '视频电商(동영상 전자상거래)'라는 기능을 추가 오픈해야 하며, [그림 3-105]와 같이 나의 계정에서 ①~③을 클릭한 다음 '视频电商' 아래 '立即解锁(즉시 잠금해제)'를 클릭한다. 상품 업로드 기능과 마찬가지로 더우인 규정상 15일 내에 2개 이상의 상품 링크가 담긴 동영상 콘텐츠를 업로드해야 자격이 박탈되지 않으니 주의하도록 하자.

그림 3-105

그리고 '视频电商(동영상 전자상거래)' 기능을 오픈하고 나면 [그림 3-106]과 같이 '添加商品(상품추가)' 버튼이 새로 생성된 것을 볼 수 있다. 해당

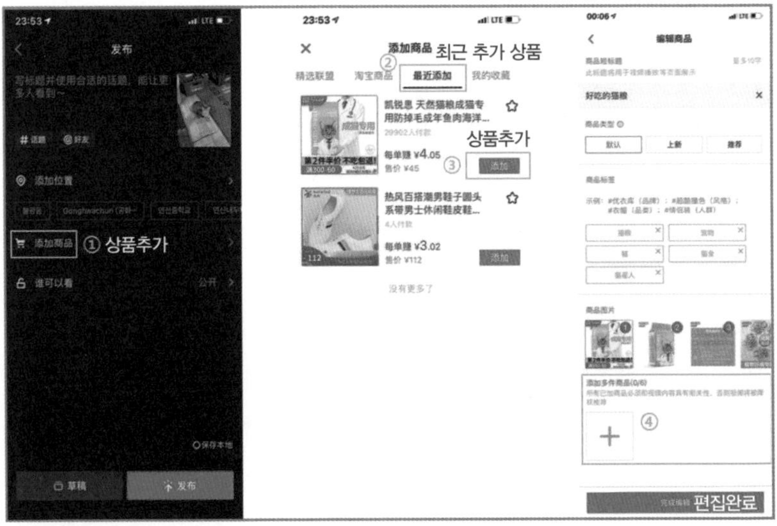

그림 3-106

그림 3-107

버튼을 클릭하면 업로드한 상품을 찾을 수 있고, 선택한 상품의 제목을 콘텐츠 내용과 알맞게 10자 내로 작성하고, 해시태그 추가 후 '完成编辑(편집 완료)'를 클릭하면 상품 링크 추가 작업이 완료된다.

상품 링크를 삽입한 동영상 콘텐츠는 [그림 3-107]처럼 왼쪽 하단에 구매 유도하는 상품 이미지가 뜨고, 이를 클릭하면 더우인 상품 상세페이지로 넘어가며, 하단의 '구매' 버튼을 누르면 타오바오 앱으로 직접 연동된다.

더우인 광고(DOU+)

더우인 운영 초기에는 팔로워가 적어서 동영상 뷰 수나 내 게시물에 대한 참여율이 미미한 경우가 많다. 더우인 광고(DOU+)를 활용하여 타겟들에게 나의 동영상을 노출해 보자. DOU+ 광고기능은 더우인 계정 개설 시 자동으로 오픈되며, 미리 충전할 필요 없이 매번 광고 집행 시 알리

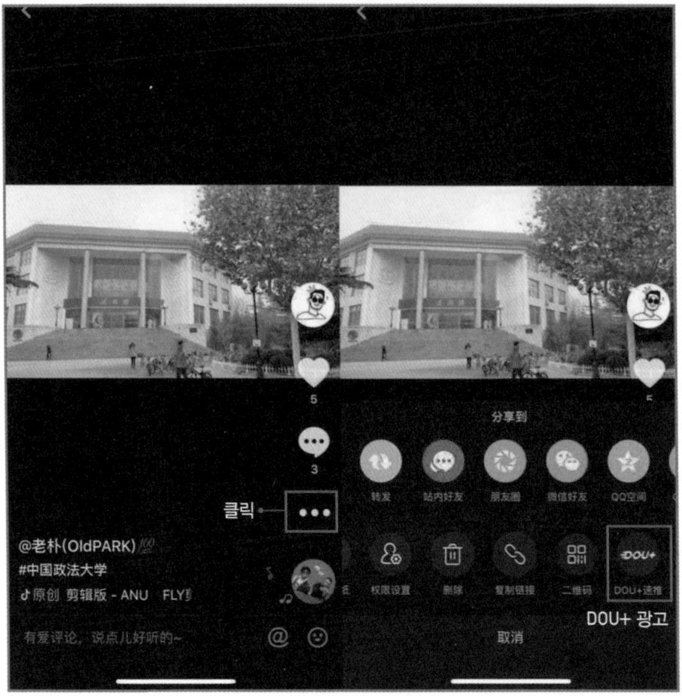

그림 3-108

페이나 위챗페이로 광고 비용을 지불하면 된다.

광고 집행 방식도 비교적 쉬운 편인데, 우선 [그림 3-108]과 같이 광고를 집행하려는 동영상을 클릭한 뒤 우측 하단의 공유버튼을 누르고, 메뉴단 가장 마지막에 있는 "DOU+"를 클릭한다.

그다음 페이지에서는 광고 타겟을 설정할 수 있는데, 먼저 [그림 3-109]와 같이 광고 목표와 집행시간을 설정한다. 광고 목표는 동영상 조회수 늘리기와 팔로워 증가, 이렇게 두 가지가 있으며, 집행시간은 6/12/24시간 중에서 선택할 수 있다.

광고 상세 타겟 설정은 [그림 3-110]과 같이 총 세 가지 방식이 있다.

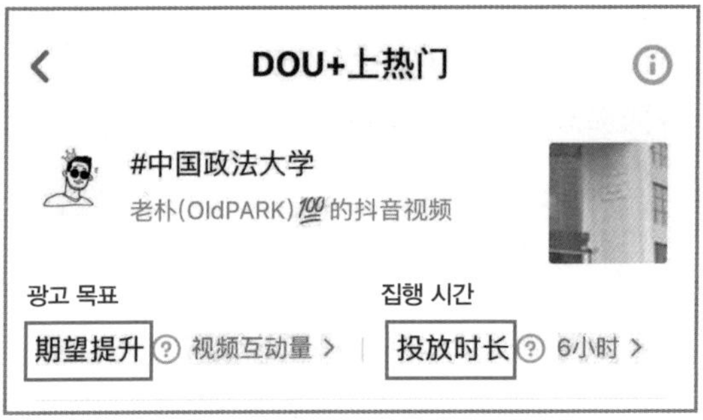

그림 3-109

첫 번째 '系统智能投放(시스템 스마트추천)'은 시스템이 계정의 팔로워와 동영상 내용 등을 분석하여 자동으로 타겟을 설정하는 방식인데, 말 그대로

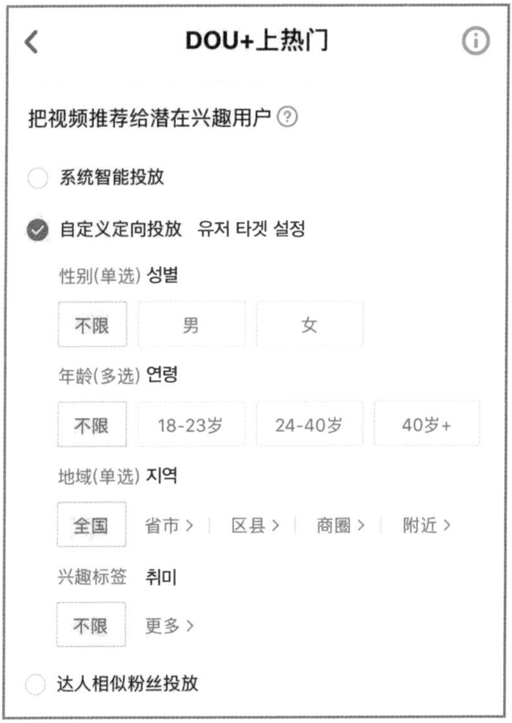

그림 3-110

그림 3-111

자동으로 타겟을 설정해 주므로 타겟설정이 잘못될 우려가 있기 때문에 광고 초기에는 스마트 시스템보다는 직접 타겟을 설정해 보는 것을 추천한다. 두 번째 방식 '自定义定向投放(직접 타겟 선정)'은 [그림 3-110]처럼 성별, 연령대, 지역 및 취미 등 4가지 조건으로 보다 정밀하게 타겟을 설정할 수 있으며, 특히 오프라인 매장을 홍보할 때 지역 타겟을 통해 매장 주변에 있는 사람들에게 광고 하는 방식으로 많이 활용된다.

세 번째 방식은 [그림 3-111]처럼 직접 파워 계정의 팔로워들에게 동영상을 노출시키는 것인데, 앞서 다루었던 웨이보에서의 게시물 광고와 비슷한 개념이다. 이 기능 역시 국내 SNS에는 없는 기능이기 때문에 익숙하지 않을 수 있지만, 직접 파워 계정의 팔로워들에게 노출시킬 수 있는 장점이 있으니 잘 활용하는 것이 좋다. 직접 타겟팅할 계정을 최대 20개까지 선택할 수 있는데, 최소 5개 계정을 선택하는 것이 좋다.

타겟 계정을 설정 완료하였다면 [그림 3-112]처럼 광고 집행금액을 설정할 수 있는데, 최소 100위안부터 최대 50,000위안까지 입력 가능하다.

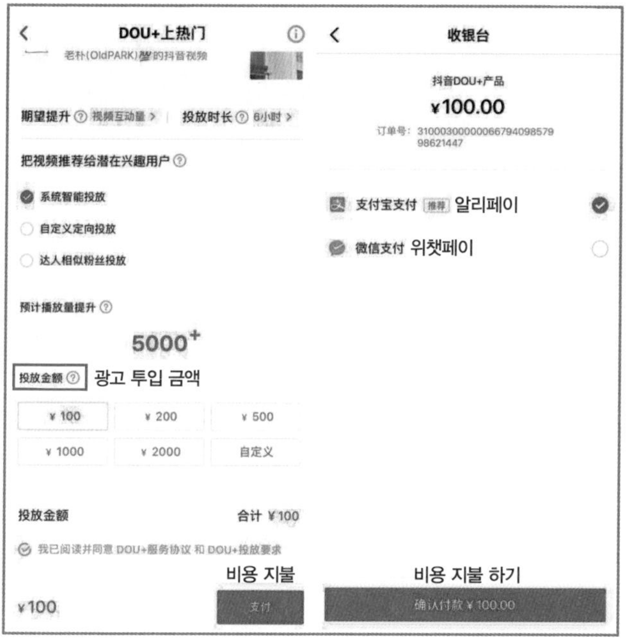

그림 3-112

금액 설정 후 하단의 지불 버튼을 클릭하면 결제 페이지로 넘어가며, 알리페이 또는 위챗페이를 사용하여 결제할 수 있다.

기타 온라인 마케팅 채널

앞서 위챗, 웨이보, 샤오홍슈 등 주요 SNS 채널에 대해 알아보았는데, 중국은 워낙 인터넷 사용인구가 많아 이 밖에도 수많은 온라인 마케팅 채널이 존재한다. 추가로 활용할 수 있는 기타 채널에 대해 몇 가지 소개한다.

쯔후(知乎)

쯔후(知乎, https://www.zhihu.com)는 앞서 Part 1의 병원 마케팅과 관련하여 언급하였던 플랫폼으로, 2010년 12월에 출시한 온라인 전문 질의응답 플랫폼이다. 포털사이트의 지식인 서비스를 전문 플랫폼화시킨 것으로 볼 수 있는데, 전문가가 직접 답변을 한다는 슬로건으로 서비스가 시작되었다. 처음 론칭 시 플랫폼의 전문성을 높이기 위하여 인증받은 각 분야의 전문가들, 대학교수, 유명기업 CEO, 음악가, 연예인 등 공식적인 전문가만이 답변할 수 있도록 설정하였고, 이로 인해 짧은 시간에 수많은 높은 수준의 콘텐츠들을 누적시킬 수 있었다.

쯔후는 지속적으로 발전하여 2018년 연말에 회원가입수가 1.2억 명을 돌파하였고, 중국 최대 지식 공유 플랫폼으로 성장하였다. 바이두 지식인 등 유사 서비스가 존재하지만, 많은 사용자들이 궁금한 것이 있을 때 쯔후에 접속하여 질문하곤 한다.

진르터우탸오(今日头条)

진르터우탸오(今日头条, https://www.toutiao.com)는 '오늘의 헤드라인'이라는 뜻으로, 더우인과 같은 모회사인 Bytedance가 2012년 8월에 출시한 뉴스 정보, 동영상 등 콘텐츠를 볼 수 있는 큐레이션 형태의 플랫폼이다. 일반적인 포털 사이트에서도 보도자료 등 각종 정보를 볼 수 있지만, 진르터우탸오는 개개인의 성향을 파악하는 인공지능 기술을 통해 '보고 싶은 콘텐츠'만 보여주는 시스템을 도입하여 빠른 시간 안에 많은 충성 사용자들을 확보하였다.

이런 기술력을 바탕으로 진르터우탸오 내의 피드 광고 역시 활발하게 운영되고 있으며, 온라인 쇼핑몰 운영 및 어플리케이션이나 게임 등의 마케팅을 진행할 때 반드시 잊지 말아야 할 플랫폼 중 하나이다. 실제로 많은 중국인들이 가장 자주 들어가는 어플리케이션 중 하나이며, 한번쯤 다운로드받아 실제로 사용해 보는 것을 추천한다.

비리비리(哔哩哔哩)

2009년 6월에 출시한 비리비리(哔哩哔哩, https://www.bilibili.com)는 중국 'ACG(문화A:애니메이션C:만화G:게임)의 중심지'라고 불리는 동영상 플랫폼이다. 주로 애니메이션, 게임, 미남미녀, 전자제품 등 젊은 층들이 선호하는 콘텐츠를 공유하는 사이트로서, 2017년 하반기의 통계 수치에 의하면 전체 6,436만 명 사용자 중 92.8%가 30세 이하이고, 이 중 20~24세는 53.6%를 차지하고 있으며, 54.5%가 대학생으로 구성되어 있다. 미국 나스닥에도 상장되어 있으며, 사용자 수는 꾸준히 늘고 있다.

기타 SNS 채널

추가로 소개한 몇 가지 외에도 SNS 채널의 종류는 굉장히 많다. 지면의 한계로 인해 다음의 표를 통해 주제와 이름을 간단히 소개한다.

게임 라이브방송	斗鱼	도우위	https://www.douyu.com
	虎牙	후야	https://www.huya.com
	战旗tv	짠치	https://www.zhanqi.tv

훈남미녀 라이브방송	花椒直播	화자우	http://www.huajiao.com
	一直播	이즈보	http://www.yizhibo.com
블로그	新浪博客	시나블로그	http://blog.sina.com.cn
	百家号	바이두블로그	https://baijiahao.baidu.com
	搜狐号	소후블로그	https://mp.sohu.com
동영상	优酷	여우쿠	https://www.youku.com
	爱奇艺	아이치이	https://www.iqiyi.com
	搜狐视频	소후동영상	https://tv.sohu.com
육아커뮤니티	妈妈网	마마망	http://www.mama.cn
	宝宝树	베이비트리	http://www.babytree.com
	辣妈帮	라마방	http://www.lamabang.com
	摇篮网	야오란망	http://www.yaolan.com
여행커뮤니티	携程	씨트립	https://www.ctrip.com
	去哪儿	취날	https://www.qunar.com
	马蜂窝	마펑워	https://www.mafengwo.cn
	穷游	충유	https://www.qyer.com
	韩游网	한유망	http://www.hanyouwang.com
여성커뮤니티	OnlyLady	OnlyLady	http://bbs.onlylady.com
	她社区	타써취	http://www.j.cn
	55BBS	55BBS	http://bbs.55bbs.com
	蘑菇街	모구지에	https://www.mogu.com

차이나 마케팅 트렌드 3.

중국 SNS 용어

우리나라 SNS의 경우는 로그인, 업로드 등 영어를 그대로 사용하는 경우가 많아 SNS를 사용하는 데 있어 별다른 문제가 없다. 하지만 중국의 경우 SNS 채널을 편리하게 사용하기 위해서 관련 용어를 알아두는 것이 필요하다. 회원 가입과 같은 간단한 용어부터 중국 SNS 용어를 정리했으니 참고하도록 하자.

注册 zhù cè 회원가입
账号 zhàng hào 계정, 아이디
密码 mì mǎ 비밀번호
验证码 yàn zhèng mǎ 인증번호(휴대폰)
登录 dēng lù 로그인

关注 guān zhù 구독, 팔로우
粉丝 fěn sī 팔로워
黑粉 hēi fěn 안티 팔로워
脑残粉 nǎo cán fěn 광팬(집착할 정도로 어떤 사람을 좋아하는 팔로워들)
发文章 fā wén zhāng 포스팅하다
点赞 diǎn zàn 좋아요
评论 píng lùn 댓글
话题 huà tí 해시태그
表情 biǎo qíng 이모티콘

动图 dòng tú 움짤(GIF)

短视频 duǎn shì pín 쇼트클립

头图 tóu tú 프로필 사진

九宫格 jiǔ gōng gé 구분할(이미지)

转发 zhuǎn fā, 分享 fēn xiǎng 리트윗(공유)

收藏 shōu cáng 즐겨찾기(저장)

举报 jǔ bào 신고

刷单 shuā dān 허위 구매(가구매, 타오바오 등에서 사용)

水军 shuǐ jūn 댓글알바

大数据 dà shù jù 빅데이터

低头族 dī tóu zú 스마트폰 중독자(항상 고개를 숙이고 다니는 사람)

屏蔽 píng bì 차단하다

拉黑 lā hēi 수신거부하다

删除好友 shān chú hǎo yǒu 친구 삭제하다

群 qún 단체방

拉进去 lā jìn qu 단체방에 초대하다

예시) 你还不在群里, 我拉你进去吧

nǐ hái bú zài qún lǐ, wǒ lā nǐ jìn qu ba

아직 네가 단체 방에 없으니, 내가 단체 방에 초대해 줄게

踢群 tī qún 단체방에서 쫓아내기

群主 qún zhǔ 단체방 주인(만든 사람)

Part

4

폭발적으로 성장하는 중국 인플루언서 마케팅

4-1

웨이상(微商)

웨이상이란?

웨이상(微商)은 위챗상인(웨이씬상런, 微信商人)의 줄임말로, 위챗을 통해 지인들에게 상품을 판매하는 사람을 지칭하는 용어로 시작되었다. 초기 웨이상은 좁은 의미로 SNS를 통해 지인들에게 상품을 판매하는 개념이었지만, 중국인 특유의 꽌씨(관계, 关系)를 중요시하는 문화로 인해 점차 거래규모가 커지고 판매채널이 많아지면서 현재 웨이상은 모바일을 통해 상품을 판매하는 사람 전체를 의미하는 단어로 바뀌었다. 바이두에서 웨이상을 검색하면 바이두 백과에 다음과 같이 개념이 등록되어 있다.

- **微商(웨이상) = 消费者(소비자) + 传播者(전파자) + 服务者(서비스자) + 創业者(창업자)**

웨이상은 현재 전 세계 약 5,000만 명 이상으로 추정되고 있으며, 거래규모 역시 1조 위안(한화 약 170조 원)에 달한다(중국 新世界网 2018년 5월 발표 기준). 다만 웨이상은 SNS 위주의 판매 특성상 현금 결제가 많은데, 최근 전자상거래법이 강화되면서 세금을 내지 않는 개인 간 무증빙 거래는 점차 어려워지고 있다.

이로 인해 웨이상의 시대가 막이 내렸다는 이야기가 종종 들리곤 하는데, 웨이상은 이제 단순한 개인 간의 무통장 입금거래를 넘어서 오픈마켓, 라이브방송 등 모바일을 통한 비즈니스 모델을 통합하는 개념으로 발전해 나가고 있다.

이미 웨이상은 어엿한 하나의 경제 공동체로 성장하였으며, 인터넷과 모바일의 발달과 함께 끊임없이 진화하고 있다. 그러면 웨이상의 구조와 마케팅적 활용방법에 대해 알아보자.

웨이상의 구조

웨이상은 보통 팀(투안뚜이, 团队)으로 구성되어 운영되며, 팀장(투안장, 团长)이 판매할 상품을 선정하면 해당 상품을 팀원들과 공유한 후, 각자 자신들의 SNS 관계망을 이용해 상품을 판매하는 방식으로 진행된다.

규모는 웨이상마다 천차만별인데, 5명 이하의 소규모 지인 판매부터, 수백 명 이상의 기업형태를 띠면서 자체 생산된 제품을 판매하는 큰 규모의 웨이상도 있다. 국내에서는 웨이상은 모두 지인 판매로 이루어진다고 생각해서 웨이상을 다단계 판매와 유사한 방식으로 여기는 경우가 많다.

하지만 웨이상은 일반적인 다단계처럼 소개를 한 사람의 하부 조직으로 들어가 수익이 배분되는 형태가 아니며, 보통 많은 수량을 구매하면 그만큼 할인을 받아 구매하게 되는 대리점 개념으로 생각하면 편하다. 이해를 돕기 위해 실제 예시를 통해 알아보자.

그림 4-1

[그림 4-1]은 실제 어떤 제품의 웨이상 단가표이다. 대리상의 구매 수량별 구매금액을 정해 놓은 표인데, 먼저 아래의 비고란을 보면 전국 소매가가 158위안으로 고정되어 있는 것을 알 수 있다. 통일 소매가를 지정해 주어 누구나 동일하게 판매하도록 지정해 놓았고, 소매가를 지키지 않는 판매자에게는 상품을 제공하지 않는다.

이 표에서 가장 중요한 대리상의 단계를 살펴보자. 대리상을 4단계로 구분하고 있는데, 편의상 ①~④번으로 표현하도록 하겠다. 가장 하단의 ④번(经销商)은 상품을 110위안에 구매할 수 있으며, 최소 4세트를 구매해야 한다. 그 위의 ③번(总代)는 90위안에 구매할 수 있으며, 최소 1상자(이미지 하단에 1상자는 20세트라고 기재되어 있다)를 구매해야 한다. 이와 같이 윗단계로 올라갈수록 구매 수량은 많아지고 상품 단가는 낮아지는 구조이며, ①번(核心)은 상품 단가가 60위안인데 비해 ④번(经销商)은 110위안으로 거의 두 배 차이가 나는 것을 볼 수 있다.

대량 구매 시 저렴하게 공급하는 것, 웨이상은 이렇듯 굉장히 간단한 원리이다. 이 상품에 대해 매력을 느끼고 많이 판매할 자신이 있다면 저렴한 가격으로 많은 수량을 구매해서 재판매하라는 것인데, 이 가격 구조는 누구에게나 평등하게 적용된다. 누가 먼저 판매를 시작했느냐에 따라서 소개한 사람의 하위 조직으로 등록되는 다단계 판매 방식이 아닌 것이다.

만약 어떤 사람 A가 ④번 대리상이라고 가정해 보자. A가 지인 B에게 이 상품을 소개했는데, B가 이 상품에 매력을 느껴 ②번 단계의 대리상이 된다면, B는 대리상의 등급에 따라 보다 저렴하게 구매할 뿐이며, B의 수익과 소개자 A는 전혀 연관이 없다. 물론 업체마다 웨이상의 운영 정책은 조금씩 다를 수 있지만, 기본적으로 이와 같은 수량별 매입 단가를 차등적으로 운영하는 방식이라고 보면 된다.

실제 [그림 4-1]의 단가표를 필자에게 보내준 사람은 중국에서 알게 된 웨이상인데, 본인을 ③번 대리상 단계라고 소개하면서, 이 상품이 매우 괜찮으니 한국에서 ①번 대리상을 하면 어떻겠느냐면서 제안을 했었다. 최초에 제안을 받았을 때는 나를 '다단계 사업으로 끌어들이려는 건가?' 라고 생각했었는데, 단가표에 대해 자세히 설명을 듣고 나니 운영 구조에 대해 이해할 수 있었다.

이와 같이 웨이상은 거창하게 어떤 조직에 가입하고 소속 전문 웨이상으로 해당 상품만을 판매하는 것이 아니라, 본인이 느끼기에 좋은 상품을 주변에 추천하는 간단한 개념으로 시작하는 것이다. 이제 구체적으로 웨이상이 어떤 방식으로 운영되는지에 대해 알아보도록 하자.

웨이상은 어떤 상품에 관심이 있을까?

"아는 웨이상 있으면 좀 소개해 주세요."라는 말은 필자가 가장 많이 들었던 부탁 중 하나이다. 결론부터 이야기하자면, 이런 방식으로는 좋은 결과를 얻기 힘들다. SNS를 통한 판매에 대한 한국과 중국의 근본적인 견해의 차이점이 있기 때문이다. 보통 '한국의 웨이상'이라고 할 수 있는 공동구매 채널이나 플랫폼 운영자들은 항상 "좋은 상품 있으면 언제든지 제안해 주세요."라는 이야기를 한다. 좋은 상품이 있으면 해당 채널에 소개하고, 공동구매의 방식으로 판매해서 수수료를 받는 구조이기 때문이다.

필자가 2018년 세계 웨이상 대회에 참석하였던 이유도, 당시 대회에 참석한 웨이상들을 많이 사귀어 한국화장품 등 좋은 품질의 한국 상품을 공급하려는 것이었는데, 현장에서 웨이상들을 만나본 결과, 필자의 생각이 완전히 잘못되었다는 것을 알 수 있었다.

웨이상들은 한국의 '유통' 상품에 대해 별다른 관심이 없었다.

앞서 이야기한 것처럼 웨이상은 팀장이 상품을 선정하고 팀원들이 판매하는 구조로 되어 있는데, 중국의 시장 규모가 워낙 크다보니 매출규모가 상당하여 기업화되는 경우가 많다. 전자상거래법 등이 강화되면서 최근에는 다소 시들하긴 하지만, 웨이상 붐이 일었던 몇 년 전만 하더라도 평범한 대학생이 웨이상이 되어 몇 십억 매출을 올리는 등 급속도로 매출이 커지는 경우가 많았다.

그래서 웨이상은 상품을 선정할 때 매우 신중히 결정하는데, 그 중 가장 중요한 판단기준 중 하나가 공급의 안정성이다. 어떤 상품을 열심히 판매하고 있는데, 공급업체와 사이가 나빠진다든지, 혹은 공급업체가 본인들이 직접 판매하기 위해 공급을 중단하는 등의 경우가 있으면 큰 문제가 생기는 것이다. 공급에 차질이 생기는 것은 단순히 수익이 줄어드는 정도가 아니라 해당 상품 판매에 매진했던 조직 자체가 붕괴될 수 있는 큰 사건이다. 그래서 보통 어느 정도 규모가 있는 웨이상들은 시중의 유통상품을 판매하는 것보다는, 본인들이 직접 생산하는 것을 선호하는 편이다(물론 이는 웨이상의 성향과 규모에 따라 다르며, 이미 검증된 유통상품의 판매 독점권을 받아 안정적인 판매를 하려는 경우도 많다).

세계 웨이상 대회를 참가하여 여러 웨이상들을 잘 사귀어서 한국 상품을 공급해야겠다는 필자의 계획이 완전히 틀린 것이다. 실제로 필자가 만난 여러 웨이상들에게 한국 제품을 공급해 주겠다고 제안하였더니 오히려 웨이상들이 거꾸로 질문해 왔다.

"지금 당신이 소개하는 제품은 당신이 직접 생산하는 제품인가?"

"아니다. 한국에서 인기리에 판매되고 있는 좋은 상품들이다."

"당신은 외국인이지만 이렇게 중국의 웨이상 대회에 초청될 정도로 인맥도 있고, 중국어도 잘하는데 왜 다른 사람의 상품을 판매하고 수수료를 받으려고 하는가? 그냥 본인이 직접 브랜드를 만들어서 웨이상을 운영하는 것이 낫지 않은가?"

대화에서 느껴지듯, 웨이상들은 시스템을 공격적으로 운영하여 결국 본인의 브랜드를 만들어 상품을 제조하는 경우가 많다. 물론 필자가 웨이상 세계대회에서 만났던 웨이상들은 대부분 규모가 커서 유통상품에 매력을 느끼지 못하는 경우였을 수 있지만, 제조하지 않더라도 판매 독점권을 요구하는 경우가 많으니 참고하도록 하자.

이렇듯 웨이상 시장이 성숙하면서 관련 산업도 발전하고 있는데, 제조사에게 웨이상 조직을 만들 수 있도록 도와주는 컨설팅 업체도 찾아볼 수 있다. 웨이상을 통해 판매하고자 하는 업체(제조사)에게 웨이상 팀을 만들어주고, 그 팀원들을 교육까지 시켜주는 사업모델이다. 한 컨설팅 업체와

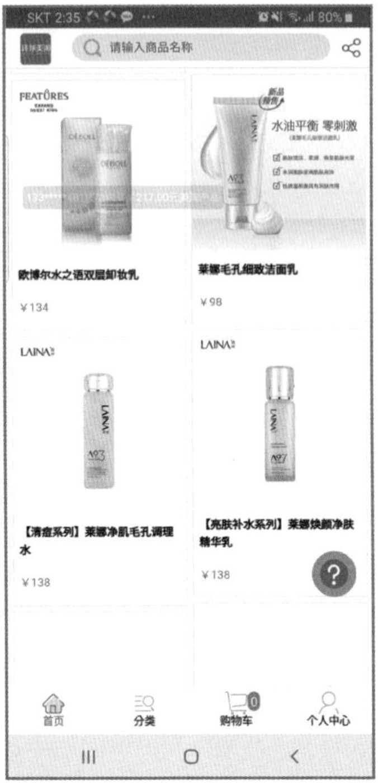

그림 4-2

미팅해 본 적이 있는데, 상품에 따라서 웨이상 팀(판매 인원)을 배정하고, 그 팀원들을 교육시켜주면서 판매가 잘 이루어질 수 있도록 어플리케이션도 제공하는 서비스를 제공하고 있었다.

[그림 4-2]는 당시 만났던 해당 업체에서 제공해 주는 어플리케이션으로 판매자의 상품을 해당 앱에 업로드 해 주고, 결제 및 재고관리와 함께 고객 관리까지 할 수 있도록 시스템을 제공한다(참고로 웨이상 조직 제공 및 교육, 그리고 앱 기반의 판매 시스템까지 제공하는 서비스가 당시 6만 RMB(한화 약 1천만 원)이라고 견적을 받았었다).

일반적으로 내가 직접 웨이상 조직을 만든다는 것은 생각해 보지 못했을 것이다. 하지만 중국 법인이나 중국인 직원이 있는 등 중국 마케팅에 대해 어느 정도 여력이 있는 기업이라면, 검증되지 않은 판매상이나 웨이상에게 판매 독점권을 주거나 나의 상품을 맡기는 것보다 내가 직접 웨이상을 운영해 보는 것도 좋을 것이다. 물론 웨이상을 스스로 운영하려면 단순히 중국어에만 능통할 것이 아니라 온라인 마케팅 및 SNS 판매에 대한 전반적인 이해도가 매우 높아야 할 것이다. 웨이상 운영에 관심이 있다면 장기적으로 계획을 수립하고, 웨이상의 구조와 운영에 대해 사례를 찾아보면서 천천히 기획해 나가는 것을 추천한다.

웨이상 찾는 방법

그렇다면 웨이상은 어떤 식으로 찾아봐야 할까? 기본적으로 웨이상은 사람 관계에 기반을 두고 있기 때문에 소개를 통해 알게 되는 것이 가장 일반적이지만, 한국인의 입장에서 중국인 웨이상을 접촉할 기회가 거의 없을 것이다. 따라서 가장 기본적으로 바이두나 웨이보 등 중국의 매체에서 웨이상(微商)을 검색하여 개념에 대해 좀 더 이해하는 것이 좋다.

[그림 4-3]은 바이두와 웨이보에서 웨이상을 검색한 결과이다. 웨이상을 검색하면 주로 "어떻게 하면 웨이상으로 돈을 벌 수 있나요?"라는 식의 내용이 많이 나오는데, 이런 내용들도 참고할 수 있다. 그러나 주로 확인할 것은 웨이상들이 모여 있는 사이트들이다. 제조사나 웨이상들도 판매자들을 계속 모집하기 위해 홍보하고 있는데, 실제 예시를 살펴보자.

그림 4-3

[그림 4-4]는 바이두에서 검색되는 '微商世界网(웨이상 세계 네트워크)'라는 사이트인데, 그림에서 보이는 수많은 배너들은 판매업체에서 웨이상을 모집하는 글이다. 보통 판매하는 상품이 올라와 있고, 담당자의 위챗 아이디가 적혀 있는데, 이런 곳들을 통해 웨이상과 업체가 어떤 식으로

그림 4-4

운영되는지 참고해 보면 좋다.

규모가 큰 웨이상들은 유통상품에 관심이 없는 편이지만, 한국 유통상품을 취급하는 웨이상도 분명히 만날 수 있을 것이다. 웨이상의 규모는 점점 커지고 있으며, 앞으로도 중국 온라인 마케팅에 있어 큰 축을 담당할 것으로 예상된다. 처음부터 좋은 웨이상 팀을 만나 일사천리로 일이 해결되기는 쉽지 않겠지만, 천천히 웨이상 업계를 알아간다는 느낌으로 알아보기를 추천한다.

4-2

왕홍(网红)

왕홍의 구조 및 이해

왕홍(网红)은 网络红人의 약자로, 인터넷 유명인을 뜻한다. 우리나라의 유튜브, 인스타그램 등으로 유명한 인플루언서(influencer)와 동일한 개념이다. 앞서 다루었던 웨이상이 플랫폼, 기업형 판매의 느낌이라면 왕홍은 유명한 일반인의 활동으로 이해하면 된다.

최근 몇 년간 한국을 포함해 전 세계적으로 인플루언서 마케팅 시장규모가 빠르게 발전하면서, 중국 역시 '왕홍경제'라는 신조어가 생성되었고 왕홍은 하나의 경제적 집단으로 인정받기 시작했다. 중국에서는 큰 내수시장을 바탕으로 왕홍들이 막대한 영향력을 미치기 시작했는데, 유명 왕홍의 경우 톱연예인급 이상의 대우를 받기도 한다.

그럴 수밖에 없는 것이, 왕홍 마케팅의 경우 일반적인 온라인 마케팅과는 다르게 즉시 매출로 연결되는 큰 장점이 있기 때문이다. SNS를 통해 실시간으로 소통하면서 상품을 소개하는 라이브방송을 통해 즉시 판매가 이루어지고, 그 매출 규모 역시 상상을 초월한다. 유명 왕홍의 경우 라이브방송을 하면 수백만 명의 동시 접속자가 몰리며, 단 몇 시간의 라이브방송을 통해 1,000억 원의 매출을 달성하는 등 엄청난 성과를 내고 있다.

이런 왕홍 마케팅의 발전과 함께 국내에도 왕홍 마케팅을 홍보하는 업체와 단체들이 많이 생기고 있다. 이제 왕홍 마케팅을 활용하는 방법을 알아보자.

왕홍 활용방법(컨택 및 협상방법)

왕홍 마케팅은 국내에서의 일반적인 인플루언서 마케팅과 비슷한 개념이지만, 반드시 알아두어야 할 것은 왕홍 마케팅이 만병통치약은 아니라는 것이다. 왕홍 마케팅으로 소위 '대박'이 났다는 이야기들을 듣고 왕홍 마케팅을 무분별하게 진행하는 경우가 많은데, 왕홍이라고 무조건 돈만 주면 다 하는 것도 아니며, 그렇게 진행했다고 하더라도 100% 효과를 보는 것도 아니라는 것을 명심해야 한다.

보통 왕홍 마케팅의 프로세스는 다음과 같다. 먼저 나의 상품과 적합한 왕홍을 선별하고, 왕홍에게 상품을 제안하면 왕홍이 직접 상품을 꼼꼼히 살펴본 후, 본인과 맞는 상품인지 확인하고 마케팅 진행 여부를 결정한다. 왕홍 시장이 커지면서 왕홍의 종류도 세분화되었고, 예전처럼 무조건 팬(팔로워)이 많다고 좋은 효과를 거둘 수 있는 것이 아닌 상황이라, 신중히 알아보고 나의 상품에 맞는 왕홍을 선별한다.

그러면 과연 왕홍 마케팅은 어떻게 진행해야 할까?

왕홍 마케팅은 워낙 광범위한 주제이기 때문에, 몇 시간 방송에 수십억의 매출을 올린 대기업의 성공사례 등 일반 기업들에게 와 닿지 않는 사례는 이야기하지 않으려고 한다. 이 책을 읽고 있는 독자들이 당장 왕홍 마케팅을 하려면 어떻게 시작해야 하는지 구체적인 방법을 알아보자.

필자가 생각하는 왕홍 마케팅의 가장 중요한 선결조건은 왕홍의 SNS 계정을 미리 확인하는 일이다. 어찌 보면 당연한 일이라고 할 수 있는데,

실제로는 지켜지지 않는 경우가 많다. 대행사를 통해 왕홍을 제안 받아 진행하거나, 수백만 팔로워의 유명 왕홍들이 상품을 홍보해 준다고 하면서 해당 행사 및 방송에 참여하는 참가비 등을 받는 경우도 있다. 그러다 보니 굉장히 고가일 뿐만 아니라, 진짜 왕홍인지 검증하는 것조차 쉽지 않다. 그리고 쉽게 왕홍의 계정을 조작할 수 있어, 단순히 팔로워의 규모만 볼 것이 아니라 계정 전체를 충분히 살펴보고 활성화되어 있는 계정인지 확인한 후 마케팅 시작 여부를 결정하는 것이 중요하다.

보통 왕홍 마케팅은 수백만 원 이상의 고가인 경우가 많은데, 인플루언서 마케팅 특성상 그에 대한 효과는 사전에 알기 어렵다. '대박'이 날 수도 있지만, 고가의 광고비를 들였는데 '쪽박'이 될 수도 있는 것이다. 그래서 왕홍 마케팅도 저렴한 소규모 계정부터 차근차근 진행하는 것을 추천하는데, 실제 중국 내에서 중국인 마케터들이 많이 활용하는 플랫폼을 소개한다. 다음의 웹사이트는 직접 왕홍을 찾아보고 연락할 수 있는 곳이다.

- 传播易 https://chuanboyi.com
- 微播易 http://weiboyi.com
- 城外圈 https://www.cwq.com
- WEIQ http://weiq.com

각 사이트별로 활용방법을 알아보도록 하자.

1. 传播易 https://chuanboyi.com

▶ **Chuanboyi 특징**

1. 왕홍이 직접 자신의 계정 등록 가능
2. 왕홍 계정의 광고 단가 확인 및 직접 연락 가능
3. 위챗, 웨이보, 방송 등 다양한 플랫폼별 왕홍 다수 확인 가능

그림 4-5

Chuanboyi 사이트는 왕홍이 스스로 자신의 계정을 등록할 수 있기 때문에 각 SNS 플랫폼별로 수많은 왕홍이 등록되어 있다. 그래서 수백만 명의 팔로워를 가진 슈퍼 왕홍부터 1만 명 이하의 마이크로 왕홍까지 다양한 왕홍을 살펴볼 수 있고, 그에 따라 가격대가 다양하게 구성되어 있어 원하는 금액으로 왕홍 마케팅을 진행할 수 있다.

그러면 광고주의 입장에서 사이트를 간단히 둘러보자. [그림 4–5]에서 '广告导航(광고 네비게이션)'을 클릭하면 왕홍 계정을 둘러볼 수 있다.

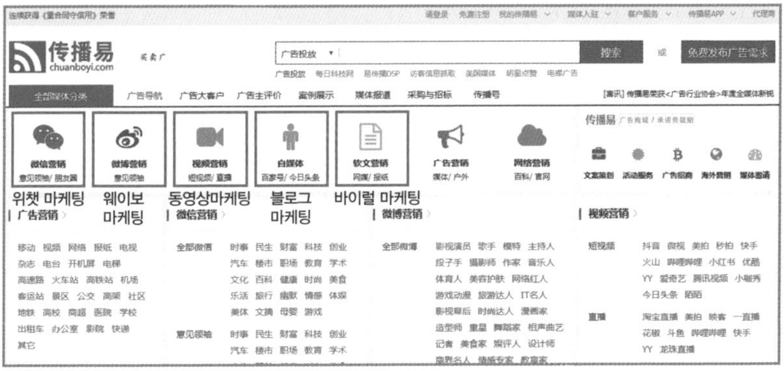

그림 4-6

그림 4-7

[그림 4-6]은 왕홍 계정을 선택하는 화면인데, 조건에 맞게 검색할 수 있도록 매우 상세히 분류해 놓았다. 가장 먼저 SNS 플랫폼을 선택하게 되어 있는데, 상단에 보면 '微信营销(위챗 마케팅)', '微博营销(웨이보 마케팅)', '视频营销(동영상 마케팅)' 등 분류를 선택하면 그에 맞는 상세 왕홍 계정들을 확인할 수 있다.

앞서 다루었던 샤오홍슈, 더우인 등 떠오르는 플랫폼이 소속된 '视频营销(동영상 마케팅)'을 살펴보자. '视频营销(동영상 마케팅)'을 클릭하면 [그림 4-7]과 같이 왕홍 계정 검색 설정을 할 수 있는데, 먼저 SNS 플랫폼 종류를 정하고 나면 팔로워의 규모, 거주지역 등 상세검색을 설정할 수 있다.

보통 팔로워의 규모에 따라서 가격대가 결정되니, 먼저 예산을 생각한 뒤 그에 맞춰서 검색해 보는 것이 좋다. 실제로 검색한 결과를 보자.

[그림 4-8]은 더우인 플랫폼을 선택하고 검색한 결과인데, 가장 상단의 계정은 팔로워가 222만 명이며(222w, w는 만 명을 의미한다), '视频转发价(동영상 리트윗)' 가격은 72,000위안(한화 약 1,200만 원), '视频直发价(동영상 직접 업로드)' 가격은 96,000위안(한화 약 1,600만 원)인 것을 확인할 수 있다. 이렇게 계정별로 광고 가격을 바로 확인할 수 있어 편리한데, 가장 좋은 것은 해당 계정의 아이디가 보이기 때문에 직접 계정을 확인해 볼 수 있

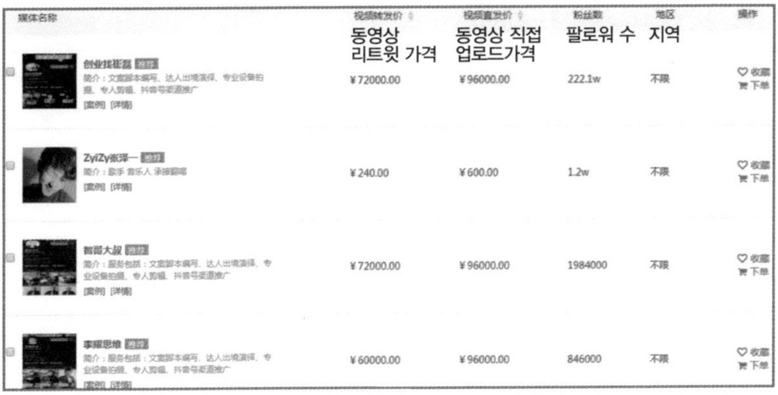

그림 4-8

다는 것이다.

다소 고가라고 느껴지는 광고 단가일지라도, 직접 해당 계정을 충분히 살펴보고 그 이상의 광고 효과를 볼 수 있다고 판단되면 오히려 낮은 가격일 수도 있는 것이다. 한편, 상대적으로 작은 규모의 왕홍도 많이 있다. [그림 4-8]의 두 번째의 계정은 팔로워가 1.2만 명이며, 동영상 리트윗은 240위안(약 4만 원), 직접 포스팅은 600위안(한화 약 10만 원)으로 나타나 있다. 왕홍 마케팅이라고 하기엔 금액에 대한 부담이 크지 않기 때문에 이런 소규모 계정들을 통해 왕홍 마케팅을 테스트해 본다는 생각으로 활용하는 것을 추천한다.

시중에 왕홍 마케팅을 한다는 곳이나 대행사에 연락해 보면, 기본적으로 최소 수백만 원을 상회하는 경우가 대부분이다. 그렇게 대행사만 믿고 맡길 것이 아니라, 이렇게 사이트에서 직접 검색해 보고, 소규모의 왕홍부터 차근차근 접근해 보는 것이 좋다. 위챗, 웨이보 등 수많은 SNS 플랫폼별 왕홍이 모두 있으니, 검색 설정에 따라 나의 상품과 어울릴만한 왕홍을 찾아보도록 하자.

2. 微播易 http://weiboyi.com

▶ **Weiboyi 특징**

1. 왕홍이 직접 등록하는 것이 아닌, 에이전시를 통해 등록 가능
2. 왕홍에 직접 연락할 수 없으며, 에이전시를 통해 연락하는 방식
3. 위챗, 웨이보, 방송 등 다양한 플랫폼별 왕홍 다수 확인 가능

Weiboyi 사이트는 앞서 소개한 Chuanboyi와는 달리 왕홍이 직접 등록할 수 없고 에이전시를 통해 등록하는 방식이다. 플랫폼별로 왕홍 계정을 검색하고 단가 확인을 하는 등 사용방법은 유사하지만, 왕홍에게 직접 연락하는 개념이 아닌 에이전시로 연결이 되는 점에서 다르다. 에이전시보다 왕홍에게 직접 연락하는 방식을 더 선호하는 사람도 있겠지만, 에이전시를 통하면 더 관리가 잘 될 수 있고, 혹시 모르는 사고도 미연에 방지할 수 있다는 장점도 있다.

그림 4-9

그림 4-10

[그림 4-10]은 Weiboyi에서 더우인 계정을 검색한 화면인데, Chuan-boyi와 거의 흡사한 결과인 것을 알 수 있다. 검색 과정 역시 유사하며, 두 사이트 모두 확인하여 천천히 여러 왕홍 계정들을 확인해 보는 것을 추천한다.

앞서 언급한 것처럼, 대행사를 통해 왕홍 마케팅을 제안 받는 것보다 이 두 사이트를 이용해 직접 왕홍을 선별해 보는 것이 금액적 · 경험적인 측면에서 훨씬 더 의미 있는 과정이 될 것이다.

3. CWQ 城外圈 https://www.cwq.com

▶ CWQ 城外圈 특징

1. 왕홍이 직접 등록하는 것이 아닌, 에이전시를 통해 등록 가능
2. 왕홍에 직접 연락할 수 없으며, 에이전시를 통해 연락하는 방식
3. 위챗, 웨이보, 방송 등 다양한 플랫폼별 왕홍 다수 확인 가능

CWQ 사이트 역시 여러 왕홍 계정들을 살펴볼 수 있으나, 왕홍이 직접 등록되고 검색되는 플랫폼이 아닌, 에이전시를 통해 운영되는 사이트이다. 각 계정별 광고 단가를 확인할 수 있으며, 계정을 선택한 후 요구사항을 기재해 신청하면 업체에서 확인하여 회신을 주는 시스템으로 운영되

그림 4-11

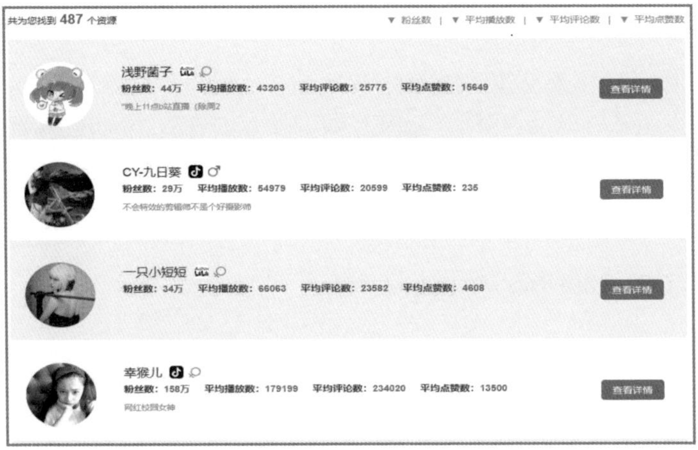

그림 4-12

고 있다.

왕홍 계정을 분류별로 검색하면 [그림 4-12]와 같이 계정을 확인할 수 있고, 요청하고 싶은 왕홍 계정을 선택한 후 본인의 의견을 남겨 광고를 신청하면 된다. 사용방법은 Weiboyi와 유사하니 함께 둘러보자.

4. WEIQ http://weiq.com

▶ **WEIQ 특징**

1. 왕홍이 직접 등록하는 것이 아닌, 에이전시를 통해 등록 가능
2. 왕홍별 광고 단가 확인 불가능(에이전시 견적 요청)
3. 에이전시가 직접 운영하는 플랫폼

마지막으로 소개할 WEIQ 사이트는 CWQ와 같이 에이전시가 직접 운영하는 플랫폼이다. 유사한 구조로 되어 있는데, 한 가지 차이점은 왕홍들을 검색하고 계정명을 확인할 수는 있지만 광고 단가가 보이지 않는다. 금액을 확인하려면 업체에 견적을 요청하고 회신을 받는 시스템으로 운영되고 있다.

[그림 4-14]는 WEIQ 사이트의 왕홍계정들이며, 빨간색 버튼 '查看报价(견적보기)'를 눌러 해당 계정의 광고 단가를 요청할 수 있다. 광고 견적을 확인하려면 먼저 사이트 가입이 필수이므로 회원가입 후 활용해야 한다.

그림 4-13

그림 4-14

이상 네 가지의 왕홍 플랫폼을 알아보았는데, 사용방법은 모두 유사하므로 왕홍 마케팅을 처음 접하는 것이라면 이 사이트들을 통해 가볍게 시작하는 것을 추천한다. 최근 왕홍 마케팅이 워낙 유행하면서 왕홍 계정들이 우후죽순으로 많아지고, 그에 따라 마케팅 비용도 계속 치솟고 있다. 일반적으로 대행사를 통해 왕홍 마케팅을 하는 경우 낮은 예산으로 진행하는 것 자체가 거의 불가능하기 때문에, 이 사이트들을 활용하면 광고를 집행하기 전 해당 계정을 충분히 살펴볼 수 있어 왕홍 계정 검증이 가능하고, 정해진 예산에 따라 편하게 왕홍 계정을 선정할 수 있다는 장점이 있다.

차이나 마케팅 트렌드 4.

중국에서 상표등록하는 방법

중국에서 상표등록을 미리 하지 않아 브랜드를 빼앗기거나 문제가 생긴 경우는 너무나 많다. 상표등록은 특성상 먼저 출원하는 것이 정말 중요한데, 생각보다 어렵지 않으니 꼭 나의 소중한 브랜드를 지킬 수 있도록 하자.

먼저 중국 상표는 중국에 법인을 설립하지 않아도 외국인 또는 외국 기업명의로 등록할 수 있다. 외국인인 경우 여권 사본 및 중문 번역본을 추가로 제출하면 되고, 외국기업도 마찬가지로 사업자등록증 사본과 중문 번역본을 챙기면 된다.

그리고 중국 상표등록을 위해서 먼저 “내 브랜드가 중국에 상표등록이 가능할까?” “내가 생각한 상표 이름이 중국에 이미 등록되어 있지는 않을까?” 이 두 가지를 확인해야 한다. 보통 이를 위해 상표권 관련 전문 업체에 요청하는데, 비용도 지출될 뿐만 아니라 시간도 많이 소요되는데, 중국의 상표 정보를 검색할 수 있는 사이트 2개를 소개하려고 한다.

1. 중국 상표 관리국 사이트 http://wsjs.saic.gov.cn

그림 4-15

첫 번째 방법은 중국 상표 관리국 사이트를 직접 방문하여 상표 정보를 검색하는 방법이다. 홈페이지를 접속하여 [그림 4-15]의 商标近似查询(상표검색)을 선택하고 화면에 보이는 国际分类(상표분류), 查询方式(검색방식), 商标名称(상표이름) 정보를 기재하면 확인할 수 있다. 상표 관리국 사이트를 통해 검색된 정보는 가장 정확하고 공신력 있지만, 해외 IP로 접속 시 사이트가 열리지 않는 경우가 간혹 있으니 참고하도록 하자.

2. 온라인 상표 거래 사이트 权大师 https://www.quandashi.com

그림 4-16

权大师은 중국에서 가장 큰 온라인 상표 거래 사이트이다. 사용 방법은 간단하며, 회원가입 후 [그림 4-16]과 같이 보이는 검색창에 등록하고자 하는 상표를 검색하면 된다. 상표를 검색하면 해당 상표와 일치하거나 유사한 상표를 분류별, 등록상태별, 신청연도 등 다양한 조건으로 확인할 수 있다.

키워드와 유사한 상표도 모두 확인할 수 있으니 다른 상표를 참고하는 목적으로 사용하는 것도 좋은 방법이다. 다만 아무래도 민간에서 운영하는 사이트이다 보니, 权大师에서 1차적으로 상표를 검색한 후 앞서 소개한 중국 상표 관리국 사이트에서 최종 확인하는 것을 추천한다.

Part

5

콘텐츠 상위 노출 마케팅 실전 운영방법

이 장에서는 플랫폼 내 상위 노출을 하기 위한 구체적인 운영 전략에 대해 이야기하려고 한다. 단, '이렇게 하면 상위 노출을 할 수 있다'라는 비법을 말하려는 것이 아니다. 검색 로직이 너무나 빨리 변하고 있기 때문에, 어떤 상위 노출 비법이 현재에는 적용된다 하더라도 당장 내일이라도 맞지 않는 상황이 될 수 있기 때문이다. 기본적으로 중국에서 온라인 마케팅을 하려면 한국과 다른 중국의 온라인 환경을 이해하고, 그에 맞는 콘텐츠 제작, 키워드 분석, 상위 노출 전략이 필요하다. 이 세 가지 측면을 하나씩 알아보도록 하자.

5-1

즉시 사용할 수 있는 콘텐츠 제작 툴(tool)

중국 온라인 마케팅, 특히 SNS 채널의 발전 속도가 빨라지면서 콘텐츠의 중요성이 점점 강조되고 있다. SNS 채널이 다양화되면서 이미지, GIF, 동영상, 라이브방송 그리고 요즘 대세인 쇼트 클립영상 등을 포함한 다양한 콘텐츠들이 SNS상에서 유통되고 있고, 콘텐츠 트렌드를 소개하고 제작하는 사이트 및 툴도 점점 많아지고 있다. 한국에서도 포토샵, 일러스트 등 기본적인 프로그램을 사용해서 중국어로 된 콘텐츠를 제작할 수 있으나, 강조하고 싶은 부분은 '중국식 콘텐츠'를 만들어야 한다는 것이다.

한국과 중국은 인터넷과 모바일 환경이 다르며, 사용하는 SNS도 전혀 다르다. 또한 온라인상의 콘텐츠 역시 서로 선호하는 성향이 달라, 한국식으로 만들어진 콘텐츠가 중국에서 전혀 반응을 얻지 못하는 경우도 허다하다. 기본적으로 한국의 콘텐츠들이 세련되고 디자인이 잘 되어 있는 편이지만, QR코드를 광범위하게 활용하는 특징 등 중국인들의 성향에 맞는 콘텐츠의 방향을 잘 맞추는 것도 매우 중요하다. 중국에서 많이 활용되는 중국의 콘텐츠 제작 사이트와 툴을 몇 가지 소개하려고 한다.

그림 5-1

이미지 디자인 사이트 创客贴

创客贴(https://www.chuangkit.com)은 각종 이미지를 디자인할 수 있는 사이트이다. 포토샵과 같이 일반적인 이미지 제작 사이트가 아니라 웨이보, 타오바오 등 각종 플랫폼에 최적화된 템플릿이 많아 손쉽게 완성도가 높은 디자인을 할 수 있다. 카드뉴스 템플릿을 제공하는 업체는 국내에도 있으나, 이곳은 중국식 템플릿을 활용할 수 있다는 것이 장점이다. 그러

그림 5-2

그림 5-3

면 사이트에 접속하여 활용방법을 살펴보도록 하자.

创客贴 사이트의 메인 페이지에 들어가면, [그림 5-1]과 같이 메인페이지 상단에 '设计工具(디자인툴)' 등 5가지 항목을 볼 수 있다. 여기서 '模板中心(템플릿 센터)'를 선택해 보자.

'模板中心(템플릿 센터)'에 들어가면 좌측에 여러 가지 메뉴를 확인할 수 있는데, 최상단의 '营销海报(이벤트 포스터)' 템플릿이 가장 많이 활용되는 메뉴이다.

'营销海报(이벤트 포스터)'를 클릭하면 [그림 5-3]과 같이 우측에 이벤트 포스터형 템플릿을 확인할 수 있는데, QR코드가 곳곳에 위치하는 등 한

그림 5-4

눈에 보기에도 중국식 콘텐츠인 것을 알 수 있다. 그 중 하나를 클릭해서 확인해 보도록 하자.

원하는 템플릿을 선택하면 [그림 5-4]와 같이 해당 템플릿을 수정할 수 있는 화면이 보인다. 기본적인 템플릿이 완성되어 있기 때문에 템플릿 안의 텍스트만 수정하고 완성하는 방식으로 제작하면 매우 편리하다. 한국에서 카드뉴스 템플릿을 활용하는 것과 유사한 개념이라고 볼 수 있다. 비용 지불은 유료회원으로 가입하거나 템플릿마다 구매하는 방식이며, 참고로 [그림 5-4]의 템플릿은 9위안(한화 약 1,700원) 정도이다.

이제, 두 번째 메뉴 '新媒体配图(새 매체 그림)'을 클릭해 보자. 이 기능은 위챗에서 일반적으로 배너형태의 콘텐츠로 많이 활용되는 편이다.

[그림 5-5]는 '新媒体配图(새 매체 그림)' 기능에서 보이는 중국 어린이날 관련 위챗 배너 템플릿인데(중국 어린이날은 6월 1일이다), 앞서 살펴본 이

그림 5-5

벤트 포스터와 비슷하게 바로 사용이 가능할 정도로 완성도 높은 템플릿을 제공하고 있다.

이와 같이 다른 메뉴에서도 수많은 중국식 템플릿을 제공하고 있는데, 저작권 문제로 모두 소개할 수 없어 상세한 내용은 홈페이지에 방문하여 확인하길 바란다.

위챗 콘텐츠 편집 사이트 秀米

秀米(https://xiumi.us)는 현재 중국에서 위챗 공중계정 콘텐츠 편집 및 H5 페이지를 제작할 때 가장 많이 활용되는 사이트 중 하나이다. 이 사이트는 전문 마케터들이 많이 활용하는 사이트이다.

사이트에 접속하여 [그림 5-7]과 같이 秀米메인 페이지 화면의 '图文排版(콘텐츠 편집)' 카테고리에서 '挑选风格排版(템플릿 선택)'을 클릭하면 사이트에서 제공해 주는 수많은 템플릿을 직접 활용할 수 있고, 사용방법에 대해 궁금한 것이 있으면 '图文新手指南(가이드북)'에서 검색하면 된다.

그러면 좀 더 많은 템플릿을 선택하기 위한 분류를 알아보자.

그림 5-6

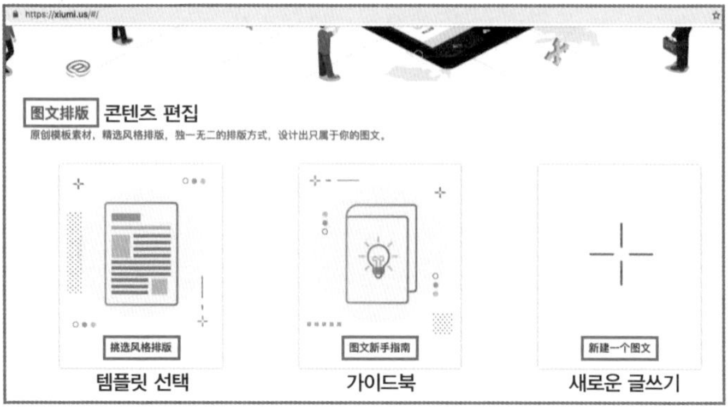

그림 5-7

템플릿은 [그림 5-8]처럼 용도, 업종, 명절 등 카테고리로 알기 쉽게 분류되어 있고, 하단 검색창에 키워드를 입력해서 더 정확하게 원하는 템플릿을 찾을 수 있다. 물론 대부분 유료 버전이어서 회원가입 후 비용을 지불해야 사용할 수 있다.

그림 5-8

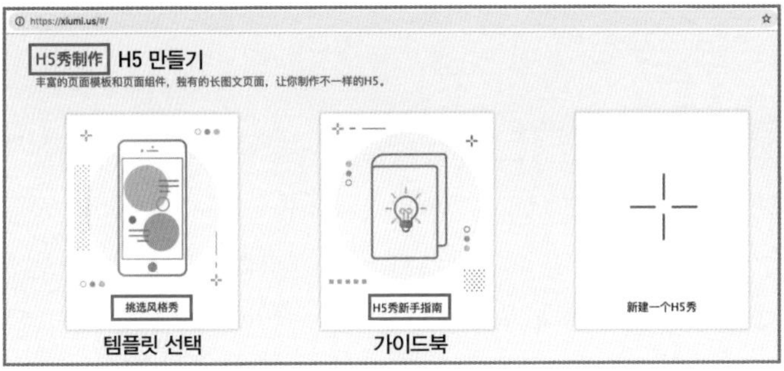

그림 5-9

위챗 단톡방, 특히 모멘트에서 자주 볼 수 있는 게임 설문조사, 이벤트 등을 진행하는 H5 페이지도 秀米(xiumi)에서 제공해 주는 템플릿으로 제작할 수 있는데, 秀米 메인 페이지에서 [그림 5–9]와 같이 '图文排版(콘텐츠 편집)' 하단에 'H5秀制作(H5 만들기)'에서 '挑选风格秀(템플릿 선택)'을 클릭하면 손쉽게 H5 페이지를 만들 수 있다.

중국 재능마켓 활용방법

재능마켓이란 다양한 분야의 사람들이 자신이 가진 재능이나 능력을 상품화하여 판매하는 것을 의미한다. 한국에서도 몇 년 전부터 크몽, 오투잡 등 여러 재능마켓이 활성화되고 있는데, 온라인 창업의 열기가 뜨거운 중국 역시 재능마켓 플랫폼을 통해 프리랜서로 활동하는 디자이너나 작가, 마케터들을 쉽게 찾을 수 있다. 또한 한국과 마찬가지로, 재능마켓이 활성화되면서 개인들뿐만 아니라 전문 대행업체들도 많이 등록되어 있어 활용도가 더욱 커지고 있다. 중국어가 가능하거나 디자인 능력이 있는 사람들은 앞서 언급한 콘텐츠 제작 툴을 활용하여 직접 제작할 수도 있겠지만, 재능마켓을 통해 간단히 외주를 주는 것도 효율적일 수 있으니 참고하도록 하자.

중국 최대 재능마켓 사이트 저팔계 猪八戒

猪八戒(저팔계, zhubajie, https://www.zbj.com)는 서유기에 나오는 저팔계의 이름을 그대로 사용하여 2006년에 중국 충칭 시에서 설립된 전문 재능마켓 플랫폼이다. 초창기에는 광고 디자이너, 웹 디자이너 등 프리랜서들이 모여 광고주들과 거래하는 플랫폼이었지만, 이후 시장이 활성화되고 성숙기로 접어들면서 전문 대행업체들도 많이 입점하게 되어 중국에서 가장 큰 재능마켓 플랫폼으로 성장하게 되었다. 콘텐츠 편집 사이트 등을 통해 직접 콘텐츠를 제작해 보는 것도 좋지만, 좀 더 전문성 있는 콘텐츠가 필요할 때는 재능마켓의 프리랜서를 통해 작업해 보는 것이 좋을 수 있다.

재능마켓에는 홈페이지 제작, 로고 제작, SNS 콘텐츠 디자인 등 거의 모든 대행을 맡길 수 있으니, 검색을 통해 원하는 업무를 찾으면 된다. 혹시 재능마켓을 이용해 본 적이 별로 없다면, 한국의 재능마켓을 먼저 살

그림 5-10

펴보고 구조를 익히고 사용하는 것이 도움이 된다. 재능마켓의 프로세스는 한국과 유사하기 때문이다. 재능마켓에는 훌륭한 프리랜서도 존재하지만, 입금하면 연락이 되지 않는 등 안 좋은 사례도 많이 발생한다. 업체를 선정하기 전 해당 업체가 언제 등록되었는지, 후기는 좋은 편인지 등 최소한의 검증을 하고 진행하는 것이 안전하다.

타오바오 재능마켓 淘宝服务市场

淘宝服务市场(타오바오 서비스 시장, https://fuwu.taobao.com)은 알리바바그룹 소속의 전자상거래 전문 재능마켓이다. 앞에 淘宝(타오바오)라는 단어가 붙은 것처럼 타오바오, 티몰 등 쇼핑몰을 운영하는 데 필요한 업무 위주로 구성되어 있다. 쇼핑몰 배너, 상세페이지 제작 등 디자인 작업은 물론, 결제나 배송, 고객응대 CS와 관련된 각종 툴, 프로그램 등도 직접 구

그림 5-11

매하거나 주문 제작까지 가능한 시스템이다.

먼저 언급한 저팔계가 일반적인 재능마켓이라면, 타오바오 서비스 시장은 '쇼핑몰 전문' 재능마켓이라고 할 수 있다. 한국의 오픈마켓이나 쇼핑몰은 플랫폼에서 제공하는 기본 기능 외에 추가적으로 활용할 수 있는 기능이 거의 없는 편인데, 중국의 타오바오 등 쇼핑몰은 부가적으로 사용 가능한 유료 서비스 툴이 많다. 타오바오 서비스 시장은 중국에서도 일반인보다는 전문 마케터들이 많이 활용하는 곳이며, 이곳을 활용할 정도라면 중국어에 능통한 것은 물론, 중국 온라인 마케팅의 상당한 고수라고 할 수 있다. 당장 활용하지는 못하더라도 한번쯤 둘러보며 어떤 방식으로 운영되는지 참고해 보는 것을 추천한다.

이상 콘텐츠 제작 사이트의 활용방법과 재능 마켓 사이트들을 알아보았다. 중국에서는 중국식 콘텐츠를 만들고 홍보하는 것이 중요하다. 보통 중국 마케팅을 할 때 한국식으로 모든 것을 제작하고 중국어로 번역만 하는 경우가 많은데, 사업도 현지화가 중요한 것처럼 우리가 홍보할 대상인 중국인들이 평소에 접하고 좋아하는 중국식 콘텐츠에 익숙해지고 제작할 수 있어야 한다. 이 Part에서 언급한 사이트들은 실제 중국 현지에서 중국인 마케터들이 활발히 사용하는 곳인 만큼 충분히 둘러보고 익숙해지기 바란다.

5-2

상위 노출을 위한 키워드 분석

온라인 마케팅에서 가장 중요한 것 중 하나는 바로 키워드이다. 플랫폼의 종류와 형태를 막론하고 키워드를 잘 선정하고 노출해야 한다는 것은 누구나 공감할 것이다. 정상적으로 홈페이지를 제작하고 등록하였다면, 누군가가 회사명이나 브랜드명을 정확하게 검색하였을 경우 나의 홈페이지가 노출될 것이다. 이렇게 우리의 회사를 이미 알고 있는 고객들에게 보이는 것도 중요하지만, 우리를 모르는 잠재 고객이 일반적인 키워드의 검색을 통해 우리의 상품을 인지하게 되는 것은 더욱 중요하다. 따라서 홈페이지 외에 블로그, 지식인, 티에바 등 플랫폼을 잘 활용하여 나의 콘텐츠를 홍보해야 하는데, 잠재 고객들에게 최대한 많이 노출될 수 있도록 키워드를 분석하는 것이 필요하다.

한국에서는 네이버 트렌드(https://datalab.naver.com) 등의 플랫폼에서 키워드 분석을 제공하고 있는데, 중국에서도 키워드 분석을 할 수 있도록 제공해 주는 플랫폼이 여럿 있다. 각 플랫폼별로 활용하는 방법을 알아보자.

바이두 지수(百度指数)

바이두 지수(百度指数, http://index.baidu.com)는 바이두에서 제공하는 키워드 분석 사이트로, 바이두 가입만 하면 누구나 활용할 수 있기 때문에 가장 많이 활용하는 키워드 분석 사이트이다.

홈페이지에 접속하면 [그림 5-12]와 같은 간단한 화면이 보이는데, 검색창에 키워드를 검색해 보자.

[그림 5-13]은 '한국여행(韩国旅游)'을 검색한 화면이다. 한국여행 키워드에 대한 추세를 그래프로 볼 수 있는데, 기간을 정해서 PC와 모바일 버전 모두 구분해서 볼 수 있다. 하단에 나오는 '整体日均值'은 전체일일지수, '移动日均值'은 모바일 일일지수를 뜻한다. 참고로 알아두어야 할 것은, 660점, 510점이라는 수치는 해당 키워드의 일일 검색 횟수 같은 객관적인 수치가 아닌, 바이두에서 자체적으로 관리하는 지수일 뿐이다. 660점이라는 수치가 높은 것인지 낮은 것인지는 객관적으로 판단할 수가 없다. 따라서 사용자 입장에서 할 수 있는 것은 다른 유사 키워드와 비교해 보는 것이다.

[그림 5-14]는 '日本旅游(일본여행)' 키워드를 추가한 화면이다. 초록색이 일본여행, 파란색이 한국여행 키워드 추세그래프인데, 일본여행 키

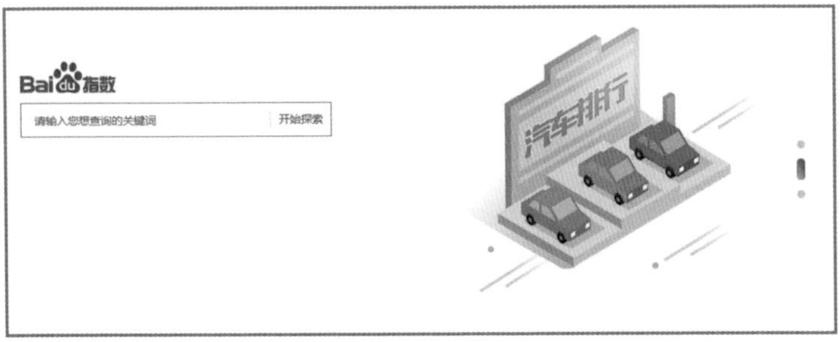

그림 5-12

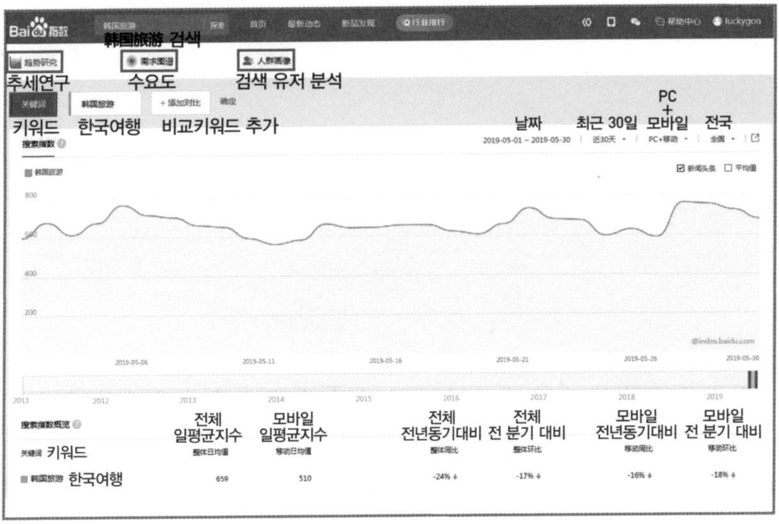

그림 5-13

워드가 한국여행 대비 두 배가량 높은 것을 알 수 있다. 이런 방식으로 각 키워드별로 비교 분석할 수 있으며, 키워드는 최대 5개까지 추가 가능하다.

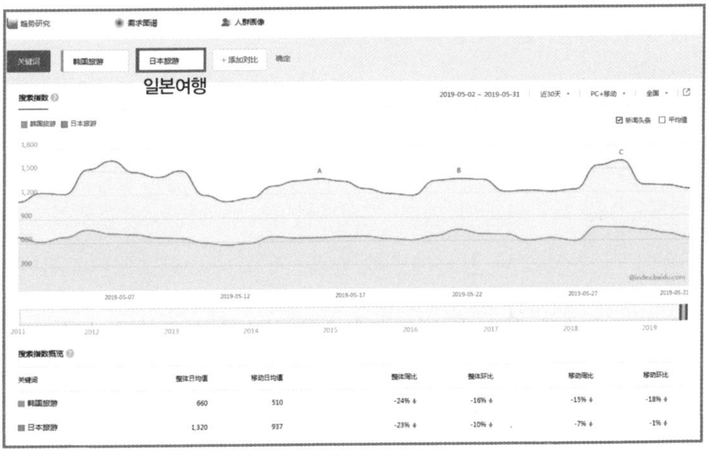

그림 5-14

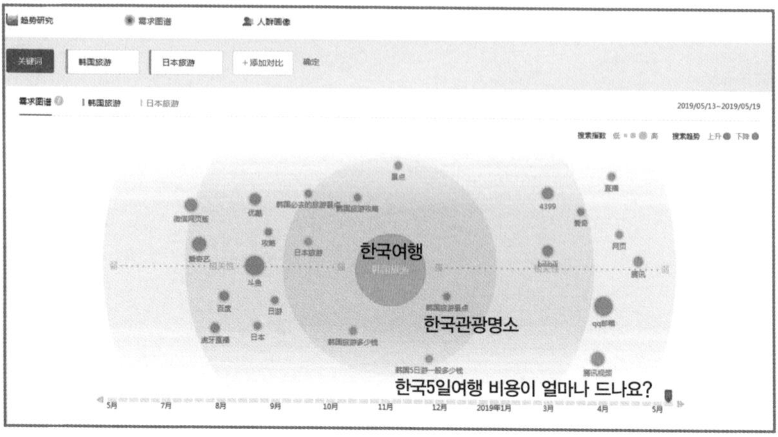

그림 5-15

키워드 분석 그래프가 나와 있는 '추세연구(趋势研究)' 화면을 모두 확인하고, 두 번째 영역인 '需求图谱(수요도)'를 누르면 [그림 5-15]와 같은 화면을 볼 수 있는데, 한국여행이라는 키워드를 중심으로 연관된 키워드들이 배치되어 보인다. 이 표를 보는 방법은 다음과 같다.

1. 중심에 가까울수록 연관성이 높다.
2. 원의 크기가 클수록 검색 지수가 높다.
3. 빨간색은 상승 추세의 키워드, 파란색은 감소 추세의 키워드이다.

검색한 키워드와 연관된 여러 키워드를 볼 수 있어, 콘텐츠를 제작할 때 도움이 될 수 있으니 참고하도록 하자. 예를 들어 韩国旅游(한국여행)의 연관 키워드로 韩国5日游多少钱(한국 5일 여행은 얼마인가요?)라는 키워드가 보이는데, 이 키워드(문장)을 사용하여 홍보 콘텐츠를 만드는 것도 좋은 방법이다. 마지막으로 '人群画像(검색 유저 분석)' 부분이 있는데, 이 부분에서는 사용자의 속성을 확인할 수 있다.

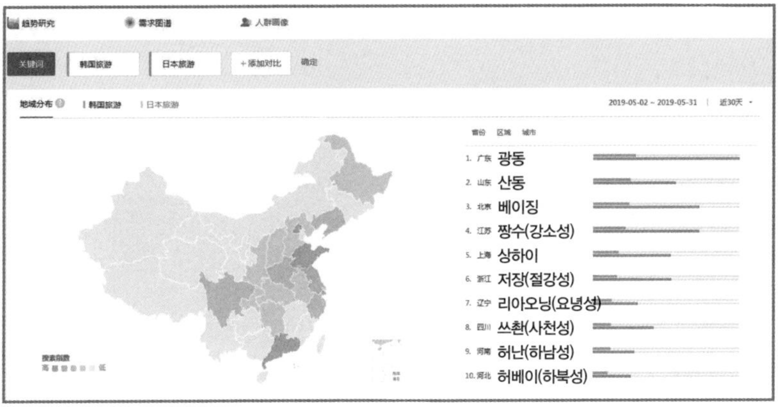

그림 5-16

[그림 5-16]은 각 지역별로 키워드 검색 지수를 볼 수 있는데, 파란색이 짙을수록 검색량이 많은 것이다. 중국은 워낙 넓기 때문에 각 성(省)이나 지역별로 마케팅하는 경우가 많은데, 나와 관련된 키워드를 어느 지역에서 많이 검색하는지 확인할 수 있기 때문에 꼭 참고하는 것이 좋다.

화면 하단에 [그림 5-17]과 같이 연령과 성별 등 사용자별 통계를 볼 수 있다. 한국여행 키워드는 광동성의 30대 여성이 주로 검색하는 것으로 보이는데, 이 타겟을 그대로 적용하여 다른 SNS 채널에서도 광고를 한다면 보다 높은 효율을 얻을 수 있을 것이다. 마케팅 초기에는 이런 데이

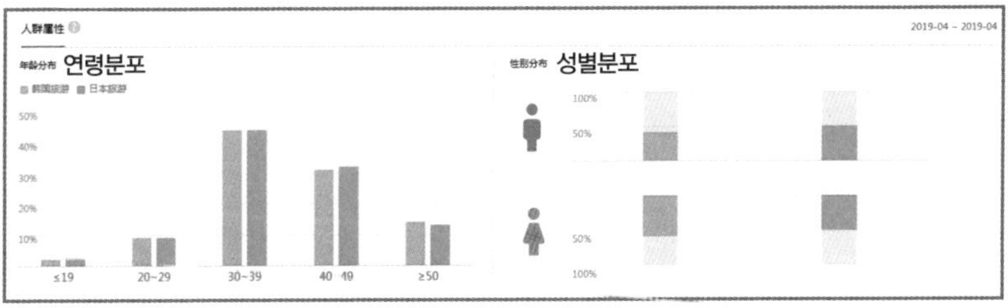

그림 5-17

터를 확인하고, 작은 범위에서부터 점차 큰 범위로 넓혀나가는 것을 추천한다.

위챗 지수(微信指数)

위챗 지수는 위챗에서 제공하는 키워드 분석 도구인데, 위챗이라는 SNS 안에서 사용되는 도구이다 보니 별도로 접속하는 URL이 있지 않고 위챗 안에서 미니 프로그램(小程序, 샤오청쉬) 형태로 운영되고 있다. 위챗 지수는 사용방법이 아주 간단한데, 함께 알아보자.

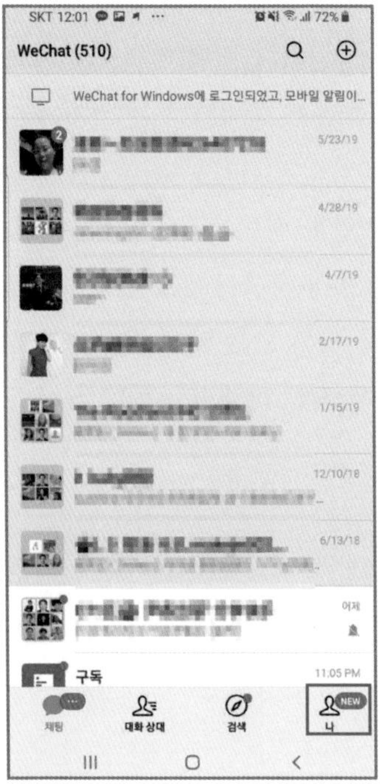

그림 5-18

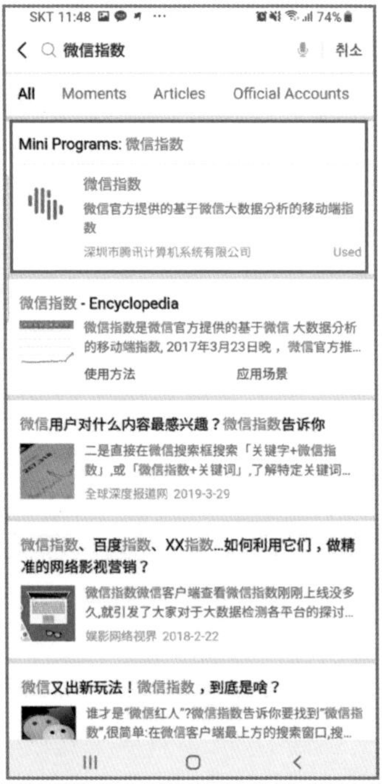

그림 5-19

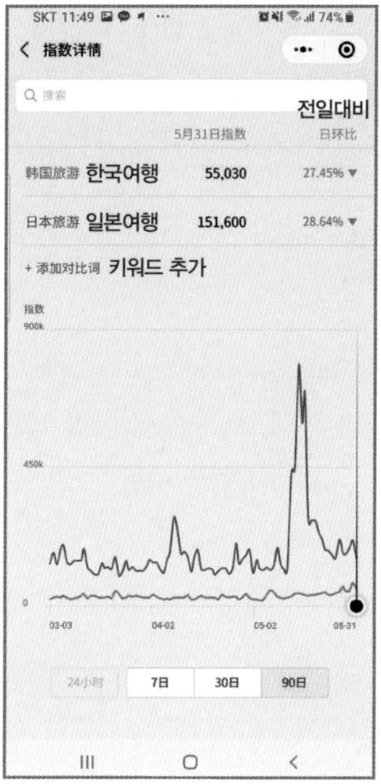

그림 5-20

위챗을 실행하고 [그림 5-18]의 우측 상단의 돋보기 버튼을 누르고, [그림 5-19]의 '微信指数(위챗 지수)'를 검색하면 Mini Program이라고 나와 있는 위챗 지수를 볼 수 있다. 해당 프로그램을 실행하면 [그림 5-20]의 화면이 나오는데, 바이두 지수에서 검색한 것처럼 키워드를 검색하면 위챗 검색 지수를 확인할 수 있다.

위챗 역시 바이두처럼 자체적으로 관리하는 지수이기 때문에 단순히 점수만을 보는 것은 의미가 없다. 동일한 '韩国旅游(한국여행)' 키워드를 검색하였을 때 바이두 지수는 660점, 위챗 지수는 55,230점인 것을 볼 수 있는데, 객관적인 지표로 생각하기는 어렵다. 따라서 다른 키워드와 검색해서 비교하는 정도로 활용해야 하며, [그림 5-20]에서 일본여행을 추가로 검색한 결과를 보면, 한국여행에 비해 세 배나 높은 것을 알 수 있다. 이런 방식으로 키워드를 검색해 보며 참고하도록 하자.

웨이보 지수(微博指数)

웨이보 지수(微博指数, https://data.weibo.com/index/newindex)는 웨이보에서 제공하는 키워드 분석 툴인데, PC버전이 아직 리뉴얼 중인 관계로 모바일단으로만 확인이 가능하고, 링크를 열면 [그림 5-21]과 같은 화면을 볼 수 있다.

전체적인 레이아웃 및 사용방법은 위챗 지수와 매우 유사하기 때문에

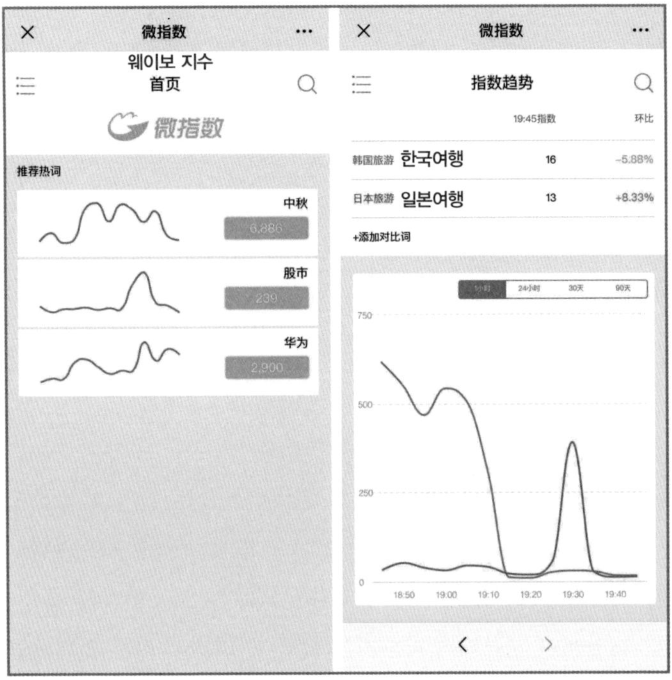

그림 5-21

상세 설명 부분은 생략하도록 하겠다(웨이보 지수의 PC버전은 바이두 지수와 유사하다).

5118.com

5118.com(https://www.5118.com)은 홈페이지 SEO 작업 및 콘텐츠 상위 노출을 위한 검색엔진 최적화 작업을 할 수 있는 사이트이다. 이 사이트는 전문 마케터들이 사용하는 곳이라 어려운 기능들이 많은데, 키워드 검색과 관련된 부분만 살펴보자.

5118.com에 접속하면 [그림 5-22]와 같이 최상단에 4개의 카테고리를 볼 수 있는데, 두 번째의 '挖词(키워드 분석)'에서 '关键词挖掘(키워드 추출)' 검색창에 키워드를 넣으면 된다. 앞서 예시로 들었던 한국여행(韩国旅游) 키워드를 입력 후 오른쪽 돋보기 버튼을 클릭해 보자.

[그림 5-23]과 같이 검색 결과를 확인할 수 있는데, 데이터 항목이 많아 필요한 부분만 정리해 보았다.

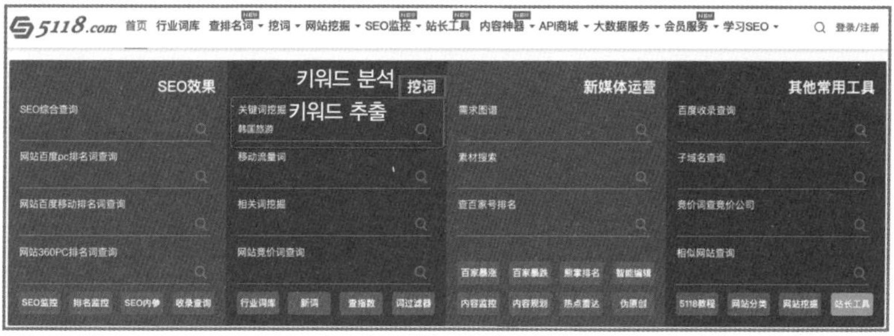

그림 5-22

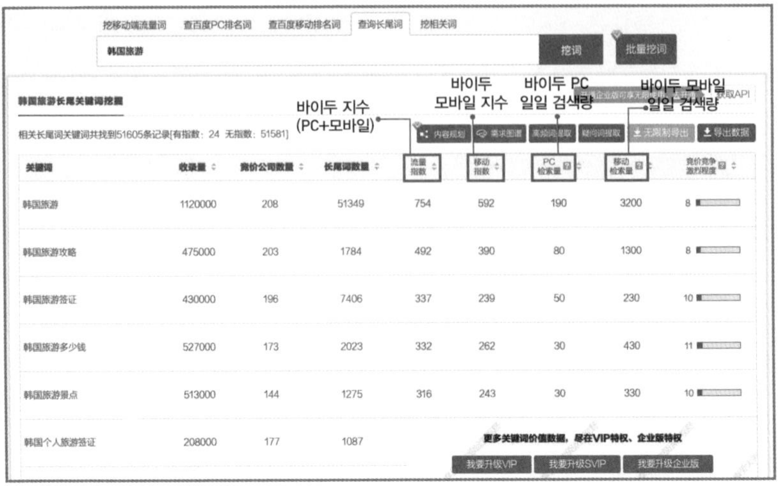

그림 5-23

- 流量指数: 바이두 지수(PC+모바일)
- 移动指数: 바이두 모바일 지수
- PC 检索量: 바이두 PC 일일 검색량
- 移动检索量: 바이두 모바일 일일 검색량

검색 결과에서 앞서 다루었던 바이두 지수도 확인할 수 있는데, 중요한 것은 추가적으로 실제 일일 검색량을 알 수 있다는 것이다. 일일 검색량은 정확한 실제 검색량을 객관적으로 확인할 수 있는 지표이기 때문에 활용도가 매우 높다. 해당 사이트에 가입하지 않아도 확인할 수 있으니, 내 사업과 관련된 키워드의 검색량이 어느 정도인지 수시로 확인하여 마케팅에 활용하도록 하자. 현재 5118.com의 무료 버전으로는 5개 키워드의 데이터만 조회할 수 있으며, 더 많은 키워드를 추출하려면 회원가입 후 유료버전으로 업그레이드해야 확인할 수 있다.

바이두 광고 키워드 마스터

바이두 키워드 마스터(关键词规划师)는 앞서 바이두 검색광고 키워드를 언급할 때 잠깐 소개하였는데, 키워드 분석 툴 중 가장 정확한 데이터를 제공하기 때문에 반드시 활용해야 할 툴이라고 할 수 있다. 먼저 키워드 마스터를 사용하려면 반드시 바이두 검색광고계정을 가지고 있어야 한다. 광고계정을 개설하는 방법은 Part 2에서 다루었으니, 키워드 마스터를 사용하는 방법에 대해 알아보도록 하자.

바이두 광고계정에 들어가서 [그림 5-24]와 같이 '关键词规划师(키워드 마스터)'를 순차적으로 클릭한다.

키워드 마스터에 들어가서 상단의 키워드 검색창에 키워드를 넣어보자. [그림 5-25]는 '한국여행(韩国旅游)'을 검색한 화면이며, 하단에서 한국여행의 정확한 검색량 및 연관 검색어들의 주간 검색량을 알 수 있다.

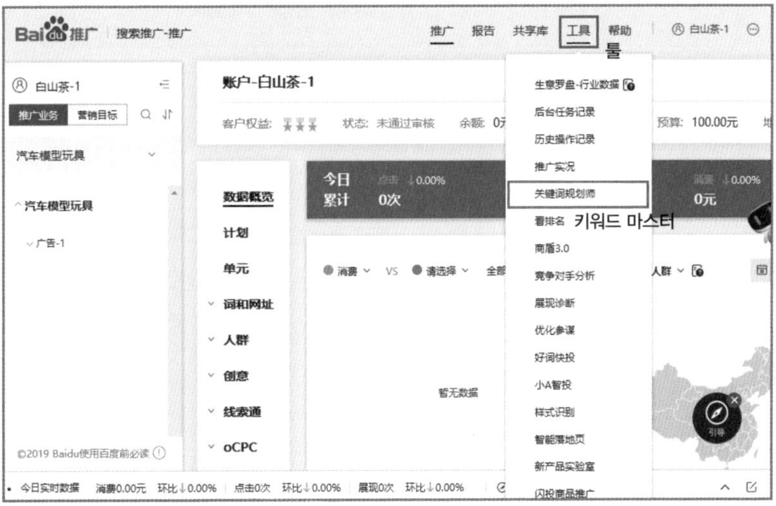

그림 5-24

关键词	推荐理由	推荐出价	整体周均搜索量（次） 整体	移动	计算机	竞争激烈程度
韩国旅游	周末好词,夜...	2.7	4431	3332	1092	16
蚂蜂窝旅游攻略	周末好词,夜...	4.97	3556	1841	1708	14
韩国乐天免税店	周末好词,夜...	15.56	2835	2408	427	12
韩国旅游攻略	周末好词,夜...	3.38	2597	2100	497	17
去韩国必买的东西	周末好词,夜...	4.35	2331	2219	105	17
蚂蜂窝旅游网	黑马,移动黑...	7.42	2170	609	1561	10
韩国旅游多少钱	周末好词,夜...	2.18	1477	1316	161	23
韩国买什么比国内便宜	移动黑马,周...	0.98	1365	1288	70	16
韩国旅游签证	周末好词,夜...	1.52	1337	1050	280	16
韩国旅游景点	周末好词,夜...	2.66	1281	1127	154	18
旅游去泰国	夜间好词	2.21	1225	1043	182	10
旅行社旅游报价	周末好词,夜...	2.11	980	875	98	17

그림 5-25

'한국여행'이라는 키워드의 데이터를 보면, 주간 총 검색량은 4,431건, 즉 한 달에 약 1.8만 건 조회되는 것을 알 수 있고, 아래 한국여행 키워드와 관련 있는 한국여행공략(韩国旅游攻略), 한국여행비자(韩国旅游签证) 등 연관 키워드의 상세 데이터도 확인이 가능하다. 그리고 검색창 하단의 '下载(다운로드)' 버튼을 누르면 모든 데이터를 엑셀로 다운로드할 수 있다.

이상 키워드와 관련된 네 가지 지수에 대해 모두 알아보았는데, 키워드 검색 시 사용자층이나 지역 등 전반적인 내용이 알고 싶다면 바이두 지수를, 상세 키워드의 정확한 검색량이 알고 싶다면 5118.com이나 바이두 키워드 마스터를 확인하는 것이 유리하다. 필요한 정보에 따라 각 플랫폼을 활용해 보자.

5-3

상위 노출을 위한 콘텐츠 구성 및 상위 노출 전략

5-2절에서 키워드를 분석하는 방법에 대해 알아보았는데, 콘텐츠를 제작할 때도 키워드는 매우 중요하다. 화장품 회사의 경우 '한국화장품'이라는 키워드에 자신의 상품이 100% 상위 노출될 수 있다면 좋겠지만, 이 키워드는 메인 키워드인 만큼 상위 노출을 위한 경쟁 역시 매우 치열할 것이다. 따라서 경쟁률이 높은 메인 키워드와 별개로 세부 키워드를 공략하는 것이 필요한데, '한국 보습크림', '한국 연예인 수분크림' 등 보다 경쟁률이 적은 세부 키워드로 콘텐츠를 구성하여 여러 키워드에 노출시키는 전략이 필요하다.

한국어라면 특별한 분석도구를 사용하지 않아도 연관된 키워드들을 알 수 있지만, 중국어는 중국인들의 성향, 연관 키워드 등을 객관적인 분석도구를 통해 확인하는 것이 중요하기 때문에 키워드 분석 도구를 잘 활용할 수 있도록 익숙해지는 것이 필요하다. 이제 분석된 키워드를 이용하여 콘텐츠를 상위에 노출시키기 위한 콘텐츠 구성 및 전략을 알아보자.

콘텐츠 제작 방법

검색 상위 노출이 잘되게 하려면 콘텐츠를 제작할 때 꼭 지켜야 하는 몇 가지 원칙이 있다. 다음은 바이두 등 검색 포털사이트에서 선호되는 콘텐츠 제작 방법이다.

① 콘텐츠 제목 앞부분에 키워드 삽입

바이두 검색엔진 로직상 해당 콘텐츠와 검색 키워드의 연관성을 판단하는 가장 중요한 원칙은 제목에 검색 키워드가 있는지의 여부이다. 콘텐츠를 아무리 잘 작성하더라도 제목에 노출하고자 하는 키워드가 삽입되어 있지 않으면 상위 노출은 거의 불가능하다. 또한 키워드 삽입 시 가능하면 제목의 앞 쪽에 배치하는 것이 더욱 유리하다.

② 콘텐츠 내 이미지 다수 삽입

바이두에서 공식적으로 밝힌 적은 없지만, 필자의 경험상 바이두의 검색 로직은 이미지가 들어 있는 콘텐츠를 더욱 선호하고 상위 노출이 더 잘되게 하는 경향이 있다. 콘텐츠 제작 시 내용과 어울리는 이미지를 최소 3장 이상 준비하는 것이 좋으며, 콘텐츠의 텍스트와 전혀 관계없는 이미지일 경우 페널티가 있을 수 있으니 참고하도록 하자.

③ 홍보성 문구

모든 포털 사이트는 정보성 콘텐츠를 선호하며, 홍보성 콘텐츠에 대해서는 엄격하게 관리한다. 중국도 마찬가지인데, 콘텐츠를 작성할 때 홍보하기 위해 연락처나 홈페이지 주소, 위챗 QR코드 등을 남기면 플랫폼의 심사 단계에서 거절될 확률이 매우 높다. 설령 심사가 통과되어 업로드가 된다고 해도 누군가의 신고로 금방 삭제되는 경우가 대부분이다. 따라서 콘텐츠 내에서는 연락처를 직접 남기는 것은 절대 불가하며, '바이두에서

○○을 검색하세요' 혹은 '타오바오 ○○ 쇼핑몰에서 만날 수 있어요'라는 식으로 우회적으로 표현하는 방식을 사용하는 것이 좋다.

콘텐츠 배포 플랫폼

공략 키워드 및 콘텐츠가 준비되었으면, 이제 어떤 플랫폼에 배포할지 고민해야 한다. 앞서 Part 2에서 다루었던 것처럼 바이두도 네이버와 마찬가지로 블로그, 지식인 등의 플랫폼이 있으며, 그 외 언론 보도, BBS, 커뮤니티 사이트 등 다양하게 활용할 수 있는 채널들이 많다. 필자가 상위 노

플랫폼		장점	단점	URL
百度知道	바이두 지식인	• 자문자답 형식으로 대량 배포 가능	• 이미지 삽입 불가 텍스트 50자 이내	https://zhidao.baidu.com
百度百家号	바이두 블로그	• 상위 노출 확률 높음	• 홍보성 문구 및 유사 문서 심사 엄격	https://baijiahao.baidu.com
百度贴吧	바이두 티에바	• 대량배포 및 정확한 타겟에 노출 가능	• 이미지 삽입 콘텐츠 삭제 확률 높음	https://tieba.baidu.com
新闻媒体	언론매체	• 동일한 콘텐츠를 제목을 수정하여 여러 언론매체에 대량 배포 가능 • 상위 노출 확률 높음	• 매체 심사 과정에서 홍보성 문구 등 원인으로 거절될 가능성 높음	텐센트뉴스 https://news.qq.com 소후뉴스 http://news.sohu.com
BBS	BBS 게시판	• 대량 배포로 짧은 시간에 검색 • 노출 콘텐츠 수량 증가	• BBS 게시판 사용률이 점점 줄어들어 상위 노출 확률이 떨어질 수 있음	티엔야 http://bbs.tianya.cn 19러우 http://bbs.19lou.com
豆瓣网	또우반 커뮤니티	• 언론매체처럼 제목을 수정하여 대량 배포 가능 • 상위 노출 확률 높음	• 홍보성 내용에 대한 심사가 엄격하여 삭제율 높음	https://www.douban.com

출 작업을 할 때 자주 사용했던 플랫폼들의 장단점을 표로 정리해 보았다.

중국에 존재하는 수많은 배포 가능 플랫폼 중에서 표에 정리한 항목 중 생소할 수 있는 BBS에 대해 간단히 설명하려고 한다. BBS란 'Bulletin board system'의 약자로, 전자 게시판을 의미한다. 우리나라에서는 예전에 PC통신을 사용하던 시절 많이 사용하였던 용어로 현재는 거의 사용하지 않지만, 중국에서는 'BBS论坛(게시판)'이라는 이름으로 많이 활용되고 있다. 앞서 바이두 채널 소개 시, 중국에는 카페 커뮤니티의 개념이 없고 하나의 게시판 형태로 운영되고 있다고 소개했는데, 이런 게시판들을 'BBS 게시판'으로 통칭한다고 이해하면 쉽다.

예를 들면 북경대학교의 학내 게시판은 '북경대BBS'라고 부르는 식이며, 수많은 웹사이트에서 각 단체들이 'BBS 게시판'을 운영하고 있다. BBS 마케팅은 나의 브랜드에 관련된 콘텐츠를 BBS 게시판에 올려 바이두 등 포털 사이트에 검색 노출되도록 하는 것이 핵심이다.

최대한 많은 BBS 게시판에 글을 올려서 해당 글들이 검색 노출될 수 있도록 하는 것이다. 국내로 비유하자면 여러 카페와 각종 커뮤니티 사이트에 모두 가입하여 홍보글을 작성하는 방식인데, 실제로 수많은 BBS에 가입하여 글을 작성하는 것은 쉽지 않은 일이다. 중국인으로서도 시간이 많이 소요되는 일이며, 더욱이 외국인의 입장에서는 현지 커뮤니티를 찾고 가입하는 것 자체가 매우 어렵다. 따라서 전문 마케팅 대행사를 통해 대량의 콘텐츠를 배포하는 방식으로 진행하는 경우가 많은데, 워낙 플랫폼이 다양하다 보니 한 번에 100개 이상의 BBS 게시판에 동일한 콘텐츠를 배포하기도 한다.

플랫폼이 다양하여 검색 시 유사문서로 분류되는 페널티는 없기 때문에 대량의 콘텐츠를 배포하는 것은 큰 문제가 없으며, 이렇게 많은 수량의 콘텐츠가 배포된 후 반응이 좋은 게시물이 상위 노출되면 그 마케팅은 성공한 것이다. 필자가 BBS 마케팅을 통해 상위 노출했던 사례를 살펴보자.

[그림 5-26]은 바이두에서 '한국수공예캔들(韩国工艺蜡烛)'이라는 키워드를 검색한 화면인데, 두 번째에 필자가 배포한 BBS 게시판의 콘텐츠가 상위 노출되어 있다. 콘텐츠 상위 노출을 하기 위해 [그림 5-27]과 같이 100개의 플랫폼에 동시에 BBS 마케팅 배포를 했었고, 배포 결과 첫 페이지에 콘텐츠 상위 노출된 것이다. 키워드의 경쟁률에 따라서 상위 노출 여부는 조금 차이가 있을 수 있지만, 이 방법은 바이두의 첫 페이지에 콘텐츠를 상위 노출시킬 수 있는 가능성이 많으며, 필자가 평소 마케팅 대행을 많이 하고 있는 분야이기도 하다.

그림 5-26

序号	发布平台	发布板块	链接	主题	备注
1	百度百家		http://	韩国工艺蜡烛品牌Classe_	
2	网易新闻客户端		https:/	韩国工艺蜡烛品牌Classe_	
3	腾讯新闻客户端		http://	韩国工艺蜡烛品牌Classe_	
4	好网角		https:/	韩国工艺蜡烛品牌Classe_	
5	西祠胡同	生活互动	http://	韩国工艺蜡烛品牌Classe_	
6	天涯	网罗天下	http://	韩国工艺蜡烛品牌Classe_	
7	京华论坛	千龙杂谈	http://	韩国工艺蜡烛品牌Classe_	
8	海内网	海内杂谈	https:/	韩国工艺蜡烛品牌Classe_	
9	云同盟	生活杂谈	https:/	韩国工艺蜡烛品牌Classe_	
10	360图书馆	网络文章	http://	韩国工艺蜡烛品牌Classe_	
11	猫扑珠海	民生杂谈	http://	韩国工艺蜡烛品牌Classe_	
12	房网论坛	五花八门	me.com/	韩国工艺蜡烛品牌Classe_	
13	猫扑徐州	生活杂谈	http://	韩国工艺蜡烛品牌Classe_	
14	釜溪论坛	龙都茶坊	http://	韩国工艺蜡烛品牌Classe_	
15	泉州小鱼	吹水杂谈	http://	韩国工艺蜡烛品牌Classe_	
16	郑州论坛	广场茶馆	http://	韩国工艺蜡烛品牌Classe_	
17	东莞阳光网	灌水乐园	http://	韩国工艺蜡烛品牌Classe_	
18	蚌埠街论坛	社会热点	http://	韩国工艺蜡烛品牌Classe_	
19	中澳网	生活杂谈	http://	韩国工艺蜡烛品牌Classe_	
20	二千沙龙	谈天说地	http://	韩国工艺蜡烛品牌Classe_	
21	平邑网	生活资讯	http://	韩国工艺蜡烛品牌Classe_	
22	株洲在线	水漫湘江	http://	韩国工艺蜡烛品牌Classe_	
23	新沂论坛	谈天说地	http://	韩国工艺蜡烛品牌Classe_	
24	泰安论坛	同城信息	http://	韩国工艺蜡烛品牌Classe_	
25	宁国论坛	江湖时事	http://	韩国工艺蜡烛品牌Classe_	
26	广德论坛	谈天说地	http://	韩国工艺蜡烛品牌Classe_	
27	时空网	天下杂谈	http://	韩国工艺蜡烛品牌Classe_	
28	晋江生活	百姓说事	http://	韩国工艺蜡烛品牌Classe_	
29	大连论坛	谈天说地	http://	韩国工艺蜡烛品牌Classe_	
30	新兴论坛	社会热点	http://	韩国工艺蜡烛品牌Classe_	

그림 5-27

상위 노출되는 콘텐츠의 내용은 직접적인 홍보성 글을 작성하는 경우도 있지만, 정보성 콘텐츠를 작성하며 자신의 상품을 자연스럽게 연출시키는 방식으로도 많이 활용하고 있다. 한국에서는 이렇게 대량의 콘텐츠를 동시에 배포하는 방식의 바이럴 마케팅을 진행하는 경우는 많지 않지만, 중국에서는 흔히 활용하는 마케팅 방식이니 참고하도록 하자.

상위 노출 현황 모니터링 방법

콘텐츠를 제작하고 어떤 플랫폼에 포스팅했다면, 이제 바이두 등 포털 사이트에서 검색이 잘되고 있는지 확인해 보아야 한다. 마케터라면 자신이 배포한 콘텐츠가 어떻게 노출되고 있는지 확인하는 것이 필수이다. 포스팅을 하고 나면 빠르면 당일에 검색 결과에 노출되는 경우도 있지만, 늦어지는 경우 1주일 정도 기다려야 할 때도 있다. 그래서 통상적으로 콘텐츠 배포 후 7일 뒤에 키워드를 검색하여 배포한 콘텐츠가 몇 페이지에 노출되고 있는지 확인하는 편이다. 배포량이 적을 때는 하나씩 검색해서 확인할 수 있지만 많은 수량을 배포한 경우라면 수동으로 확인하기는 시간이 너무 많이 소요된다. 다량으로 배포한 콘텐츠라도 손쉽게 순위를 확인할 수 있는 툴을 소개하려고 한다.

콘텐츠 노출순위 검색 툴(760名查询)

760툴(https://tools.aizhan.com/fenci)은 키워드별로 콘텐츠의 노출 순위를 확인할 수 있는 사이트이며, 별도 회원가입 없이 누구나 무료로 사용할 수 있어 매우 편리한 사이트이다.

홈페이지에 접속하면 [그림 5-28]과 같은 메인화면을 볼 수 있는데, 검색창 좌측에는 키워드를 입력하고, 우측에는 콘텐츠를 배포한 웹페이지의 링크를 붙여 넣으면 된다. 하단의 '电脑版排名'은 바이두 PC 검색순위

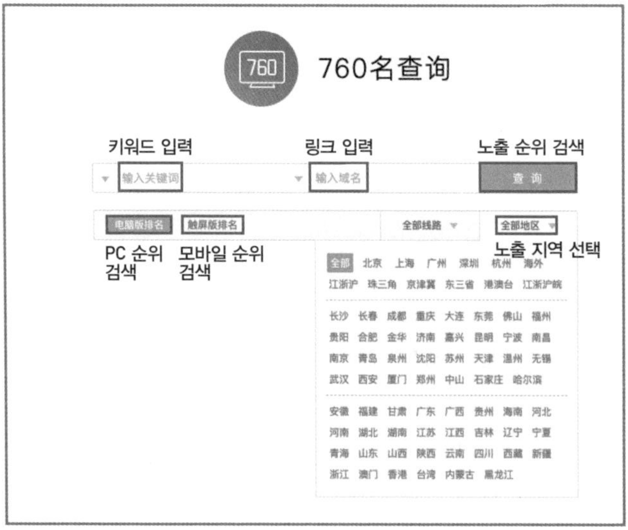

그림 5-28

그림 5-29

를 조회하는 것이며, 우측의 '触屏版排名'은 모바일 검색순위를 조회하는 것이다. 우측 하단에서는 지역을 구분하여 노출순위를 확인할 수도 있다. 그러면 실제 상위에 노출된 콘텐츠의 예시를 살펴보자.

[그림 5-29]는 '한국여행(韩国旅游)' 키워드를 검색하고, 플랫폼은 바이두 지식인으로 설정한 결과이다. 첫 페이지 7위, 2페이지 6위라고 나와 있는 것이 보이는데, 제목과 내용을 살펴본 후, 자신이 배포한 것인지 확인하면 된다. 초반 1, 2페이지에 나의 콘텐츠가 나오지 않는다면, 하단의 '继续查询(계속 찾기)'를 누르면 찾아볼 수 있다. 국내에서도 일반적으로 콘텐츠를 올리고 나면 어디에 콘텐츠가 노출되느냐를 확인하는 것이 중요한 일인데, 이 사이트를 활용하면 플랫폼에 따라 손쉽게 확인할 수 있으니 적극 활용하는 것을 추천한다.

이 장에서는 콘텐츠 상위 노출에 대해서 다루었는데, 소개한 키워드 분석도구와 상위 노출 현황 확인도구 활용방법 등 모든 툴은 실제로 중국 현지에서 활발히 사용되고 있는 것이다. 중국어라는 장벽이 있는데다 콘텐츠 툴을 직접 사용하는 것은 다소 어려울 수 있지만, 스스로 100% 활용은 하지 못하더라도 이런 분석도구들이 있다는 것을 알고 있다는 것 자체만으로도 대행사와 업무할 때 많은 도움이 될 수 있을 것이다.

차이나 마케팅 트렌드 5.

중국의 식사/술자리 비즈니스 매너

이번 장의 읽을거리로 중국의 식사와 술자리의 비즈니스 매너에 대해 이야기하려고 한다. 대부분의 국가가 마찬가지겠지만, 특히 중국은 음식예절을 중요시 하는 나라이고, 비즈니스 미팅이 식사와 술자리까지 이어지는 경우가 매우 많기 때문에 실수 없이 식사자리까지 끝마치는 것이 진정한 비즈니스의 마무리라고 할 수 있다. 중국은 한국과 비슷하면서도 다른 점이 많은데, 실수하기 쉬운 몇 가지에 대해 정리해 보았다.

1. 담배를 권하는 문화

중국에는 烟搭桥, 酒开路(담배로 다리를 놓고, 술로 길을 연다)라는 속담이 있다. 최근에는 중국에도 금연문화가 많이 생겼지만, 흡연문화는 중국을 대표하는 모습 중 하나이다. 특히 손님을 맞이할 때 자연스럽게 담배를 권하는 경우가 많은데, 이를 상대방을 존중한다는 의미로 하는 경우가 많으니 오해하지 않도록 하자.

필자의 친한 중국인 사업가는 본인은 담배를 피우지 않으나 항상 주머니에 값비싼 담배를 가지고 다니며 만나는 주변 사람에게 나누어 주곤 한다. 참고로 중국은 한 갑당 몇 백 원부터 몇 만 원까지 다양한 담배가 있으며, 빨간색의 中华(중화) 브랜드가 유명하다. 처음 만나는 비즈니스 상대에게 간단한 선물이 고민일 때, 면세점에서 구입한 고급 담배 한 보루를 선물한다면 거의 실패하지 않는 선택이 될 것이다.

2. 원형테이블 지위별 자리

중국은 원형 테이블에서 식사하는 경우가 많은데, 어디에 앉아야 할지 고민하지 말고 상대방이 안내해 줄 때까지 기다리면 된다. 일반적으로 가장 안쪽 중앙이 상석이고, 안쪽부터 차례대로 지위에 따라 앉게 되며, 문 입구 쪽이 말석이다.

3. 차(茶) 주전자의 방향

중국은 차 문화가 발달한 만큼 차 주전자의 방향도 신경 써야 한다. 차 주전자의 주둥이를 사람으로 향하면 안 되며, 사람이 없는 방향으로 돌려놓아야 한다. 사소하다고 생각할 수 있지만, 이 부분은 한국 사람들이 많이 실수하는 부분이기도 하니 신경 써서 차 예절을 지키도록 하자.

4. 첨잔 문화

처음 중국에서 술자리를 가지면 한국 사람들이 가장 당황하는 것 중 하나가 바로 첨잔 문화이다. 중국에서는 술잔이 조금이라도 비어 있으면 잔을 채워주는 것을 예의라고 생각하는데, 당황하지 말고 천천히 술을 즐기면서 마시도록 하자. 물론 중국도 원샷문화가 있는데, 건배(干杯, 깐뻬이)라고 외치고 술을 마시는 경우에는 반드시 잔을 비워야 한다. 그리고 한국처럼 잔을 돌리면서 마시거나, 얼굴을 돌리고 마시는 등의 행위는 하지 않도록 한다.

5. 생선 뒤집지 않기

중국은 생선음식 종류가 매우 다양하고 고급 음식으로 분류되어, 여러 명이서 음식점에 가면 항상 생선요리가 포함되어 있는 편이다. 한국에서 생선을 먹을 때는 습관적으로 뒤집어가며 살을 발라먹곤 하는데, 중국에서는 생선을 뒤집으면 복이 나간다고 생각하는 문화가 있으니 조심하도록 하자.

6. 음식은 조금 남기기

중국에서 식사해 본 사람이라면 늘 넉넉히 음식을 주문한다는 것을 경험해 봤을 것이다. 중국에서는 음식을 약간 남기는 것이 예의인데, 모든 음식을 깨끗이 다 비우면 음식이 부족한 것이 아닐까 라고 생각하는 경향이 있기 때문이다. 한국처럼 음식을 모두 먹어야 한다고 생각하면 서로 불편해지는 상황이 될 수 있으니, 참고하도록 하자.

7. 2차는 없다

한국에서는 2차, 3차 등 장소를 바꿔가며 술을 마시는 경우가 많은데, 중국에서는 대부분 한 곳에서 오래도록 식사와 술을 즐기는 편이다. 그래서 식당에 노래방 시설과 마작 등 게임을 할 수 있는 시설까지 되어 있는 경우가 많은데, 한 장소에서 6시간 이상 식사와 술자리가 이어지는 경우가 많으니, 조금 지루하더라도 그 안에서 즐겁게 자리를 가지는 것이 좋다. 특히 한국사람 중 식사와 술을 빨리 먹는 사람이 간혹 있는데, 술자리라기보다는 비즈니스 미팅의 연장선상이라고 생각하고 천천히 즐기며 서로를 알아간다고 생각하면 좋을 것이다.

Part

6

중국판 아마존 알리바바 유통 플랫폼 활용방법

6-1

중국 유통 플랫폼 구조의 이해

B2C / C2C 유통 플랫폼

Part 1~5를 통해 중국 포털 사이트부터 SNS 채널과 인플루언서 마케팅, 콘텐츠 제작 방법까지 디지털 마케팅에 대한 전반적인 내용을 알아보았다. 이 중 나에게 맞는 채널과 마케팅 방법은 여러 가지가 있겠지만, 궁극적인 홍보의 목표는 현지의 소비자로 하여금 나의 상품을 구매하게 하는 것이라고 할 수 있을 것이다. 따라서 소비자가 직접 구매할 수 있는 경로를 제공하는 유통 플랫폼을 활용하는 것이 필요하다. 중국에 수많은 유통 플랫폼이 있지만, 한국 기업의 입장에서 꼭 알아야 할 알리바바그룹 위주로 정리해 보려 한다. 그러면 중국의 유통 플랫폼에 대해 알아보자.

중국과 한국은 유통 플랫폼의 구조가 다르다. 한국은 11번가, 옥션 등 사업자를 등록하고 입점 판매하는 오픈마켓 방식이 주요 유통채널이며, 개인 간의 거래인 C2C(Customer to Customer) 방식은 중고나라 등 커뮤니티를 통해 개별적으로 진행하는 편이다. 하지만 중국은 알리바바그룹에서 운영하는 C2C 플랫폼인 타오바오를 통해 누구나 손쉽게 상품을 올리고 판매할 수 있는데, 사업자를 내지 않아도 공식적으로 상품을 판매할 수

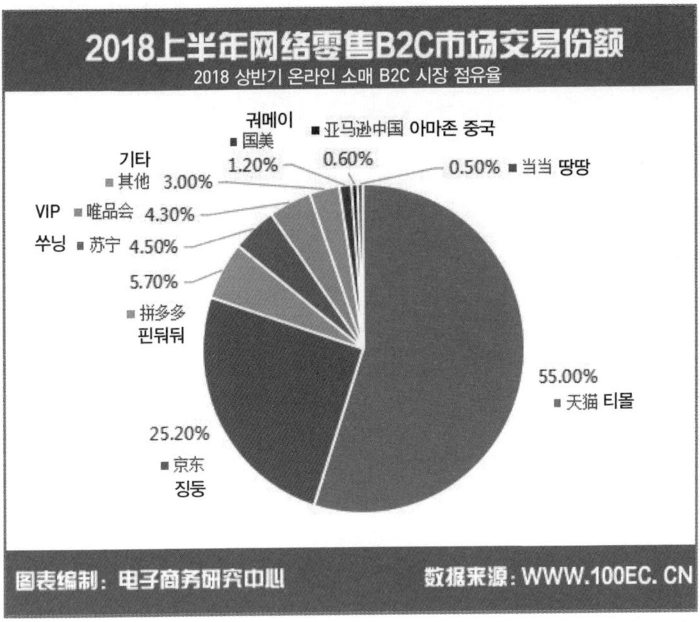

그림 6-1

있는 플랫폼이 있다는 점이 한국과의 가장 큰 차이점이라고 할 수 있다. 물론 중국도 사업자 등록이 필요한 B2C 플랫폼이 있는데, [그림 6-1]을 통해 알아보자.

[그림 6-1]은 2018년 상반기 기준 중국 온라인 B2C 플랫폼 점유율을 나타낸 그림이다. 55%를 차지하고 있는 티몰(天猫, T-mall)은 알리바바그룹에서 운영하는 B2C 쇼핑몰로 타오바오와는 다르게 사업자가 있어야만 입점해서 판매가 가능하다(알리바바그룹의 플랫폼에 대해서는 6-2절에 자세히 설명되어 있다). 티몰의 뒤를 이어 25%를 차지하고 있는 京东(징둥닷컴)은 텐센트(Tencent, 腾讯)가 투자한 플랫폼으로 시장점유율을 꾸준히 올리며 2위에 자리 잡고 있다. 참고로 타오바오는 플랫폼 특성상 C2C로 분류되어 이 그림에서는 제외되었는데, 55%를 차지하는 티몰과 타오바오를

티몰(天猫)	알리바바그룹의 B2C 플랫폼으로, 사업자가 있어야 판매가 가능하여 타오바오보다 신뢰도가 높다. 타오바오에서 검색 시 타오바오몰과 티몰 상점이 함께 노출됨	http://www.tmall.com
징둥닷컴(京东)	텐센트에서 투자해 티몰의 뒤를 쫓는 B2C 플랫폼으로, 전자제품에 특화됨	http://www.jd.com
핀둬둬(拼多多)	2015년에 출시되어 저가 전략과 공동구매방식을 활용해 빠르게 성장하고 있으며, 2위인 징둥닷컴을 추격하고 있음	https://www.pinduoduo.com
쑤닝이꼬우(苏宁易购)	징둥과 비슷하게 전자제품을 주로 취급함	http://www.suning.com
VIP(唯品会)	텐센트와 징둥에서 투자함. 브랜드 제품 주로 취급함	http://www.vip.com
땅땅왕(当当网)	중국 최대 도서판매 사이트	http://www.dangdang.com
궈메이(国美电器网上商城)	징둥과 비슷하게 전자제품을 주로 취급함	https://www.gome.com.cn

포함하면 사실상 알리바바그룹의 유통 플랫폼 독과점 현상이 심하다고 볼 수 있다.

위의 표는 [그림 6-1]의 중국의 유통 플랫폼에 대하여 정리한 것이다. 1,2위인 티몰과 징둥닷컴의 양강구도가 유지되고 있지만, 최근 몇 년간 핀둬둬(拼多多)의 강세가 심상치 않다. 저가 전략과 공동구매방식을 활용하여 틈새시장을 잘 공략하였다는 평가를 받으며 빠르게 성장하고 있고, 특히 3선 도시 이하의 젊은 층에게 많은 환영을 받으며 2위인 징둥닷컴에 이어 3위로 자리매김하고 있다.

중국 B2C 플랫폼에 대해 한 가지 명심해야 할 것은 한국에서는 사업자만 있다면 11번가, 옥션 등에 누구나 무료로 상품을 등록하고 판매 시 수수료를 지불하는 방식으로 쉽게 진행할 수 있는 반면, 티몰이나 징둥닷컴 등 중국의 B2C 플랫폼에 입점하려면 먼저 적지 않은 보증금을 납부해야 하고, 입점하는 조건도 까다로운 편이다(자세한 입점 조건은 다음 장에 설명되어 있다). 그리고 어렵게 입점을 하고 난 뒤에도 꾸준한 관리 등 신경 써야 할 부분이 많아 중국의 B2C 플랫폼 입점은 사업 초기보다는 중국에서 브랜드로서 어느 정도 알려져 있는 상태에서 진행하는 경우가 많다.

따라서 책의 서두에서 언급한 것처럼 일반적으로 C2C 플랫폼인 타오바오를 통해 브랜드와 상품을 알리는 것으로 시작하는 방법을 활용하곤 한다. 외국인의 개인 신분으로도 활용할 수 있는 타오바오를 활용하면서, 티몰과 징둥닷컴, 핀둬둬(拼多多) 등을 비롯한 다른 플랫폼들의 동향을 살피는 것을 추천한다.

그러면 이제 본격적으로 알리바바그룹의 유통 플랫폼을 활용하는 방법을 알아보자.

6-2

알리바바 유통 플랫폼 활용방법

알리바바 유통 플랫폼 종류와 구조

알리바바그룹의 유통 플랫폼은 C2C 플랫폼인 타오바오(淘宝, taobao)와 B2C 플랫폼인 티몰(天猫, T-mall)로 구분할 수 있다.

그림 6-2 티몰 메인화면

그림 6-3 타오바오 메인화면

[그림 6-2]와 [그림 6-3]에서 볼 수 있듯이 타오바오와 티몰은 별도로 플랫폼을 운영하고 있으나, 타오바오에서 상품을 검색하면 티몰의 쇼핑몰도 함께 노출되기 때문에 타오바오를 많이 사용하는 편이다.

[그림 6-4]는 한국화장품(韩国化妆品)을 검색한 결과인데, 상품 하단의 빨간색 네모가 티몰 쇼핑몰이라는 표시이며, 해당 표시가 없는 두 번째 상품이 타오바오 쇼핑몰이다. 타오바오와 티몰이 모두 노출되는 경우 아

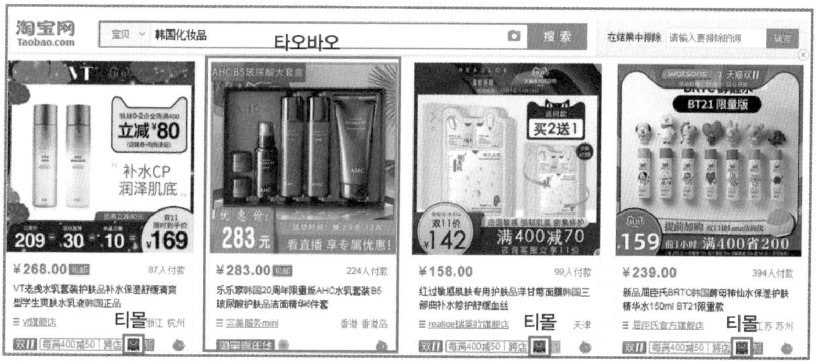

그림 6-4

무래도 사업자가 운영하는 티몰이 좀 더 신뢰도가 높아 티몰에서 구매하는 성향이 있으니, 나의 상품 키워드를 먼저 검색해 보고 어떤 쇼핑몰이 주로 뜨는지 미리 확인해 보는 것이 좋다. 티몰 쇼핑몰 경쟁자가 많은 메인 키워드보다는 세부 키워드를 선정하여 홍보하는 것을 추천한다.

다음은 타오바오와 티몰의 입점 조건 및 장단점을 비교해 놓은 표이다.

구분	타오바오 C2C	티몰 B2C	티몰국제 B2C
입점 조건	개인 입점 가능 개인형 알리페이 연동	중국사업자 기업형 알리페이 연동	한국사업자 기업형 알리페이 연동
사업자 등록증 유무	필요 없음	중국 사업자등록증	한국 사업자등록증
상표 등록권 유무	필요 없음	중국 상표등록증	한국 상표등록증
입점서류	1. 여권 2. 중국은행통장 3. 알리페이계정	1. 중국사업자등록증 2. 은행계좌개설허가증 3. 법인대표신분증 4. 상점책임자신분증 5. 중국상표등록증 6. 그 외 각 카테고리별 허가증명서 (화장품위생허가, 식품유통허가 등)	1. 한국사업자등록증 2. 한국사업자세무등록 또는 세금납세증명서 3. 대표 또는 상점책임자신분증 4. 해외은행계좌개설 증명서 5. 기타 카테고리별 허가증명서
연회비 (시스템사용료)	없음	3만 위안부터 (카테고리에 따라 상이)	3만 위안부터 (카테고리에 따라 상이)
보증금	1,000위안	5만 위안부터 (카테고리에 따라 상이)	15만 위안부터 (카테고리에 따라 상이)
카테고리 수수료	없음	카테고리에 따라 상이 평균 5%	카테고리에 따라 상이 평균 5%
장점	개인 입점이 가능하며, 저렴한 비용으로 중국 온라인 마켓 체험	판매자 등급이 존재하지 않는 기업형 입점이므로 고객의 신뢰성 확보가 용이하며, 이는 매출로 이어짐	
단점	판매자 신용등급에 따라 판매 매출 상이	연회비 및 보증금 비용 부담이 큼	

※ 출처: 〈타오바오에서 30억 벌기〉, 민경 저, 성안당 참조

티몰은 중국 사업자가 가입하는 일반 티몰과 해외 사업자가 가입하는 티몰 국제로 나누어져 있다.

표에서 알 수 있듯이, 티몰은 연회비와 보증금이 상당하여 가볍게 접근하기 어려운 플랫폼이다. 간혹 처음 중국을 진출하려는 업체들 중 의욕을 앞세워 티몰부터 입점하려는 사람들이 있는데, 아무런 기초가 다져져 있지 않은 상태에서 티몰부터 정식 개설하는 것은 리스크가 크다. 중국 시장에 너무 급하게 접근하지 말고, 타오바오, 샤오홍슈 등을 통해 차근차근 쌓아나가는 방식으로 진행하는 것을 추천한다. 다음 링크에서 티몰 입점 관련 사항에 대해 자세한 내용을 확인할 수 있다.

1. **티몰닷컴 입점 참고:** http://bit.ly/tmall_china
2. **티몰국제 입점 참고:** http://bit.ly/tmall_global

※ 징둥닷컴 역시 티몰과 유사하며, 징둥닷컴의 국제 입점 조건 가이드는 다음과 같다. https://www.jd.hk/service/joinus.html

타오바오 활용방법

쇼핑몰 개설 및 알리페이 연동방법

이제 우리가 가장 현실적으로 활용할 수 있는 타오바오에 대해 알아보자. 지면의 한계로 인하여 타오바오의 기본 계정 개설과 초기 광고 진행 방법 등 가장 필요한 부분을 중점적으로 알아보려고 한다. 타오바오를 하기 위해 중국 휴대폰과 통장을 준비하였다면, 타오바오 www.taobao.com에 가입하면 된다.

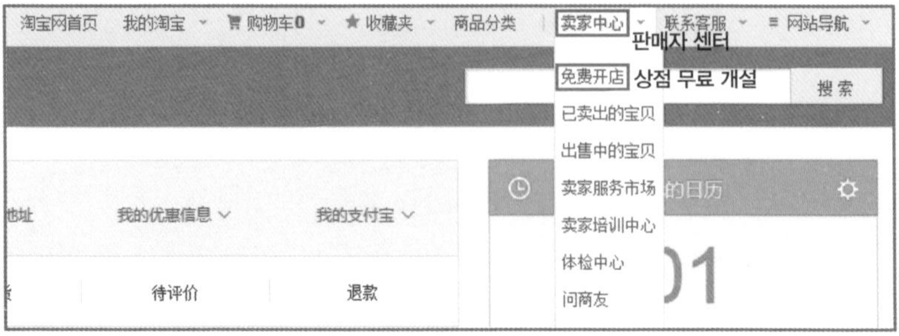

그림 6-5

가입 후 [그림 6-5]와 같이 오른쪽 위에 卖家中心(판매자 센터)의 하단에 있는 免费开店(상점 무료 개설)을 클릭한다.

타오바오를 개설하기 전 먼저 알리페이(支付宝, 즈푸바오) 인증을 위해 [그림 6-6]과 같은 身份验证(신분인증) 화면이 나오는데, 여권을 선택해 여권 사진을 업로드한다.

그림 6-6

그림 6-7

그 후 차례대로 진행하면 [그림 6-7]과 같은 화면이 나오는데, 个人店铺(개인상점)을 클릭하면 된다.

이후 모든 프로세스를 완료하면 [그림 6-8]과 같이 인증이 완료되고 상

그림 6-8

점이 개설되며, 개설 후에 卖家中心(판매자 센터)에 들어가서 상품을 등록하면 된다. 타오바오의 상점 꾸미기 및 상품 등록 등 기본적인 기능에 대해서는 이미 시중에 많은 정보가 있기 때문에, 중국어 가능자의 도움을 받는다면 어렵지 않게 진행할 수 있을 것이다.

다만 타오바오 상점을 만들고 상품을 등록한 후, 해당 상품을 상위에 노출시키고 판매하는 것은 쉽지 않은 일이다. 따라서 운영 초기에는 일정 부분 유료 광고를 집행하여 트래픽을 발생시키는 것이 도움이 되는데, 타오바오 광고방법에 대해 알아보자.

타오바오 광고방법

타오바오 상점을 개설한 뒤 소액이더라도 광고를 함께 진행하면서 트래픽을 늘리고, 나의 상품 경쟁력을 빠르게 테스트하는 것이 좋다. 베스트셀러를 뜻하는 빠오콴(爆款)을 만들려면 유료 광고는 필수라고 할 수 있는데, 타오바오의 수많은 광고 상품 중 가장 많이 활용되는 상품에 대해 알아보도록 하자.

타오바오 판매자 관리 페이지에 들어간 뒤 왼쪽 메뉴바에서 순차적으

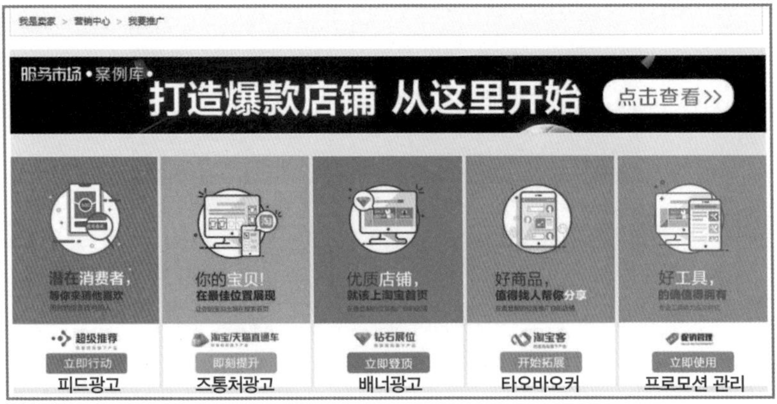

그림 6-9

로 '营销中心(마케팅 센터) → 我要推广(광고하기)'를 클릭하면 [그림 6-9]와 같은 광고 상품을 볼 수 있다. 이 중 가장 많이 활용되고 있는 상품은 두 번째의 즈통처(直通车) 광고와 네 번째 타오바오커(淘宝客) 두 가지이다. 각각 개념과 활용방법에 대해 알아보도록 하자.

■ 타오바오 키워드 광고 直通车(즈통처)

즈통처 광고는 한마디로 타오바오 내 검색 키워드 광고라고 할 수 있다. 내가 원하는 키워드를 선택하고 입찰 단가를 설정하면 소비자들이 타오바오에서 해당 키워드를 검색할 때 내 상품이 상위노출되며, 클릭 시 과금이 되는 CPC 광고 상품이다.

1. 광고 노출 위치

타오바오는 PC 영역과 모바일 영역으로 나누어져 있으며, 즈통처 광고 노출위치도 영역별로 차이가 있다.

타오바오 PC 영역의 즈통처 광고 노출 위치는 총 3군데가 있으며, 키워드 검색 시 [그림 6-10]처럼 검색창 하단 1~3위 검색결과가 광고이다.

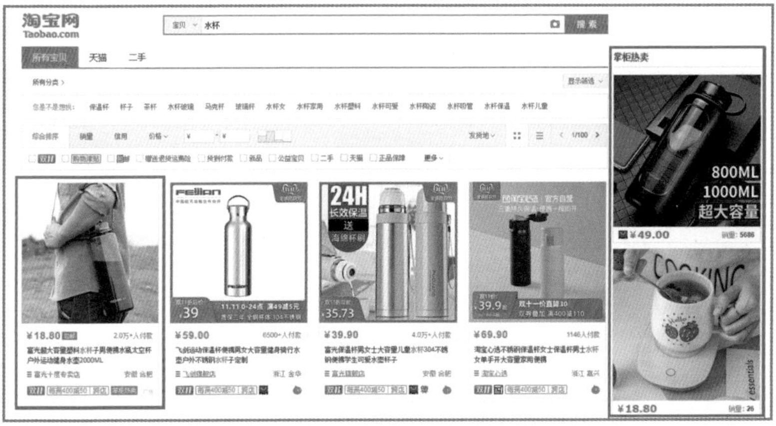

그림 6-10

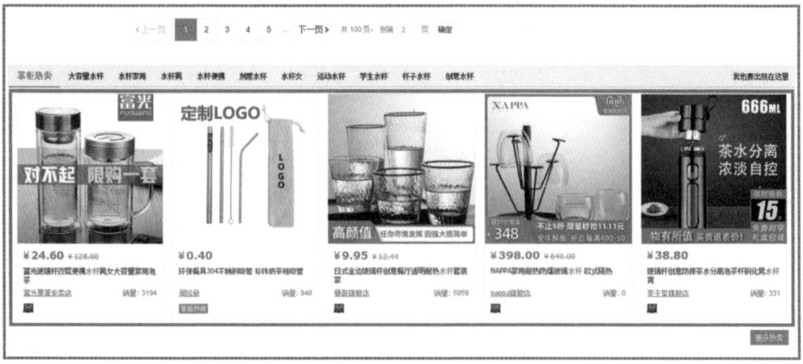

그림 6-11

오른쪽에 상품이 한 줄로 나열되어 있는 부분도 광고영역이며, 최대 16개까지 노출된다.

그리고 검색결과의 가장 하단에도 [그림 6-11]처럼 광고 5개가 보이게 되며, 모두 합산하면 PC 영역에서의 검색 결과 페이지에는 최대 24개의 즈통처 광고를 노출할 수 있다.

모바일 영역에서는 [그림 6-12]처럼 즈통처 광고 상품인 경우 프로필

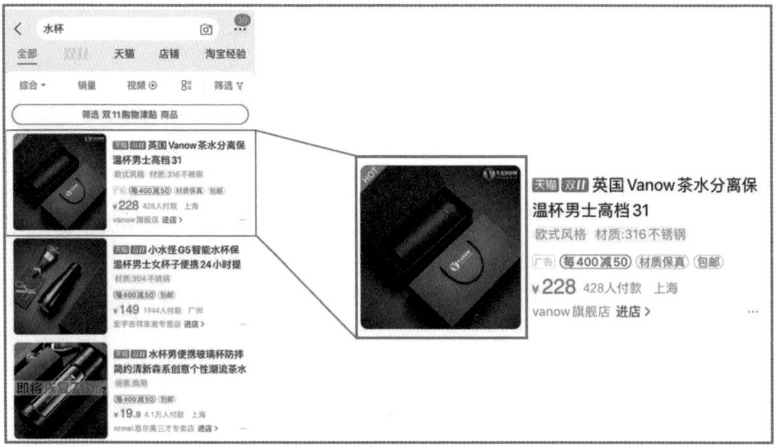

그림 6-12

사진 왼쪽 위에 'HOT'이라는 마크가 달려 있으며, 순서대로 "1"이 즈통처 광고라고 가정했을 때, 광고 노출 위치는 '1+5+1+5+10+1+10+1+……'과 같은 공식을 따른다.

2. 즈통처 광고계정 개설

즈통처 광고계정은 타오바오 쇼핑몰 개설과 별도로 가입해야 하며, 개설 신청 조건은 다음과 같다.

1) 타오바오 쇼핑몰 개설 24시간 이후 신청 가능
2) 쇼핑몰 관리하는 타오바오 계정이 라이브 상태일 것
3) 최근 30일간 쇼핑몰 거래액이 0위안보다 높을 것
4) 최근 쇼핑몰에 처벌 받은 기록이 없을 것
5) 쇼핑몰 종합 순위(店铺综合排名)

위 신청 조건 중 5)번의 쇼핑몰 종합순위(店铺综合排名)는 타오바오에서 쇼핑몰의 거래액 신용도 및 업종의 시장 규모 등 수치를 합산해서 얻어낸 평점에 따라서 순위를 매겨주는 시스템이며, 일정한 순위에 도달해야 즈통처 계정을 개설할 수 있다.

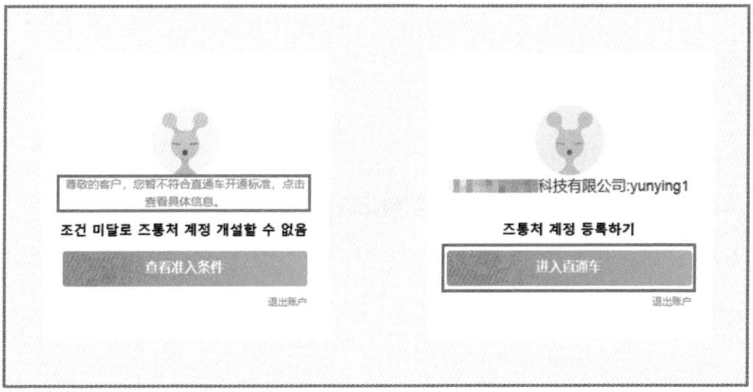

그림 6-13

종합순위는 타오바오에서 자체적으로 관리하여 외부로 오픈되지 않아 개설 가능 여부를 확인하려면 타오바오 즈통처 페이지(https://tb.am/m0ad7)를 접속하여 상단에 [그림 6-13]의 왼쪽처럼 뜨면 조건 미달로 계정개설불가인 것이고, 오른쪽처럼 보이면 등록 가능한 상태인 것이다.

3. 즈통처 광고 운영 조건

즈통처 광고계정까지 개설되었다면, 광고 운영 전 다음의 사항들을 반드시 숙지해야 한다.

1) 최소 충전 금액은 500위안
2) 일 최소 소진 금액은 30위안
3) 키워드 입찰 단가는 0.05~99.99위안 사이로 설정 가능
4) 광고 세팅 방식은 모든 것을 수동으로 해야 하는 표준광고(标准推广)와 입찰 단가 등만 설정하면 시스템이 알아서 잠재 고객을 타겟팅해 주는 스마트광고(智能推广) 2가지가 있음
5) 표준광고는 최대 8개 광고계획 누적 소진 금액에 따라 상향 설정할 수 있으며, 광고 계획당 최대 500개 상품 추가 가능
6) 스마트광고는 최대 20개 광고 계획 세팅 및 계획당 최대 30개 상품 추가 가능

위의 내용을 숙지하였다면 본격적으로 즈통처 광고 운영을 할 수 있는데, 지면의 한계로 인해 구체적인 방법은 다음의 링크에서 확인하도록 하자.
https://tb.am/3j85k

■ 타오바오 제휴마케팅 툴 淘宝客(타오바오커)

'타오바오커(淘宝客)'는 타오바오에서 공식적으로 운영하는 제휴마케팅 플랫폼이다. 판매자들이 상품 판매 수수료를 정하여(최대 90%) 올려놓으면 누군가가 해당 상품의 판매 링크를 가져가서 본인이 운영하고 있는 블로그나 사이트에 홍보를 하고, 판매가 이루어지면 수수료를 받는 시스템

그림 6-14

이다.

타오바오커는 특별히 광고비를 사용하지 않아도 적절한 수수료만 책정해 놓으면 불특정 다수의 마케터들이 홍보해 주기 때문에 사용하기에 따라 높은 효과를 볼 수 있으며, 업체들 중에서는 초기 판매량을 늘리기 위해 간혹 판매 수수료를 90%까지 높여서 공격적으로 홍보하는 경우도 있다. 그리고 앞서 Part 3에서 소개한 더우인 쇼핑몰 연동 부분에서도 언급했듯이, 더우인 영상 콘텐츠 내 타오바오 상품을 노출시켜 판매하려면 반드시 판매하려는 상품을 타오바오커에 가입해야 한다.

타오바오커에 가입하려면 우선 [그림 6-14]와 같이 联盟商家中心(타오바오 제휴마케팅 플랫폼 https://ad.alimama.com)에 등록한 뒤, '营销平台(마케팅플랫폼) → 淘宝客(타오바오커)'를 클릭하여 가입하면 된다.

가입조건은 여러 가지가 있는데, 다음 세 가지가 가장 중요하다.

1) 최근 30일 거래액이 0위안 이상일 것
2) 타오바오 판매자 신용도(淘宝店铺掌柜信用) 300점 이상일 것
3) 최근 타오바오의 처벌을 받은 적이 없어야 할 것

여기서 2번 판매자 신용도는 하트, 다이아몬드 등으로 보이는 쇼핑몰 등급이 아니라, 쇼핑몰을 운영하는 판매자 계정에 대한 신용평점이다. 해당 사항에 대한 자세한 내용은 다음 링크를 참고하도록 하자.

https://tb.am/vntr8

타오바오 라이브방송(淘宝直播, 타오바오 즈보)

타오바오 라이브방송(淘宝直播)은 중국 '라이브방송의 해'라고 불리는 2016년에 론칭되었고, 중국에서 처음으로 이커머스와 온라인 방송을 결합시킨 플랫폼이다. 론칭하자마자 모바일 1천만 사용자를 돌파하고, 리쟈치(李佳琦), 웨이야(薇娅), 장모판(张沫凡) 등 수많은 타오바오 판매 왕홍들을 탄생시켰다.

알리바바그룹의 2019년 2분기의 보고서에서도 전체 매출액에서 라이브방송의 기여도가 높다고 언급하였고, 2019년 타오바오 라이브방송을 통한 매출이 1천억 위안을 돌파할 것으로 예측되며 50% 이상의 티몰 쇼핑몰이 라이브방송으로 제품을 판매하고 있다고 한다.

그림 6-15

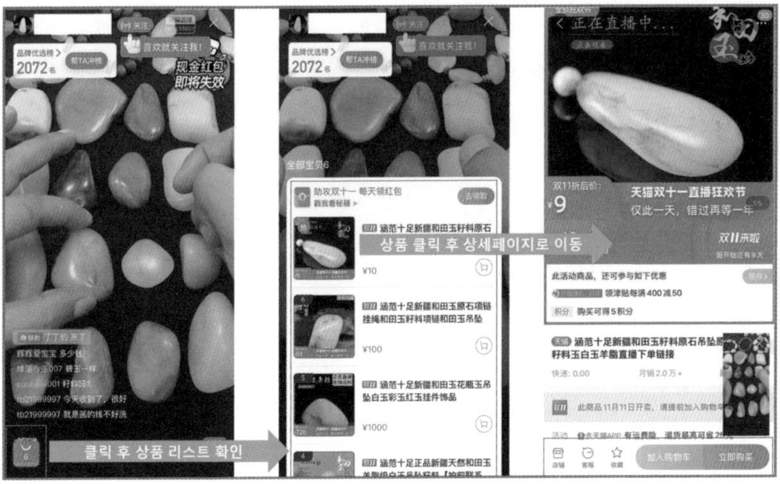

그림 6-16

라이브방송은 타오바오에서 자체적으로 진행할 수 있으며, [그림 6-15]처럼 PC 영역에서는 타오바오 홈페이지에서 아래쪽에서 확인할 수 있고, 모바일 영역은 앱 첫 화면 오른쪽 하단에 있다.

그리고 모바일 영역에서 방송을 클릭해 들어가면 [그림 6-16]과 같은 화면을 볼 수 있다. 왼쪽 하단 쇼핑백 아이콘을 클릭하면 방송에서 판매하고 있는 상품 리스트를 확인할 수 있으며, 리스트에서 원하는 상품을 클릭하면 직접 제품 상세 페이지로 넘어간다.

상세 페이지로 넘어가는 과정에서도 라이브방송은 계속 오른쪽 하단에 작은 화면으로 재생되며, 궁금한 것이 있으면 화면을 클릭하여 다시 라이브방송으로 돌아가 판매자에게 직접 문의할 수 있다. 이렇게 타오바오 라이브방송을 통하여 마치 백화점에서 쇼핑하듯이 온라인에서도 실시간으로 제품을 보고 소개를 들으면서 구매하는 것이 가능해졌는데, 어떻게 하면 라이브방송을 할 수 있는지 알아보자.

1. 타오바오 라이브방송 신청

라이브방송이 대세인 만큼, 라이브방송은 조건이 까다로워 다음의 해당 조건을 달성한 쇼핑몰만 신청할 수 있다.

1) 최근 90일 누적 거래액 1,000위안 이상
2) 쇼핑몰 등급 1개 다이아몬드 이상
3) 최근 180일 쇼핑몰 DSR 평점 모두 4.6점 이상

이 중 3)번의 DSR 평점이라는 것은, 소비자들이 구매평을 작성할 때 제품소개(描述), 고객대응(服务), 택배물류(物流) 총 세 가지 서비스 내용에 대해서 1~5점까지 점수를 매겨주는 것을 말한다.

DSR 평점은 판매자 관리 페이지에 들어가서 확인할 수도 있고, [그림 6-17]처럼 쇼핑몰 메인 페이지 왼쪽 상단에서도 볼 수 있다. 대부분 갓 오픈한 쇼핑몰은 위 세 가지 조건을 모두 충족하기 어려운 경우가 많으며, 해당 조건을 만족해 신청을 해도 다른 원인(쇼핑몰 팔로워 수 등) 때문에 심사에서 떨어지는 경우가 많다.

그림 6-17

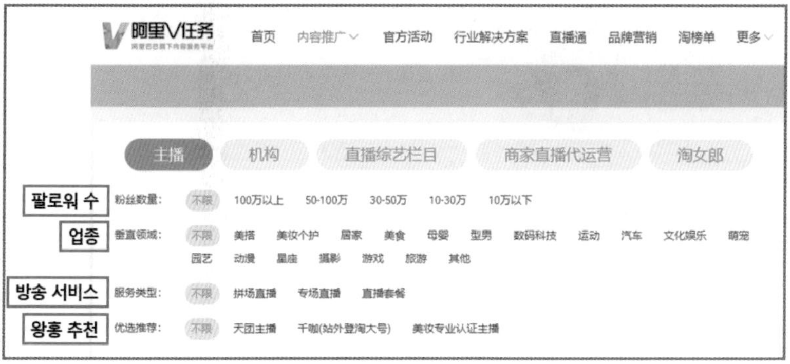

그림 6-18

2. 타오바오 판매 왕홍

타오바오 내부에는 MCN 회사를 입주시켜 판매 왕홍의 정보를 등록하여 거래하는 전문 플랫폼이 있다. 앞서 Part 4에서 다루었던 인플루언서 플랫폼에서 모든 채널의 왕홍들을 확인할 수 있다면, 이곳에는 오직 알리바바의 왕홍들이 모여 있다고 할 수 있다.

먼저 판매 왕홍 거래 플랫폼(https://v.taobao.com/v/content/live)을 접속하면, [그림 6-18]과 같이 판매 왕홍의 리스트를 볼 수 있는데, 상단 메뉴를 보면 4가지 검색 조건이 있다.

이 중 세 번째의 방송 서비스(服务类型)는 총 3가지 형식이 있는데, 공동방송(拼场直播)은 나의 상품이 타사 상품과 함께 소개되는 형식이고, 단독방송(专场直播)은 반대로 나의 상품만 방송되는 것이다. 그리고 패키지 방송(直播套餐)은 월 10회 방송을 묶는 등 세트로 판매하는 것이다.

마지막의 왕홍 추천(优选推荐)은 왕홍의 공식 인증 내용에 따라서 검색하는 것인데, 보통 기본값으로 두면 된다.

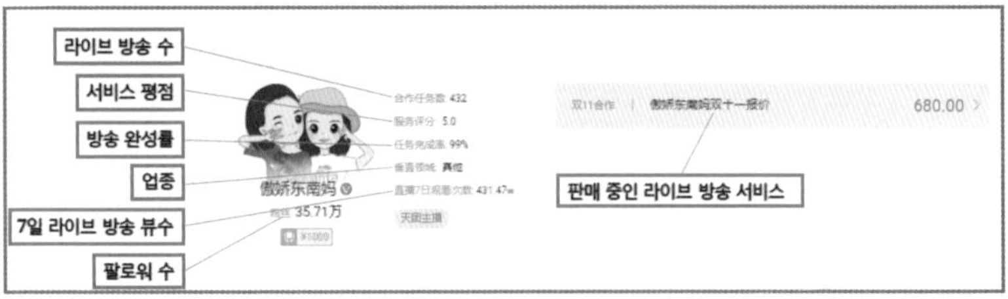

그림 6-19

검색 조건을 선택한 후, 왕홍 리스트를 보면 [그림 6-19]처럼 왼쪽에서는 팔로워 수, 라이브방송 수 등 기본 수치를 확인할 수 있고, 오른쪽에는 판매 중인 방송 서비스 상품을 확인할 수 있다.

프로필 사진을 클릭하고 왕홍 상세 페이지에 들어가면, [그림 6-20]처럼 왕홍 본인 또는 매니저의 연락처까지 나와 있어 직접 연락하는 것도 가능하다. 타오바오 왕홍의 단가를 확인하고 직접 연락도 가능하다는 점을 잘 활용하면 좋은 효과를 얻을 수 있을 것이다.

그림 6-20

차이나 마케팅 트렌드 6.

타오바오 신용도

'타오바오 신용도'는 입점한 각 판매자들의 평점에 따라서 등급을 매겨주는 시스템이다. 국내 오픈마켓도 판매자 등급이 있긴 하지만 소비자들이 구매를 결정하는 데 결정적인 요소로 작용하지는 않는 편인데, 타오바오는 등급이 매우 중요한 요소로 작용한다. 등급이 높을수록 구매자들의 신뢰를 얻는 데 유리할 뿐만 아니라 검색 상위 노출 및 각종 타오바오 이벤트에 참여하는 기회도 많아진다.

[그림 6-21]과 같이 타오바오 신용도는 "하트, 다이아몬드, 왕관(은관), 금관" 이렇게 크게 4가지 등급으로 나눌 수 있고, 각 등급마다 5가지 단계가 있다. 점수에 따라 등급이 매겨지는데, 점수는 구매평에 의해 결정된다.

所积分数	等级图标	所积分数	等级图标
4分-10分	♥	10001分-20000分	👑
11分-40分	♥♥	20001分-50000分	👑👑
41分-90分	♥♥♥	50001分-100000分	👑👑👑
91分-150分	♥♥♥♥	100001分-200000分	👑👑👑👑
151分-250分	♥♥♥♥♥	200001分-500000分	👑👑👑👑👑
251分-500分	💎	500001分-1000000分	👑
500分-1000分	💎💎	1000001分-2000000分	👑👑
1001分-2000分	💎💎💎	2000001分-5000000分	👑👑👑
2001分-5000分	💎💎💎💎	500001分-10000000分	👑👑👑👑
5001分-10000分	💎💎💎💎💎	10000001分以上	👑👑👑👑👑

그림 6-21

그림 6-22

소비자들이 구매평을 작성할 때 [그림 6-22]와 같이 총 3가지 평가를 줄 수 있는데, 好评(좋아요)은 플러스 1점, 中评(보통)은 0점, 그리고 差评(비추천)은 마이너스 1점이다. 일반적으로 다이아몬드 이상되어야 소비자들이 신뢰하는 경향이 있어, 초기의 하트 등급에서 다이아몬드로 빨리 등급을 올리는 것이 필요하다.

대륙의 기회 차이나 디지털마케팅 트렌드

스마트스토어 운영자에서 대기업까지 중국마케팅 교과서

초판 1쇄 발행 | 2019년 12월 2일

지은이 | 안희곤 朴文洙(피아오원주, 박문수)
기획 · 편집 · 총괄 | 호혜정
편집 | 김민아
기획 | 김정빈 문예진
표지 · 본문 디자인 | 김민정
교정 · 교열 | 호혜정 김민아
홍보마케팅 | 최미남 김태현

펴낸곳 | 리텍 콘텐츠
주소 | 서울시 용산구 원효로 153 원효빌딩 824호
전화 | 02-2051-0311 **팩스** | 02-6280-0371
이메일 | ritec1@naver.com
홈페이지 | http://www.ritec.co.kr
페이스북 · 블로그 · 카카오스토리채널 | [책속의 처세]
ISBN | 979-11-86151-33-4 03320

상상력과 참신한 열정이 담긴 원고를 보내주세요. 검토 후 책으로 만들어 드립니다.
원고투고: ritec1@naver.com

* 이 도서의 국립중앙도서관 출판예정도서목록(CIP)은 서지정보유통지원시스템 홈페이지(http://seoji.nl.go.kr)와 국가자료종합목록 구축시스템 (http://kolis-net.nl.go.kr)에서 이용하실 수 있습니다. (CIP제어번호 : CIP2019044815)